자유의지
논쟁

WILLING TO BELIEVE
by R. C. Sproul

Copyright © 1997 by R. C. Sproul
Originally published in English as Willing to Believe
by Baker Books, a division of Baker Publishing Group
P.O. Box 6287, Grand Rapids, MI 49516, U.S.A.

This Korean edition is translated and used by permission of Baker Publishing Group
through arrangement of rMaeng2, Seoul, Republic of Korea.

Korean Edition Copyright © 2000, 2015 by Word of Life Press,
Seoul, Republic of Korea

자유의지 논쟁

© 생명의말씀사 2000, 2015

2000년 3월 20일 1판 1쇄 발행
2015년 2월 25일 2판 1쇄 발행
2025년 1월 9일 6쇄 발행

펴낸이 | 김창영
펴낸곳 | 생명의말씀사

등록 | 1962. 1. 10. No.300-1962-1
주소 | 서울시 종로구 경희궁1길 6 (03176)
전화 | 02)738-6555(본사)·02)3159-7979(영업)
팩스 | 02)739-3824(본사)·080-022-8585(영업)

기획편집 | 신현정
디자인 | 조현진, 최윤창
인쇄 | 주손디앤피
제본 | 주손디앤피

ISBN 978-89-04-16498-1 (03230)

자유의지 논쟁

R.C. SPROUL

R. C. 스프로울
김태곤 옮김

생명의말씀사

목차

머리말

1996년 봄, 매사추세츠 주 케임브리지에 있는 하버드 대학 인근에서 회의가 열렸다. 복음주의를 고백하는 사람들의 동맹(Alliance of Confessing Evangelicals)에서 복음주의 교회에 역사적 신앙고백을 재확인시킬 목적으로 주최한 회의였다. 이 회의에서는 특히 솔라 스크립투라, 솔라 피데, 솔리 크리스토, 솔리 데오 글로리아, 솔라 그라티아 등을 재확인하기 위해 심혈을 기울였다.

이 책은 종교개혁을 일으킨 근본적인 논점 가운데 "솔라 그라티아"에 초점을 맞추고 있다. 또한 펠라기우스와 아우구스티누스 사이에서 비롯된 논쟁이 역사적으로 어떻게 진전되었는지를 개관한다. 특히 은혜의 은혜다움과 죄의 도덕적 속박에서 그리스도인을 효과적으로 해방시키시는 하나님의 단독 사역을 강조하며, 원죄와 인간의 자유의지 간의 관계를 탐구한다.

R. C. 스프로울

"하나님은 칭의의 주이실 뿐 아니라 믿음의 주도 되시는가?"
이것은 매우 중대한 문제다.

J. I. 패커, O. R. 존스턴

서론_ 복음전도와 고대의 이단

예루살렘이 멸망한 AD 70년 이전, 유대 민족 역사상 가장 수치스러운 사건은 아마 바벨론 유수일 것이다. BC 586년, 남 왕국이 느부갓네살에게 정복되고, 유대의 엘리트들은 바벨론으로 잡혀갔다. 그렇게 해서 하나님의 백성은 낯선 이방 땅에서 여호와의 노래를 부르는 안타까운 처지에 놓이게 되었다. 그들은 유프라테스 강변 나무 아래에서 수금을 타야 했다.

바벨론 유수는 시험의 시기였으며, 다니엘이나 에스겔과 같은 영적 거인, 사드락, 메삭, 아벳느고와 같은 믿음의 영웅을 배출해낸 연단의 도가니였다. 유대인을 볼모로 잡은 이방 민족이 자신의 방식을 따르라고 강요하면서 그 도가니의 불꽃은 더욱 뜨거워졌다. 포로로 잡혀간 사람들 가운데에는 저항하기를 포기하고 새로운 환경에 동화되어가는 사람도 많았다. 반면, 동화되지 않은 자들은 그만한 대가를 치러야 했다. 이교 풍습에 묵종하라는 문화적 명령과 이방 정부에 저항하려면 값비싼 대가를 지불해야 했다. 이것이 바로 프리드리히 니체가 후에 "가축 도덕"이라고 부른 관습의 역사적 배경이다.

주위 환경의 관습과 세계관에 순응하는 일은 사람들에게 강한 압박으로 다가온다. 문화적으로 "그 관습과 세계관에서 벗어나는" 것은 종종 사회의 밑바닥 인생으로 간주된다. 사람들은 대중에게 인정받고 인기를 얻고자 하는 경향이 있다. 사람들의 찬사는 세이렌(그리스 신화에서 반은 사람이고 반은 새인 요정으로, 아름다운 노랫소리로 지나가는 뱃사공을 유혹하여 조난시켰다고 한다_옮긴이)의 노랫소리이며, 이교의 로렐라이(독일 전설에 등장하는 마녀로, 라인 강가의 바위에 나타나 아름다운 노래로 뱃사람을 유혹하여 파선시켰다고 한다_옮긴이)다. 반면 하나님의 북소리에 맞추어 나아가는 것은 인기가 없거나 심지어 위험하기도 해서 그분께 충성하기 위해 도덕적 용기를 발하는 사람들은 극히 드물다.

요셉을 떠올려보라. 요셉은 형들의 간계로 이방 땅에 팔려가 젊은 시절을 감옥에서 보냈다. 그러나 그는 선조들의 하나님, 즉 아브라함과 이삭과 야곱의 하나님께 끝까지 충성했다. 애굽에서 그는 혼자 신앙생활을 해야 했다. 교회에서 지지해 주는 것도 아니고 국가의 관습도 아니었지만, 그는 자신의 증거를 듣고 회심한 사람들 말고는 믿는 사람이 전혀 없는 가운데서도 하나님께 충성을 다하기로 결심했다.

이 시대의 바벨론 유수

지금 우리가 사는 곳은 바벨론이 아니다. 우리는 종교적으로 충분히 자유로우며, 상당 부분이 기독교 신앙에 기초하여 세워진 문화유산을 누리고 있다. 그러나 문화가 점차 성경적인 기독교에 적대적인 양상을 띠면서 우리의 신앙은 점점 현대 사회와 상관없는 것처럼 여겨지고 있다. 지금 이 시대를 "탈기독교시대"(post-Christian era)라고 표현한다. 오늘날 교회는 박물관과 같은 것으로 여겨지며, 성경적인 믿음은 시대착오로 간주된다.

복음주의적인 그리스도인들은 우리 시대의 문화적 "바벨론"이란 이른바 세속적 인본주의가 지지하는 세계관이라고 평한다. 세속적 인본주의는 우리 문화의 잘못된 모든 부분을 표현하는 말로 사용되어 왔다. 분명 세속적 인본주의도 나름의 주장이 있지만, 이 세계관은 기독교에 대항하는 여러 체계 가운데 하나일 뿐이다.

"세속적"(secular)이라는 말은 특히 인간의 삶의 의미와 의의를 이해하는 세계관을 지칭한다. "secular"(세속적)라는 단어는 라틴어 "새쿨룸"(saeculum)에서 유래했는데, 이것은 "세상"을 가리킨다. 고대 라틴어에서 이 세상을 묘사하기 위해 가장 자주 사용된 용어는 새쿨룸과

"문두스"(*mundus*)이며, 문두스에서 영어 "mundane"(현세의, 세속적인)이 파생되었다.

고대 세계에서 문두스는 주로 세상의 공간적인 차원, 즉 지리적으로 우리가 거주하는 "이곳"을 가리켰다. 반면에 새쿨룸은 시간상의 존재 양식, 즉 현재적 삶인 "지금"을 가리켰다. 따라서 이 두 용어가 함께 쓰이면 이 세상의 "지금 이곳"을 나타낸다고 할 수 있다.

표면적으로 볼 때 인간 존재의 "지금 이곳"을 언급하는 것이 잘못이거나 비종교적이지는 않다. 실제로 우리 삶은 지구라는 지리적 한계에 갇혀 있고, 우리 모두 시간 단위로 날짜를 산정한다. 문제는 "세속적"이라는 말이 아니다. 바로 "주의"(ism)라는 말이 붙은 것이다. "주의"라는 접미사는 인생을 이해하고 설명하는 체계로서의 철학적 세계관을 가리킨다.

"세속적"이라는 용어가 "세속주의"로 바뀌면, 인간 경험에서 "지금 이곳"이 전부라는 세계관을 낳게 된다. 이 세계관은 인간 경험이 영원이나 초월과는 단절되었다고 본다. 이 견해에 따르면, 우리는 되도록 모든 것을 다 누려야 한다. 우리에게는 단 한 번의 유한한 인생이 허용되었을 뿐이기 때문이다. 또한 이 견해는 만약 하나님이 존재하신다 해도 우리는 그분께 도저히 접근하지 못한다고 본다. 우리는 도덕적, 철학적 절대성을 추구하는 일이 금지된 고독한 땅에 고립되어 있기 때문이다.

현대는 개인적인 취향의 영역 안에서만 의미와 의의를 발견해야 하는 존재론적 위기의 시대다. 진리는 많아도 참된 진리는 없다. 목적은 많지만 참된 목적은 없다. 관습은 많아도 참된 규범은 없다.

"세속적 인본주의"에서 "세속적"이라는 말은 형용사적 수식어 역할을 하는데, 이것은 인본주의의 특정한 요소를 규정한다. 인본주의는 수세기에 걸쳐 다양한 형태로 존재해 왔다. 어떤 사람은 소크라테스 이전 철학자인 프로타고라스를 인본주의 철학의 창립자로 본다. 그가 주장한 "호모 멘수라"(*homo mensura*)는 인본주의의 본질을 보여준다. 이것은 인간이 만물의 척도이며, 모든 생물의 절정이라는 뜻이다. 인간사를 다스리고 관장하는 더 높은 존재는 없다. 이 경우, 최고의 존재와 인간은 궁극적으로 차이가 없다. 인간이 최고의 존재이기 때문이다.

일반적으로는 프로타고라스가 고대 인본주의의 기초를 놓은 사람으로 인정되고 있지만, 그 뿌리는 훨씬 이전으로 거슬러 올라간다. 이 세계관은 에덴동산에서 철학적 선택으로 처음 소개되었다. 아이러니는 이것을 소개한 것이 인간이 아니라 뱀이라는 사실이다. 뱀의 주장은 호모 멘수라가 아니라 "시쿠트 에라트 데이"(*sicut erat dei*), 즉 "하나님같이"였다. "하나님과 같이 되어"(창 3:5). 사탄은 이 간교한 약속으로 우리의 시조를 유혹하였다.

기독교와 세속적 인본주의의 대립은 궁극적인 것과 관련된다. 이 대립은 타협할 여지가 전혀 없다. 만일 하나님이 궁극적이시라면, 인간은 분명 궁극적이지 않다. 반대로 인간이 궁극적이라면 하나님은 궁극적이실 수 없다. 오직 한 쪽만이 궁극적일 뿐이다.

문화 영역에서는 서로 대립되는 세계관들을 용납하여 타협할 수 있다. 세속 국가도 단순히 인간 종교의 한 표현으로 간주하는 범위 안에서는 어느 정도 기독교를 "용인"할 수 있다. 그러나 그 국가는 기독교 진리가 요구하는 바를 받아들이지 못한다. 기독교는 세속적 인본주의와 늘 정반대 견해를 취하기 때문이다.

이 같은 반대 견해 때문에 현대 그리스도인들은 이질적인 문화 속에서 믿음을 신실하게 유지하기가 힘들다. 그는 자신의 수금을 연주할지, 그 수금을 근처 나무에 걸어 둘지 정해야 하는 힘든 선택에 직면한다. 그리스도께 신실하고 싶은 그리스도인은 기꺼이 이방 땅의 순례자이자 일시적인 체류자가 되어야 한다.

아마 이스라엘에 가장 큰 위협은 이방 민족이나 적대 민족의 군사력이 아니라, 끊임없이 유혹으로 다가온 거짓 선지자와 혼합주의라는 두 가지 내적 위협이었을 것이다. 분명 이 두 가지는 병행되었을 것이다. 거짓 선지자는 서로 상반되는 여호와의 길과 이교 악습의 경계를 흐릿하게 만드는 책략을 즐겨 사용하였다.

가나안을 정복한 초창기부터 줄곧 이스라엘의 역사는 혼합주의를 달려왔고, 그 혼합주의 때문에 이교 사상과 관습이 언약 공동체에 스며들었다. 우상숭배와 타협한 결과, 이스라엘은 파멸했다. 바벨론은 하나님이 자기 백성을 벌하기 위해 휘두른 징벌의 막대기일 뿐이다. 하나님이 주신 믿음과 불순한 이교를 혼합하였기 때문에 (예레미야나 이사야 같은 선지자들이 예언한 것처럼) 유대 백성에게 심판이 임한 것이다.

하나님의 백성은 늘 대립 속에서 살아야 했다. 모든 세대는 혼합주의의 유혹에 직면해야만 했다. 교회사를 살펴보면 교회의 주류 속으로 침투한 이교 사상에 관한 사례가 가득하다. 아우렐리우스 아우구스티누스처럼 강력한 기독교 옹호자의 저서에서도 신플라톤 사상과 마니교의 흔적이 발견된다. 그 이유는 역설적이게도 그 위대한 신학자가 이교 체계를 배격하고 그 이론들을 타파하기 위해 많은 시간을 할애했기 때문이다. 고전 신학 속에는 불멸성에 관한 헬라 개념이 스며들어 있다. 현대 신학은 칸트 이후 사상에 영향을 받아왔고, 일부 현대 신학자들은 기독교와 마르크스주의 또는 기독교와 실존주의를 혼합하려고 시도하기도 했다.

캘리포니아 주 에스컨디도에 위치한 웨스트민스터 신학교 총장이었던 로버트 고드프리는 내게 "영향력의 신화"에 관한 책을 쓰라고 제의한 적이 있다. 처음에는 무슨 뜻으로 하는 말인지 몰라서 그 제의를 듣고 의아해했다. 그의 설명에 따르면, "영향력의 신화"라는 말은 세속적인 사상에 또는 결함 있는 신학을 지지하는 교회 그룹에 "다리를 놓으려는" 현대의 복음전도 경향을 가리킨다. 이때 신화적 요소란 "한쪽 방향으로만 건너는 다리를 놓을 수 있다"라는 순진한 가정을 말한다. 다리는 양방향 교통을 위해 놓는 것이다.

다른 사람들과 관계를 맺을 때 우리는 영향을 끼치기보다 영향을 받는 경우가 종종 있다. 사람들을 그리스도께 인도하려고 하면서도 우리는 복음의 내용을 텅 비게 만들고 상대방의 견해와 타협하며 복음에 담긴 공격적인 요소를 제거하고픈 유혹에 쉽게 빠져든다. 우리의 무감각한 행동이 복음전도를 훼방할 수도 있다. 이런 행동을 피하려면 각별히 주의해야 한다. 그러나 그렇더라도 비그리스도인들의 비위에 맞지 않는 요소를 복음에서 제거하려 해서는 안 된다.

언젠가 마르틴 루터는 복음이 순수하게 전파되는 곳마다 대립과 논쟁이 일어난다고 말한 적이 있다. 우리는 논쟁을 싫어하는 시대에 살고 있으며 대립을 피하기 쉽다. 이것은 구약 선지자와 신약 사도 당시의 분위기와는 매우 다르다. 선지자들은 혼합주의에 사로잡힌 민족의 요구에 하나님 말씀을 순응시키지 않으려고 했기 때문에 종종 대립과 논쟁에 빠져들었다. 사도들도 줄곧 대립에 직면했다. 모든 사람과 더불어 평화롭게 살아가는 법을 추구할수록 바울이 논쟁에서 벗어나 평안히 거할 수 있는 시간은 점점 줄어들었다.

우리가 격렬한 공격을 받지 않고 비교적 안전하게 지낼 수 있다는 것은 종교적인 문제에 어느 정도 관대한 현대 문명의 성숙도를 보여 주는 것일 수도 있지만, 우리가 지나치게 타협적인 자세를 취해서 더 이상 참된 신앙에 따른 대립을 일으키지 않는 것일 수도 있다.

이 시대의 인간관

조지 바나와 조지 갤럽에서 실시한 여론 조사는 현대 그리스도인들의 신앙 속에 이교 개념이 엄청나게 침투했다는 사실을 보여준다. 대부분의 복음주의자는 인간이 근본적으로 선하다는 말에 동의한다. 그러나 이것은 인간 타락에 관한 성경적 견해를 부인하는 것이다. 역설적이게도 우리는 세속적 인본주의가 문화에 끼치는 악영향을 비난하면서도 그것의 인간관은 순순히 받아들이고 있다. 원죄 교리를 슬

그머니 제거한 것은 세속 문화가 아니라 오히려 교회다.

세속주의가 그리스도인의 사고에 끼친 영향을 가장 분명하게 보여주는 영역이 인류학이다. 기독교 인류학은 성경적 창조관뿐 아니라 성경적 타락관에도 기초한다. 사실상 모든 기독교 교파는 저마다 원죄 교리가 내포된 신조와 고백을 가지고 있다. 원죄의 범위와 정도 면에서 이 고백적 진술들이 모두 일치하지는 않지만, 이들은 모두 인본주의와 조화할 수 있는 내용을 거부한다. 그러나 여론 조사에 따르면, 일반적인 복음주의자들은 기독교 역사상 유명한 신조나 성경보다는 인본주의와 조화를 이루는 인간관을 지지한다.

16세기에 종교개혁이 시작된 후, 마르틴 루터가 초기에 저술한 책인 『교회의 바벨론 유수』(The Babylonian Captivity of the Church)는 큰 논쟁을 불러일으켰다. 이 책에서 루터는 로마 가톨릭교회의 사제 제도가 발전한 과정을 예리하게 비판했다. 그는 그릇된 성례관이 사람들을 성경적인 신앙에서 이질적인 복음으로 이끌고 있다고 믿었다.

루터는 오늘날 종교개혁의 후예들을 과연 어떻게 생각할까? 루터가 현대 교회를 본다면 아마도 펠라기우스주의에 사로잡힌 교회에 관해 쓸 것이다. 그는 인간에 대한 성경적 관점보다는 펠라기우스주의적 관점을 더 많이 반영하는 교회, 기독교와 인본주의가 끔찍하게 뒤섞인 교회를 보게 될 것이다. 바로 이것이 루터가 기독교 인문주의자인 로테르담의 에라스무스와 벌인 논쟁의 핵심이다.

이신칭의(솔라 피데[*sola fide*]) 교리를 가리켜 "교회의 존폐를 가름하는 조항"이라고 말하긴 했지만 루터는 칭의에 대한 논쟁 이면에 이보다 심각한 문제가 잠재해 있다고 확신했다. 그는 『노예의지론』(The Bondage of the Will)을 자신이 쓴 가장 중요한 책으로 여겼다. 타락한 인간의 의지를 두고 에라스무스와 벌인 논쟁은 성경적 선택 교리에 대한 루터의 견해를 잘 보여준다. 루터는 선택 교리를 가리켜 "교회의 심장"(코르 에클레시아[cor ecclesiae])이라고 불렀다.

루터는 인간 타락의 정도는 사소한 문제가 아니라 그리스도인 삶의 핵심을 뒤흔드는 문제라고 생각했다. 그는 에라스무스의 저서에서 펠라기우스의 망령을 보았다. 역사적으로 펠라기우스의 가르침은 정죄당했는데, 루터 당시에도 여전히 그것이 교회를 옥죄고 있었다.

루터의 『노예의지론』을 번역한 J. I. 패커와 O. R. 존스턴은 그 책에 실린 "역사적 신학적 서론"에서 그 논쟁이 오늘날 어떤 관련이 있는지 질문하며 다음과 같이 결론을 내린다.

현대 독자는 『노예의지론』을 어떻게 생각할까? 분명 그 책이 탁월하고 고무적이며, 까다로운 문제를 잘 다룬 어느 논객의 걸작이라는 사실은 쉽게 인정할 것이다. 그러나 여전히 이런 질문이 남는다. "루터의 견해가 과연 하나님의 진리에 들어맞는가? 만일 그렇다면, 그것은 오늘날의 그리스도인을 위한 메시지도 담고 있는가?" 의심할 여지 없이, 현대 독자는 루터가 안내하는 길을 낯설고 새로운 길, 예전에는 한 번도 고려해 본 적 없는 접근법, "칼빈주의"라는 꼬리표를 달아주고는 황급히 지나쳐버릴 개념으로 생각할 것이다. 정통 루터파가 바로 그렇게 했다. 그리고 오늘날의 복음주의 그리스도인(이들의 피 속에는 반

[半]펠라기우스주의가 흐르고 있다) 역시 그런 경향을 보인다. 그러나 역사
와 성경은 다르게 조언한다.[1]

패커와 존스턴은 의지에 대한 루터의 견해가 현대 독자에게는 "낯
설고 새로운 길"이며, 피 속에 반(半)펠라기우스주의가 흐르는 오늘날
의 복음주의자들은 전혀 고려해 보지 않은 접근법이라고 묘사한다.
이러한 평가는 "본성상 우리의 생각은 펠라기우스적"이라고 진단한
로저 니콜의 말을 떠올리게 한다. 중생이 이런 타고난 성향을 저절로
치유해 주는 것은 아니다. 심지어 성령께서 우리를 도덕적 속박에서
자유롭게 하신 이후에도 우리는 그 속박의 심각성을 대수롭지 않게
여기는 경향이 있다. 패커와 존스턴은 계속해서 이렇게 말한다.

> 역사적으로 볼 때 마르틴 루터, 존 칼빈, 츠빙글리, 마르틴 부처, 그리
> 고 종교개혁 첫 세대를 이끈 프로테스탄트는 모두 이 점과 관련하여
> 같은 기반 위에 서 있다. 어떤 측면에서는 그들 사이에도 차이가 있다.
> 그러나 죄와 관련한 인간의 무기력함, 은혜와 관련한 하나님의 주권
> 에 대해서는 확고하게 한 목소리를 냈다. 그들 모두에게 이 교리는 기
> 독교 신앙의 생명선이었다.[2]

"생명선"(life-blood)이라는 비유는 루터가 "교회의 심장"이라는 표
현에 사용한 "심장"과 일치한다. 죄인 혼자서는 하나님의 은혜에 나
아가지 못한다는 "도덕적 무능함"은 종교개혁자에게 부차적이거나

사소한 문제가 아니었다. 이런 측면에서 종교개혁자들이 오늘날의 복음 공동체를 본다면 신학적 혈우병에 걸린 공동체, 피를 흘려 죽을 지경에 이른 공동체로 보일 것이다. 패커와 존스턴이 쓴 서론으로 다시 돌아가 보자.

그들에게 이신칭의 교리가 중요한 이유는 그것이 주권적 은혜의 원칙을 옹호해서다. 그러나 실제로 이신칭의 교리는 주권적 은혜의 원칙 가운데 가장 깊은 측면이 아니라 그저 한 가지 측면만 표현하고 있다. 그들이 생각하는 주권적 은혜라는 개념은 "하나님의 단독 사역으로 이루어지는 중생"을 가르치는 교리에서 찾을 수 있다. 이 교리는 칭의를 위해 그리스도를 영접하는 믿음 자체가 주권자 하나님이 거저 주시는 선물이며, 유효적 부르심을 통한 영적 중생으로 말미암아 제공되는 선물이라고 말한다.

종교개혁자가 지닌 핵심 질문은 하나님이 율법의 행위 없이 그리스도인을 의롭다 하시는지 여부가 아니었다. 그들의 질문은 그보다 폭넓었다. 즉, 죄인이 자신의 죄에 대해 전적으로 무력한지, 하나님이 무조건적이고 거역할 수 없는 은혜로 그들을 구원하시는지, 죄인이 믿음을 갖게 될 때 하나님이 그리스도로 말미암아 그들을 의롭다 칭하실 뿐 아니라 그들을 믿음에 이르게 하기 위해 소생케 하시는 성령에 의해 죄와 사망에서 그들을 일으키시는지 등이 바로 그들이 고민하는 핵심 질문이었다.

중요한 논점은 다음과 같다. 즉 하나님은 칭의뿐 아니라 믿음도 조성하시는지, 그리고 결국 기독교란 구원과 구원에 필수적인 모든 것을 위해 전적으로 하나님께 의지하는 종교인지, 아니면 자기 의지와 자기 노력의 종교인지다.[3]

중생과 믿음

아우구스티누스 신학과 모든 유형의 반펠라기우스주의 사이에 제기된 대표적인 논점은 "구원의 서정"(오르도 살루티스[ordo salutis]) 가운데 한 측면에 초점을 맞추고 있다. 즉 중생과 믿음은 어떤 관계에 있는가? 중생은 하나님의 단독 사역인가, 신인 협력 사역인가? 사람이 거듭나려면 먼저 믿음을 보여야 하는가, 아니면 사람이 믿음을 나타낼 수 있기 전에 먼저 거듭나야 하는가? 과연 중생의 은혜는 단독적인가, 협력적인가?

"단독설"이란 오직 하나님 한 분에 의해서만 중생이 이루어지는 것을 뜻한다. 문자적으로 그것은 "일방적 작용"(one-working)을 뜻한다. 반면에 "신인 협력설"이란 둘 이상의 행위를 수반하는 작용을 가리킨다. 이것은 공동 작용이다. 모든 유형의 반펠라기우스주의는 중생에 대해 어떤 식으로든 신인 협력설을 주장한다. 대체로 하나님의 도우시는 은혜가 필수 요소지만, 그 효력은 인간의 협력에 의존한다고 보는 것이다.

종교개혁자들은 중생이 믿음보다 선행할 뿐 아니라 선행해야 한다고 가르쳤다. 중생하지 못한 죄인은 성령의 단독 사역에 의해 내적으로 변화되기 전에는 믿음을 가질 수 없다. 도덕적으로 속박되어 있기 때문이다. 믿음은 중생의 열매이지, 그 근거가 아니다.

반면 반펠라기우스주의에 따르면 중생은 하나님의 사역이지만, 먼저 그분께 대한 믿음을 나타내는 사람들에게만 적용된다.

복음주의자라는 명칭은 오직 믿음으로만 의롭게 된다는 성경적 교리를 확신하는 데서 비롯되었다. 종교개혁자들이 "오직 믿음"(솔라 피데)을 성경적인 복음의 핵심이자 필수 요소로 보았기 때문에, 그들을 "복음주의자"라고 부르게 된 것이다. 그러나 현대 복음주의자 가운데는 종교개혁의 솔라 피데를 받아들이지만 그것을 뒷받침하는 "오직 은혜"(솔라 그라티아)는 도외시하는 사람이 많다. 패커와 존스턴은 이렇게 확언한다.

"이신칭의"는 해석이 필요한 진리다. "솔라 피데"라는 원칙은 "솔라 그라티아"라는 더 넓은 원칙과 연관되어 있다고 여기기 전까지는 올바로 이해될 수 없다.

믿음의 근원과 상태는 어떤 것인가? 하나님이 주시는 칭의를 받을 수 있도록 하나님이 제공하시는 수단인가, 아니면 사람이 성취하도록 남겨진 칭의의 조건인가? 믿음은 하나님이 주신 구원이라는 선물의 일부인가, 아니면 구원에 인간이 기여하는 부분인가? 우리의 구원은 전적으로 하나님에게서 말미암는가, 아니면 궁극적으로 우리가 하는 어떤 일에 의존하는가?

후자의 견해들을 피력하는 이들(후에 아르미니우스주의자로 나타난다)은 죄

가운데 빠진 인간의 전적 무능을 거부하며, 결국 반펠라기우스주의가 옳다고 확언한다. 따라서 나중에 개혁주의 신학이 아르미니우스주의를 가리켜 원칙상 로마 가톨릭으로 복귀한 것이며(결과적으로는 믿음을 공적[功績]으로 바꿔버린 것이 되었기 때문에) 종교개혁에 대한 배신이라고(종교개혁 사상에서 가장 심오한 종교적·신학적 원칙인, 죄인의 구원과 관련한 하나님의 주권을 부인했기 때문에) 정죄한 것은 놀라운 일이 아니다. 종교개혁자들 눈에는 아르미니우스주의가 신약의 기독교를 거부하고 신약의 유대교를 옹호하는 것으로 보였다. 믿음을 위해 자기 자신에게 의존하는 것은 원칙상 자신의 행위에 의존하는 것과 같기 때문이다. 전자역시 후자만큼이나 비기독교적이며 반기독교적이다. 루터가 에라스무스에게 말한 내용에 비추어볼 때, 그는 바로 이 같은 판단을 피력한 셈이다.[4]

이 글을 처음 읽었을 때 나는 놀라움을 금치 못했다. 표면상 이 글은 아르미니우스주의를 신랄하게 고발하는 듯하다. 사실 "비기독교적"이나 "반기독교적"이라는 것보다 더 신랄한 표현은 없을 것이다. 이 말은 패커와 존스턴이 아르미니우스주의자를 비그리스도인으로 여긴다는 뜻인가? 꼭 그렇지는 않다. 어느 그리스도인이나 어느 정도는 잘못 생각하는 부분이 있다. 우리가 지닌 신학적 견해들은 오류에 빠질 수 있다. 우리의 사상에서 왜곡된 부분, 순수하고 성경적인 범주에서 이탈한 부분은 그 어느 것이나 "비기독교적"이거나 "반기독교적"으로 간주될 수 있다. 우리의 생각 속에 비기독교적인 요소가 있다고 해서 우리가 아예 그리스도인이 아니라는 식으로 단정할 필요는 없다.

아르미니우스주의에 비기독교적 요소가 있으며, 믿음과 중생의 관계에 대한 그들의 견해가 근본적으로는 비기독교적이라고 보는 패커와 존스턴의 견해에 나는 동의한다. 그렇다면 이 결함은 구원과 관련하여 치명적일 만큼 심각한 것인가? 종종 사람들은 내게 "아르미니우스주의자가 그리스도인이라고 생각하십니까?"라고 묻는다. 그러면 대체로 나는 "그리스도인이긴 하죠"라고 대답한다. 그들도 그리스도인이기는 하다. 그러나 그들은 교묘한 모순에 빠져 있다.

그 모순이란 무엇인가? 아르미니우스주의자는 이신칭의 교리를 확신한다. 우리에게는 칭의에 기여할 만한 공적이 없으며, 우리의 칭의는 오직 그리스도의 의와 공로에만 달려 있고, 우리는 구원을 위해 자신의 행위를 의지해서는 안 되며 그리스도의 사역에만 의지해야 한다는 사실에 그들도 동의한다. 이런 핵심 사항들에 대해 그들은 로마 가톨릭과 의견이 다르다.

그러나 패커와 존스턴에 따르면, 후에 개혁주의 신학은 아르미니우스주의가 원칙상 종교개혁을 배신하고 로마 가톨릭으로 되돌아갔다고 정죄했다. 그들은 아르미니우스주의가 "결과적으로는 믿음을 공적으로 바꿔버렸다"고 지적한다.

여기서 우리는 "결과적으로"라는 표현에 주목해야 한다. 대부분 아르미니우스주의자는 자신의 믿음을 공적으로 간주하지 않는다. 믿음을 가리켜 공적이라고 주장한다면, 이신칭의를 명확히 거부하는 셈이다. 아르미니우스주의자는 믿음이란 인간이 실행하는 것이라는 점을 인정한다. 그것은 공적이라고는 말할 수 없어도 일종의 일(work) 인 셈이다. 그렇다면 그것은 좋은 일인가? 분명 나쁜 일은 아니다. 사람이 자신의 구원을 위해 오직 그리스도만 믿는 것은 좋은 일이다. 하나님은 우리에게 그리스도를 신뢰하라고 명령하신다. 그렇기 때문에 그리스도를 믿을 때 우리는 그 명령을 순종하고 있는 것이다. 그러나 모든 그리스도인은 믿음이란 우리가 실행하는 것이라고 생각한다. 하나님이 우리를 위해 대신 믿어주시지는 않는다.

또한 믿음이 칭의의 도구적 근거인 한, 우리는 칭의가 믿음으로 말미암는다는 사실에 동의한다. 아르미니우스주의자는 먼저 중생하지 않은 상태에서도 인간은 믿음이라는 도구를 실행할 능력이 있다고 주장한다. 이러한 견해는 분명 "오직 은혜"를 부인하는 것이지만 그렇다고 "오직 믿음"을 부인하는 것은 아니다.

그렇다면 아르미니우스주의가 "결과적으로" 믿음을 공적으로 간주했다고 지적하는 이유는 무엇인가? 바로 인간이 복음에 보이는 반응이 구원을 결정짓는 궁극적 요소가 된다고 보기 때문이다.

종종 나는 아르미니우스주의를 신봉하는 친구들에게 "당신은 그리스도인이고 다른 사람은 그리스도인이 아닌 이유가 무엇인가?"라고 물어본다. 그들의 대답에 따르면 그들은 그리스도를 믿지만 다른 사람들은 믿지 않기 때문이다. 그러면 나는 그들이 믿는 반면 다른 사람들은 믿지 않는 이유를 묻는다. "믿지 않는 사람보다 당신이 더 의롭기 때문인가?" 그들은 즉시 아니라고 말한다. "그렇다면 당신이 더

지성적이기 때문인가?" 이번에도 그들은 아니라고 대답한다.

그들은 하나님이 모든 믿는 자에게 구원을 베푸실 정도로 은혜로 우시며, 그 은혜가 없이는 아무도 구원받지 못한다고 말한다.

그러나 이 은혜는 협력적인 은혜다. 타락한 상태인 인간은 자신의 의지로 이 은혜를 추구하고 붙들어야 하며, 그의 의지는 이 은혜를 받아들이거나 거부할 자유가 있다. 어떤 이들은 이 의지를 올바로(또는 의롭게) 행사하는 반면, 어떤 이들은 그렇게 하지 않는다. 이 점과 관련하여 아르미니우스주의자는 궁극적으로 구원이 자기 의지의 의로운 행위에 의존한다는 결론에서 벗어나기 힘들다는 사실을 알게 된다. "결과적으로" 그들은 자신의 공적으로 그리스도의 공로를 얻고자 하는 것이 된다. 이것은 로마 가톨릭의 견해와 크게 다르지 않다. 루터의 『노예의지론』에 대한 서론을 마무리하면서 패커와 존스턴은 이렇게 말한다.

오늘날 프로테스탄트는 이 점을 숙고해 봐야 한다. 우리는 어떤 권리로 종교개혁의 후예라고 자칭할 수 있을까? 현대의 프로테스탄티즘은 대부분 선구적인 종교개혁자들에게 인정받지 못할 것이다. ……『노예의지론』에 비추어보건대, 우리는 프로테스탄트 기독교계가 비극적이게도 루터 당시와 우리 시대 사이에 그 장자권을 팔아버린 것은 아닌지 묻지 않을 수 없다.

오늘날의 프로테스탄티즘은 루터보다는 에라스무스에 더 가깝지 않은가? 내면의 평안을 위해 교리 차이를 최소화하거나 간과하는 경우가 많지 않은가? …… 우리의 설교 강단이 에라스무스 계열의 가르침, 즉 루터가 반박하던 천박한 신인 협력설에 의존하는 메시지에 점점 익숙해져가고 있지는 않은가? 이 메시지는 인간을 구원하는 데 인간과 하나님은 저마다 역할이 있으며, 그 목적을 달성하려면 서로 협력해야 한다고 가르친다.[5]

패커와 존스턴은 설교와 복음전도, 교회 생활 전반에 걸쳐 급진적인 변화가 이루어지려면 우리의 사고에 현대판 코페르니쿠스 혁명이 필요하다고 강조한다. 문제의 핵심은 하나님의 은혜와 영광이다.

자유의지와 선택

현대 교회에서 논의되는 자유의지 문제는 주로 예정과 선택이라는 더 넓은 문제에 초점이 맞춰진다. 이 문제들은 분명 서로 연관되어 있다. 그러나 펠라기우스와 아우구스티누스의 논쟁, 이후 에라스무스와 루터의 논쟁 사항을 반드시 이들과 연관시킬 수는 없다. 선택 교리는 분명 더 넓은 문제와 결부되어 있지만, 엄밀히 말하자면 이것은 자유의지와 원죄의 관계, 그리고 자유의지와 하나님의 은혜의 관계에 관한 것이다.

자유의지가 예정과 관련하여 논의될 때는 주로 하나님의 주권과 연계된다. 하나님이 주권적이시라면, 인간은 진정으로 자유로울 수 있는가? 어떤 이들은 하나님의 주권과 자유의지가 성경이 가르치는 쌍둥이 진리로, 불가분적 변증법의 긴장 속에 공존한다고 주장한다. 어떤 이성적인 시도도 이 문제를 해결할 수 없다고 설명한다. 이 둘의 관계는 모순, 또는 적어도 심각한 역설이라고 보는 것이다.

하나님의 주권과 인간의 자유는 신비로울지 몰라도 전혀 모순적이지 않다. 하나님의 주권에 반대되는 것은 인간의 자유가 아니라 인간의 **자율**이다. 자율이란 어떠한 고차원적 권세나 권능에도 제한받지 않는 자유를 가리킨다.

하나님이 주권적이시라면, 인간은 자율적일 수 없다. 역으로 인간이 자율적이라면, 하나님은 주권적이실 수 없다. 이 두 개념은 상호 배타적이다. 어떤 사람은 인간의 자유가 하나님의 주권을 제한한다고 주장한다. 만일 그렇다면, 하나님이 아니라 인간이 주권적일 것이다. 하나님은 인간의 결정에 제한 받으실 것이며, 자신의 의지대로 피조물을 주관하는 권능과 권세에 결함을 느끼실 것이다.

그러나 인간의 자유가 하나님의 주권을 "제한한다"고 말할 때에는, 대부분 앞서 언급한 것과 같은 우둔한 견해를 의도한 것이 아니다. 그리스도인은 대부분 하나님이 인간의 결정을 주관하실 권능과 권세를 지니셨다는 사실을 인정한다. 여기에는 하나님이 피조물에게 어떤 강압적인 방법으로 자신의 뜻을 강요하지는 않으신다는 사실이 내포되어 있다. 어떤 이들은 이 문제와 관련하여 하나님이 "스스로 제한하신다"(self-limiting)고 말한다. 인간의 결정과 관련하여 하나님이 자신을 제한하기로 선택하신다는 것이다.

종종 아우구스티누스 신학은 인간을 주권적이신 하나님께 조종당하는 꼭두각시로 전락시켰다는 비난을 받는다. 이런 피조물은 도덕적 책임을 거의 이행하지 못한다. 꼭두각시란 단지 나무 인형이며, 자신에게 달린 줄에 따라 움직일 뿐이다. 꼭두각시는 스스로 움직일 능력도, 힘도 없다. 생각하거나 느끼거나 감정적인 반응도 보이지 못한다.

토기장이와 진흙의 비유는 단순한 비유를 넘어 실제적인 존재론적 묘사라고 할 수 있다. 인간이 꼭두각시라면, 본질적으로 그는 토기장이의 손에 있는 진흙덩이와 다르지 않다. 진흙은 전혀 의지가 없다. 아무런 결정을 내리지 못한다. 도덕적으로든 다른 측면에서든 그 어떤 의향도 갖고 있지 않다. 진흙은 스스로 움직이지 못하며 전적으로 수동적이다.

자유의지의 실재는 기독교 인류학의 핵심이라고 할 수 있다. 성경은 인간이 심령을 지닌 존재, 도덕적 책임을 지닌 존재라고 묘사한다. 의지가 없다면 인간의 도덕적 능력도 소멸된다. 그 도덕적 능력은 결국 실체가 없는 망상이나 속임수로 전락하고 만다.

인간의 자유의지 맞은편에는 하나님의 성품이 자리하고 있다. 그분은 주권적이지만, 다른 속성도 가지고 계시다. 그분의 주권은 그분의 거룩함과 의로움을 가리지 않는다. 그 주권은 거룩하며 의롭다. 자유의지를 논의하는 자들이 주목하는 것이 바로 의로우심이다. 인간이 "아무것도 선택하지 못하고" 단지 하나님의 주권에 의해 수동적으로 움직이는 도구에 지나지 않는다면, 하나님이 피조물의 행위에 책임을 묻는다거나 무능한 탓에 어쩔 수 없이 저지른 일을 두고 징벌하시는 것은 불의한 처사일 것이다.

 따라서 인간의 의지를 어떻게 이해하느냐에 따라 인간의 본성과 하나님의 성품에 대한 우리의 관점이 좌우된다. 펠라기우스주의와 아우구스티누스주의의 해묵은 논쟁은 이 문제와 관련하여 전개되어 왔다. 인간의 책임에 관한 성경적 견해를 훼손시키는 인간관은 어느 것이든 심각한 결함을 갖게 된다. 하나님의 성품에 관한 성경적 견해를 훼손시키는 인간 의지에 대한 관점은 더욱 심각한 결함을 갖게 된다. 이 논쟁은 우리가 하나님의 의와 주권과 은혜를 이해하는 데 영향을 끼칠 것이다. 이것은 모두 기독교 신학에서 매우 중요하다. 이 문제들을 무시하거나 사소하게 여긴다면, 우리는 성경에 계시된 하나님의 온전하신 성품을 크게 훼손시키게 될 것이다. 그러므로 이 책에서 우리는 기독교 역사를 통해 엿볼 수 있는 자유의지 논쟁들을 하나하나 살펴보고자 한다.

1장

우리는 순종할 수 있다

펠라기우스

그리스도의 은혜로 가르침 받아 더 나은 인품으로 거듭난 …… 우리는 율법 이
전 사람들보다 나아야 하며 율법 아래에 있었던 사람들보다도 나아야 한다.

펠라기우스주의는 기독교 초기에 아우구스티누스와 격렬한 논쟁을 벌인 영국의 한 수도사의 이름에서 비롯된 용어다. 아일랜드에서 출생한 것으로 보이는 펠라기우스는 남성을 거세하고 수도사가 되었다. 그는 교회가 열심히 덕을 추구하고, 심지어 도덕적으로 완전해지도록 혼신을 다해 촉구하였다. 그는 수년 동안 로마에서 지내면서 켈레스티우스, 에클라눔의 율리아누스과 함께 아우구스티누스와 벌인 논쟁에 참여했다. 주교였던 율리아누스는 젊은 나이에 부인과 사별했다. 이들 셋 중 율리아누스가 가장 교양이 풍부했으며, 켈레스티우스보다 덜 선동적이긴 하지만 논쟁에서도 가장 집요했다.

아돌프 하르낙은 펠라기우스가 "육신의 연약함과, 하나님의 엄중하신 명령을 실현하지 못하는 무능함을 변명하기에 급급한 무기력한 기독교계에 분노를 느꼈다"고 했다. 하르낙에 따르면 펠라기우스는 "하나님이 불가능한 것은 아무것도 명하지 않으셨고 인간은 자신이 원하기만 하면 선을 행할 수 있는 능력을 지니고 있으며 육신의 연약함은 단지 핑계일 뿐이라고 설교했다."[1]

하르낙이 언급했듯이 펠라기우스 사상을 지배하는 원칙은 인간이 실행하지 못하는 일은 하나님이 결코 명하지 않으신다는 확신이다. 이것은 펠라기우스에게 결코 추상적인 신학 원칙이 아니었으며, 그리스도인의 삶에 시급하고 실제적인 결과를 가져다주는 문제였다. 처음에 그는 "주께서 명하신 것을 허락해 주시고, 주께서 원하시는 것을 명하소서"라는 아우구스티누스의 기도에 분개했다.

펠라기우스에게 이 기도 하반부는 전혀 문제가 되지 않았다. 하나님은 자신이 원하는 것을 명하실 권리가 있으시다. 이것은 분명 하나님의 특권이다. 물론 하나님이 자신의 피조물에게 바라시는 것은 결코 하찮거나 악하지 않을 것이다. 이 부분은 하나님이 자신의 명령을 법제화하는 데 인간의 승인이 필요하다는 것을 나타내는 것이 아니라, 하나님의 입법 권한에 겸손히 복종한 아우구스티누스의 견해를 반영한다.

펠라기우스가 분개한 것은 "주께서 명하신 것을 허락해 주시고"라는 부분 때문이다. 아우구스티누스가 허락해 달라고 하나님께 간구한 것은 무엇인가? 그분의 명령을 행할 수 있도록 허락해 달라는 내용은 아닐 것이다. 피조물은 하나님이 명하신 것을 행하는 데 허락을 구할 필요가 없기 때문이다. 그것을 행하지 않는 것을 허락해 달라고 간구할 수는 있을 것이다. 아우구스티누스는 다른 것, 곧 그 명령을 감당할 수 있게 하는 어떤 은사를 간구하고 있다. 아우구스티누스가 일종의 도움 형식으로 임할 하나님의 은혜를 간구한 것이라는 펠라기우스의 추측은 옳았다.

펠라기우스는 다음과 같은 질문을 제기했다. "인간이 하나님의 명령에 순종하기 위해서는 반드시 은혜가 도와야 하는가? 아니면 그런 도움 없이도 하나님의 명령에 순종할 수 있는가?" 펠라기우스가 보기에 순종하라는 명령은 순종할 수 있는 능력을 뜻했다. 이것은 하나님의 도덕법뿐 아니라 복음에 내재된 명령에 대해서도 마찬가지일 것이다. 만일 하나님이 그리스도를 믿으라고 명령하신다면, 인간은 은혜의 도움 없이도 그리스도를 믿을 수 있는 능력이 있다는 것이다. 하나님이 죄인들에게 회개하라고 명하신다면, 그들은 그 명령에 순종하고자 하는 마음을 가질 능력이 있다는 것이다. 순종은 "허락"을 받아야 하는 것이 아니다.

펠라기우스와 아우구스티누스의 쟁점은 분명했다. 난해한 신학적 논쟁들이 그 쟁점을 혼란스럽게 하지 않았다. 처음에는 특히 그러했다. "교회사상 적대적인 견해를 지닌 이들이 문제 삼고 있는 원칙들을 그처럼 분명하고 논리적으로 표현한 적은 없었다"고 하르낙은 말한다. "니케아 공의회에서 일어난 아리우스 논쟁만이 이 논쟁에 비견될 수 있을 것이다."[2]

펠라기우스의 주장에 따르면, 본성이 나름의 의무를 이행하는 데는 굳이 은혜가 필요하지 않다. 자유의지는 적절히 행사될 때 미덕을 낳는다. 이 미덕은 숭고한 선이며 상급이 뒤따른다. 인간은 자신의 노력으로 도덕이나 신앙이 요구하는 것을 모두 성취할 수 있다.

열여덟 가지 전제

펠라기우스 사상의 핵심 교의들을 요약하기 위해 나는 하르낙의 『교리사』(History of Dogma)에 제시된 개요를 따르고자 한다.

펠라기우스 사상은 하나님의 선하심과 공의가 그분의 최고 성품이라는 전제에 기초한다. 펠라기우스에게 선과 공의는 하나님의 성품 가운데 필수적인 요소다. 이것들이 없다면 하나님은 하나님일 수 없다. 완벽한 선과 공의가 결여되신 하나님이란 생각할 수 없다.

펠라기우스가 기반으로 두는 두 번째 전제는 하나님이 선하시다면 그분이 지으신 것은 모두 선하다는 것이다. 인간을 포함하여 그분의 모든 피조물은 선하다. 필립 샤프는 펠라기우스의 견해를 요약하면서 "아담은 …… 하나님에 의해 무죄한 상태로 피조되었다. 그는 영원히 죽지 않는 영혼과 죽어야 할 몸, 그리고 모든 선을 행할 수 있는 능력을 지닌 존재로 지어졌다"고 기술한다.

"아담은 이성과 자유의지를 받았다. 그는 이성으로 비이성적인 피조물들을 주관하고, 자유의지로 하나님을 섬겨야 했다. 자유는 지고한 선이자 인간의 영예와 영광이며, 잃어버릴 수 없는 타고난 선이다. 그것은 인간과 하나님의 윤리적 관계에서 유일한 기반이다. 하나님은 마지못해 드리는 예배를 받지 않으실 것이다. 이 자유는 본질적으로 선택의 자유이며, 어느 순간이든 선이나 악을 행할 수 있는, 절대적으로 동등한 능력이다."[3]

인간의 본성과 자유의지에 관한 펠라기우스의 견해는 자신의 창조 교리에 기초한다. 자유의지는 주로 선이나 악을 선택할 수 있는 능력에 관한 것이다. 펠라기우스에 따르면, 이 능력 또는 가능성이 자유의지의 본질이다. 이 능력은 창조 당시 하나님이 인간에게 주신 것이며, 인간의 성품을 구성하는 본질적인 측면이다.

펠라기우스의 세 번째 전제는 자연이 선하게 피조되었을 뿐 아니라 변함없이 선하도록 피조되었다는 것이다. 이것이 사실인 이유는 "자연 만물은 그 존재가 시작되면서부터 끝날 때까지 존속되기 때문이다."[4] 샤프는 펠라기우스에 대해 이렇게 말한다.

"펠라기우스는 자유를 '형식' 측면과 초기 단계의 차원에서 보며, 선악 간에 변함없는 균형을 유지하면서도 어느 순간 어떤 방향으로든 전환될 수 있다고 간주한다. 자유는 과거나 미래에 좌우되지 않으며, 외부나 내부의 그 무엇에도 전혀 의존하지 않는다. 진공 상태로서 스스로 가득 채울 수 있고, 그 다음에는 다시 진공 상태로 돌아갈 수 있다. 자유는 사람이 바라는 대로 무엇이나 적어낼 수 있는 영속적인 백지 상태다. 모든 결정을 내린 뒤에도 다시금 망설이거나 마음이 오락가락하는 상태로 돌아가는 부단한 선택이다.

인간의 의지는, 말하자면 영원히 네거리에 서 있는 헤라클레스처럼 먼저 오른편으로 한 걸음을 내딛고 그 다음 왼편으로 한 걸음 내디뎠다가 늘 다시 처음 위치로 되돌아가고 만다."[5]

인간의 의지가 영속적인 백지 상태라면, 인간이 죄를 지을 때에도 그 의지의 성격은 전혀 변화되거나 변형되지 않는다. 이 경우, 인간 속에는 타고난 부패성이 전혀 없으며, 죄의 결과인 범죄 성향도 존재하지 않는다. 죄의 행위는 모두 저마다 새롭게 시작되며, "선험적인" 취향과는 아무 상관이 없다.

펠라기우스의 네 번째 전제는 그러한 인간 본성이 변함없이 선하다는 것이다. 말하자면, 인간의 본질적인 부분은 늘 선한 상태라는 뜻이다. 천성은 본질적으로 변화될 수 없다. 단지 "비본질적으로" (accidentally) 변경될 뿐이다(이때 "accidentally"라는 단어는 불운의 결과로서 우발적으로 일어나는 무엇을 의미하지 않는다. 아리스토텔레스가 사물의 본질과 구분하여 언급한 "형태"를 가리킨다. "비본질적"이란, 어떤 사물에게서 감지할 수 있는 외적 특질, 즉 본질적이지 않은 표면적 특질을 가리킨다). 어떤 사람이 죄악을 범하면 그의 행동은 변할 수 있지만, 그 행동이 그의 본성을 바꾸지는 않는다.

펠라기우스의 다섯 번째 전제는 죄나 악이 본성에 침투할 수 없다는 것이다. 이것은 앞의 네 가지 전제와 자연스럽게 연결된다. 펠라기우스는 죄란, 의가 금하는 것을 의도적으로 행하는 것이라고 규정한다. 우리는 죄를 자유로이 삼갈 수 있으며, 따라서 우리의 의지를 적절하게 행사하여 늘 죄를 피할 수 있다. 죄는 행동이지 결코 본성이 아니다. 펠라기우스는 만일 그렇지 않다면 하나님은 악의 조성자시라고 주장한다. 죄악 된 행동이 죄악 된 본성을 만들 수는 없으며, 악을 물려받을 수도 없다. 만일 그렇지 않다면, 하나님의 선하심과 의가 파괴되고 만다.

여섯 번째 전제에서는 죄가 사탄의 올가미와 감각적인 탐욕의 결과로 존재하는 것이라고 설명한다. 이처럼 죄를 짓게 하는 유혹은 덕성을 발휘하여 극복할 수 있다. 탐욕이나 정욕은 인간 본성의 본질에서 생겨나는 것은 아니지만 "비본질적으로" 그것에 수반되는 것이다. 정욕 자체가 악은 아니다. 그리스도 자신도 정욕을 지닌 인간이셨다. 여기에서 정욕과 관련된 공식을 끌어낼 수 있다. 즉, 정욕은 죄에서 말미암고 죄로 향하는 성향이 있지만, 그 자체가 죄는 아니라는 것이다.

펠라기우스의 일곱 번째 전제는 죄 없는 인간이 될 수 있는 가능성은 늘 있으며 실제로 그런 인간이 될 수 있다고 결론짓는다. 인간은 완벽해질 수 있으며 실제로 그런 사람들이 있다는 것이다. 이 논지는 아담의 타락으로 인간이 부패한 본성을 갖게 되었다는 원죄 교리를 단정적으로 거부한다. 이것은 아담과 그 후손의 상태에 관한 펠라기우스의 다음 논지들과 연결된다.

여덟 번째 전제는 아담이 자유의지와 자연적 거룩성을 지닌 존재로 피조되었다는 것이다. 이 자연적 거룩성은 아담의 의지의 자유와 이성에 관한 것이다. 창조 때 하나님이 주신 선물인 한, 이 역량들은 은혜의 선물로 간주될 수 있다. 그것들은 아담이 획득한 것이 아니라, 피조될 때 천부적으로 제공된 것이다.

아홉 번째 전제는 아담이 자유의지로 죄를 범했다는 것이다. 그는 하나님이나 다른 피조물에게 강요받아 첫 범죄를 저지른 것이 아니다. 이 죄의 결과 그의 본성이 타락한 것도 아니다. 그 결과로 육체가 사망하게 된 것도 아니다. 아담은 죽을 운명에 놓인 존재로 피조되었기 때문이다. 아담의 죄 때문에 "영적으로 사망하게" 된 것도 아니다. 영적 사망이란 도덕적 능력의 상실이나 선천적인 부패성이 아니라, 죄로 인한 영혼의 정죄일 뿐이다.

열 번째 전제는 아담의 후손이 그에게서 육체적 사망이나 영적 사망을 물려받지 않았다는 것이다. 그의 후손이 죽는 것은 죽을 운명으로 지음받았기 때문이다. 그의 후손이 영적 사망에 이르렀다면, 그것은 그들도 죄를 범하였기 때문이다. 그들이 아담 때문에 영적 사망에 이른 것은 아니다.

펠라기우스의 열한 번째 전제는 아담의 죄나 범죄는 그의 후손에게 유전되는 것이 아니라는 것이다. 펠라기우스는 죄의 전가(트라둑스 페카티[*tradux peccati*]) 교리와 원죄(페카툼 오리기니스[*peccatum originis*]) 교리를 마니교에 뿌리를 둔 신성 모독적 이론으로 간주했다.

펠라기우스는 한 사람의 죄를 다른 사람에게 전가시키는 것은 의롭지 못하다고 주장했다. 하나님은 새 피조물들을 그들 자신과는 무관한 죄의 짐에 억눌린 세상 속으로 이끌지 않으실 것이다. 원죄는 인간의 선한 본성을 악하게 보도록 만든다. 자연히 인간은 악한 존재로 전락하게 된다. 아담의 범죄 이전이든 이후든 인간이 본성적으로 악하다면, 하나님은 다시금 악의 조성자로 간주되실 것이다. 인간의 본성이 악해진다면, 그 본성은 구원받을 가망이 없을 것이다. 원죄가 타고나는 것이라면 그리스도께서도 원죄를 지니셨을 것이다. 따라서 다른 사람은 고사하고 그 자신도 구원하지 못하셨을 것이다. 샤프는 펠라기우스의 이러한 인류학 차원에 관해 이렇게 말한다.

"인류나 인간 본성의 유기적 전체성이라는 개념을 전혀 생각하지 않은 펠라기우스는 아담을 단지 고립된 개인으로 보았다. 그는 아담에게 대표적 위치를 부여하지 않았고, 따라서 아담의 행위는 그 자신을 넘어서서는 아무 의미가 없는 것으로 보았다. 그의 견해에 따르면, 첫 사람의 죄는 하나님의 명령에 대한 단일하고 고립된 불순종 행위로 이해된다.

율리아누스는 이것을 어린아이가 저지른 대수롭지 않은 실책에 비교한다. 어린아이는 감각적인 유혹에 빠져 잘못을 저지르지만 나중에는 그 결과를 뉘우친다. ······ 이처럼 단일하고 용서받을 수 있는 범죄 행위는 아담의 영혼이나 육체에 아무런 악영향을 끼치지 않았으며, 그의 후손에게는 더욱 그러했다. 그들이 서거나 넘어지는 것은 모두 자기 자신에게 달려 있다."[6]

펠라기우스에게는 아담의 죄와 우리의 죄가 아무런 관련이 없다. 세대를 통해 죄가 유전될 수 있다는 개념은 터무니없는 것이다. "회심 후 그들의 죄가 자신에게 아무런 해악을 끼치지 못한다면, 그 자손들에게는 더욱 그러할 것이다"라고 펠라기우스는 말했다.[7]

펠라기우스의 열두 번째 전제는 모든 사람은 아담이 타락 전에 누린 것과 같은 상태로 지음받았다는 것이다. 아담과 그의 후손은 두 가지 면에서 다르지만, 이것은 본질적인 차이가 아니다. 첫째, 아담은 성인으로 피조되었지만 그의 후손은 아기로 지음받는다. 아담은 처음부터 이성을 충분히 사용했지만, 그의 후손은 사고할 수 있는 능력을 개발해 나가야 하는 것이다. 둘째, 아담은 악의 관습이 전혀 침투하지 않은 낙원에서 삶을 시작했지만, 그의 후손은 죄악의 관습이 널리 퍼져 있는 사회나 환경에서 태어난다. 그럼에도 아기는 여전히 무죄한 상태로 태어난다.

그렇다면 실제로 죄가 널리 퍼져 있는 것은 무엇 때문일까? 펠라기우스는 이것을 범죄 모방과 오랜 범죄 습성 탓으로 돌린다.

> 우리가 선을 행하기 어려운 것은 바로 오랜 죄악 습관 때문이다. 어릴 적부터 우리 안에 침투한 이 습관은 해를 거듭하면서 점점 우리를 부패시키고, 나중에는 우리를 사로잡아 중독되게 만든다. 그리하여 마치 그것이 인간이 어찌할 수 없는 자연의 힘처럼 보이게 한다.[8]

여기서 펠라기우스는 원죄를 수용하는 것처럼 보인다. 그러나 "그럴듯할" 뿐이다. 죄는 광범위하게 존재하긴 하지만 실제로 "자연의 힘"을 가지고 있지는 않다. 어떤 의미에서 펠라기우스는 다른 사람들이 원죄 개념을 갖게 된 이유를 설명하고 있다.

그의 열세 번째 전제는 죄를 짓는 습관이 의지를 약화시킨다는 것이다. 그러나 이 같은 약화 과정은 비본질적 의미에서 이해해야 한다. 죄를 짓는 습관은 우리 생각을 흐리게 하며 나쁜 버릇을 갖게 만든다. 그러나 이런 습관은 "의지 가운데 내재하는" 무엇이 아니라 하나의 행위다. 의지는 약화되지 않는다. 변화 과정을 거치지도 않는다. 윤리적, 도덕적 결정을 내려야 할 때에도 의지는 여전히 객관적 입장을 유지한다.

펠라기우스의 열네 번째 전제는 은혜의 개념을 시사한다. 즉 은혜는 선을 가능하게 한다는 것이다. 하나님의 은혜는 우리가 의롭게 되는 것을 더 쉽게 해준다. 그것은 완벽함을 추구하는 우리의 노력을 도와준다. 그러나 펠라기우스의 핵심은 비록 은혜가 우리의 의를 가능하게 하지만 의를 획득하는 데 필수는 아니라는 점이다. 인간은 은혜의 도움 없이도 선해질 수 있고 또 선해져야 한다. 야로슬라프 펠리컨은 이렇게 설명한다.

"펠라기우스가 분석한 은혜의 역설은 아우구스티누스가 정의한 은혜와는 근본적으로 다른 정의에 기초한다. 펠라기우스는 '하나님의 은혜를 논박하고 있다'는 의혹을 받았다. 은혜에 관한 그의 논문은 본성의 능력과 역량을 숙고하고 있다는 인상을 주며, 하나님의 은혜도 그 본성의 역량에 좌우된다고 주장한다. 그는 가능한 모든 논거를 동원하여 하나님의 은혜와 대치되는 인간의 본성을 옹호하는 듯하며, 인간이 의롭게 되고 그리스도인이 되는 것도 바로 그 본성을 통해서라고 주장하는 인상을 준다."[9]

펠라기우스의 열다섯 번째 전제에 따르면 하나님이 주신 주된 은혜는 피조물 속에 주어진 것이다. 이 은혜는 매우 영광스러운 것이어서 이교도와 유대인 가운데도 완벽해진 이들이 있다.

열여섯 번째 전제는 하나님의 율법 속에 주어진 은혜, 교훈과 조명이라는 은혜를 나타낸다. 이 은혜는 내적으로 선의 특성을 분명히 규정하는 역할만 한다. 고전적 범주에서 볼 때 덕성과 관련하여 분명히 요구되는 사항은 두 가지, 즉 선에 관한 지식과 선을 행할 수 있는 도덕적 능력이다. 이 둘은 율법의 교훈과 조명으로 가능해진다.

열일곱 번째 전제에 따르면 은혜는 율법뿐 아니라 그리스도를 통해서도 주어진다. 또한 이 은혜는 "조명과 교훈"으로 정의될 수 있다. 그리스도의 주된 사역은 우리에게 본을 보이시는 것이다.

(어느 편지에서) 펠라기우스는 이렇게 썼다. "그리스도의 은혜로 가르침 받아 더 나은 인품으로 거듭난 우리, 그분의 피로 속죄함과 정결케 함을 받은 우리, 그리고 그분의 본을 통해 완벽한 의를 지향하도록 자극 받은 우리는 율법 이전 사람들보다 나아야 하며 율법 아래 있었던 사람들보다도 나아야 한다." 그러나 "하나님이 갖가지 이루 형언할 수 없는 선물인 천상의 은혜로 우리를 조명하실 때" 우리 눈을 열어 장래를 계시해 주신다는 선언, 그리고 덕성을 함양시키는 방편인 율법에 대한 지식이 바로 이 편지 속에 담긴 논거라는 사실은 …… 그에게 "하나님의 도우심"이란 결국 교훈 차원이라는 사실을 입증해 준다.[10]

펠라기우스의 은혜 교리는 그의 죄 교리의 또 다른 면일 뿐이다. 그의 사상 전반에는 "인간 본성은 변하지 않는다"는 기본적인 확신이 깔려 있다. 본성은 선하게 피조되었고, 항상 선한 상태로 남아 있을 것이다.

마지막 열여덟 번째 전제는 하나님의 은혜가 그분의 의와 모순되지 않는다는 것이다. 은혜는 인간 본성에 어떤 유익을 보태지 않으며, 공적에 따라 하나님이 주시는 것이다. 결국 은혜란 획득하는 것이다. 펠라기우스 사상의 요점은 다음과 같이 요약할 수 있다.

1. 하나님의 최고 성품은 그분의 의와 공의다.

2. 하나님이 지으신 모든 것은 선하다.

3. 피조된 자연은 본질적으로 변할 수 없다.

4. 인간의 본성은 선하며 파괴될 수 없다.

5. 악은 행위로, 우리가 피할 수 있다.

6. 죄는 사탄의 올가미와 감각적인 탐욕을 통해 온다.

7. 죄 없는 사람들이 있을 수 있다.

8. 아담은 자유의지와 자연적 거룩성을 지닌 존재로 피조되었다.

9. 아담은 자유의지를 통해 죄를 범했다.

10. 아담의 후손은 아담에게 육체적 사망을 물려받은 것이 아니다.

11. 아담의 죄도, 그의 죄책감도 전가되지 않았다.

12. 모든 사람은 타락하기 이전의 아담처럼 피조되었다.

13. 범죄 습관이 의지를 약화시킨다.

14. 하나님의 은혜는 선을 가능하게 하지만, 선을 얻는 데 필수 요소는 아니다.

15. 창조의 은혜는 완벽한 사람들을 낳는다.

16. 하나님의 율법의 은혜는 조명과 교훈을 준다.

17. 그리스도의 주된 사역은 본을 보이시는 것이다.

18. 은혜는 공의와 공적에 따라 주어진다.

논쟁 과정

펠라기우스 논쟁은 411년(또는 412년)에 카르타고에서 시작되었다. 펠라기우스의 제자인 켈레스티우스는 카르타고에서 장로로 임명받고자 애썼다. 파울리누스는 켈레스티우스가 유아 세례란 죄를 정결케 하는 일과 상관없다는 식으로 가르친다고 그를 비난했다. 하르낙은 파울리누스의 항의 내용을 다음과 같이 열거한다.

"펠라기우스는 다음과 같이 가르쳤다. '아담은 결국 죽을 존재로 지음받았으며 따라서 그가 죄를 범하든 범하지 않든 죽을 것이었다. 아담의 죄는 자신에게만 해악을 끼쳤다. 신생아는 타락 이전의 아담과 같은 상태다. 모든 인생이 아담의 사망과 허물 때문에 죽거나 그리스도의 부활 덕분에 다시 살아나는 것은 아니다(복음뿐 아니라 율법도 인간을 천국으로 이끌 수 있다). 인간은 죄 없는 상태에 이를 수 있다(주님이 오시기 전에도 범죄하지 않은 인간, 즉 무죄한 인간이 있었다). 자신이 원하기만 하면 하나님의 명령을 쉽게 지킬 수 있다.'"[11]

카르타고 종교회의는 켈레스티우스를 출교시켰다. 에베소로 간 그는 그곳에서 장로가 되었다. 반면 펠라기우스는 심각한 논쟁을 피하기 위해 팔레스타인으로 여행을 떠났다. 그전에 히포를 방문했지만, 아우구스티누스가 없어서 만나지 못했다. 예루살렘에서 펠라기우스는 아우구스티누스에게 아첨하는 내용의 편지를 보냈고, 아우구스티누스는 정중하되 신중한 답신을 보냈다. 도나투스파와 벌인 논쟁으로 과도하게 긴장한 아우구스티누스는 조금씩 회복하는 중이었고,

카르타고에서 켈레스티우스와 벌어진 논쟁에 대해서는 아는 바가 거의 없었다. 아우구스티누스는 예루살렘에서 보낸 소식을 듣고 펠라기우스의 가르침 때문에 혼란이 일어나고 있다는 사실을 알았다.

415년, 아우구스티누스의 친구이자 제자인 오로시우스가 펠라기우스에 반대하는 조사를 했지만, 펠라기우스는 무죄로 인정되었다. 그해 12월에 열린 팔레스타인 종교회의에서는 펠라기우스의 일부 저작들을 비난했다. 그 회의는 은혜의 도움 없이도 인간이 죄 없는 상태가 될 수 있다는 가르침을 포기하도록 요구했고, 펠라기우스는 결국 굴복했다. 그는 "나는 그 가르침이 어리석다고 저주하지만, 교의 문제가 아니므로 이단으로 저주하지는 않는다"고 말했다. 또한 다음과 같은 말로 켈레스티우스의 가르침을 거부했다. "나는 내 것이 아니라고 선언한 것들은 거룩한 교회의 견해에 따라 거부하며, 모든 반대자를 저주한다."[12]

그 결과 펠라기우스는 정통으로 인정받았다. 라인홀드 제베르그는 펠라기우스의 대답을 "비겁한 거짓말"이라고 했다.[13] 펠라기우스는 자신의 지지자들에게 다시 신임을 얻기 위해 힘들게 노력해야만 했다. 그는 자신의 견해를 명확히 밝히기 위해 『인간 본성』(데 나투라[De natura])과 『자유의지』(데 리베로 아르비트리오[De libero arbitrio])를 포함하여 네 권의 책을 썼다.

북아프리카 교회는 종교회의 결과가 흡족하지 않았다. 히에로니무스는 그것을 "딱한 종교회의"라고 지칭했으며,[14] 아우구스티누스는 "그 회의에서 무죄로 선고받은 대상은 이단이 아니라 이단임을 부인한 사람이다"라고 말했다.[15] 416년에 북아프리카 종교회의가 두 차례 열렸고, 둘 다 펠라기우스주의를 다시 정죄했다. 그 진행 과정은 교황 인노켄티우스에게 편지로 전해졌고, 아우구스티누스를 포함한 북아프리카의 다섯 주교가 교황에게 따로 편지를 보냈다. 펠라기우스도 직접 편지를 보내 그에 맞섰다. 교황 인노켄티우스는 기꺼이 상의에 응했고, 펠라기우스와 켈레스티우스를 정죄하는 쪽을 전적으로 지지했다. "우리는 사도의 권위에 따라 펠라기우스와 켈레스티우스가 마귀의 올가미에서 자신들을 구해내기까지 교회에서 추방할 것을 선언한다."[16]

이듬해인 417년, 교황 인노켄티우스가 죽자 조지무스가 그 뒤를 이었다. 펠라기우스는 잘 짜인 신앙고백서를 로마로 보내 자신이 적대자들에게 잘못 고소당하고 오해받았다고 주장했다. 그런가 하면 켈레스티우스는 로마로 가서 교황에게 복종 서약서를 바쳤다. 아우구스티누스의 전기 작가인 피터 브라운은 이렇게 쓰고 있다.

"로마 주교의 소환에 펠라기우스는 서둘러 로마로 향했다. 그전에 그는 예루살렘 주교에게 열렬한 추천장을 받았었다. 그를 고발한 헤로스 주교와 라자루스 주교는 조지무스와 개인적으로 적대 관계에 있었다. …… 정규 회기 동안 조지무스는 켈레스티우스를 심하게 압박하는 것을 거부했고, 그래서 자신은 만족스럽다고 밝혔다. 9월 중순에는 펠라기우스가 훨씬 따뜻한 환대를 받았다. …… 조지무스는 아프리카인들에게 이렇게 말했다. '우리는 모두 매우 깊은 감명을 받았습니다! 그토록 진실한 믿음을 지닌 사람들이 비난 받아왔다고 생각하면 여기 모인 사람 모두 눈물을 금할 길이 없습니다.'"[17]

그러나 조지무스의 판단이 문제를 결말지은 것은 아니었다. 418년, 북아프리카 교회가 카르타고에 총회를 소집하였고 200명이 넘는 주교가 총회에 참석했다. 그 총회에서는 펠라기우스주의를 공박하는 여러 가지 사항을 제기했는데, 그중에는 다음과 같은 내용이 포함되어 있었다.

아담이 죽을 존재로 피조되었고, 그래서 죄를 짓지 않았어도 자연적인 필연에 의해 죽었을 것이라고 말하는 사람은 누구나 저주를 받을지어다.

유아 세례를 거부하거나 어린아이에게 원죄가 없다고 말하는, 그래서 "죄 용서를 위해"라는 세례식 문구를 엄격하게 받아들일 것이 아니라 관대하게 받아들여야 한다고 주장하는 사람은 누구나 저주를 받을지어다.

천국이나 다른 어떤 곳에 중간 장소가 있어서, 세례 받지 않고 죽은 아이들은 그곳에서 행복하게 살게 된다고(세례를 받지 않고서는 천국에 들어갈 수 없는데도) 말하는 사람은 누구나 저주를 받을지어다.[18]

이 공박 사항은 계속해서 다음과 같은 가르침들을 정죄한다. "원죄는 아담에서 시작하여 후손에게 이어지지 않는다." "은혜는 장래 죄에 도움을 주지 않는다." "은혜는 단지 교리와 명령에만 관여한다." "은혜는 단지 선행을 더 쉽게 행할 수 있도록 돕는다." "주기도문에 나오는 죄 사함의 간구는 성도 자신을 위한 것이 아니라 단지 겸양의 표현일 뿐이다."[19]

나중에 조지무스는 예전 견해를 철회하고, 모든 주교에게 이 총회의 공박 사항에 서명할 것을 요청하는 서한을 공표했다. 그러나 에클라눔의 율리아누스를 포함한 열여덟 명의 주교는 이를 거부했다. 많은 역사가가 율리아누스를 펠라기우스 신학의 가장 유능하고 기민한 옹호자로 보는 데 동의한다. 그는 교황에게 보낸 편지에서, 그리고 아우구스티누스의 견해를 예리하게 비판하는 것으로 자신의 견해를 강조했다. 조지무스의 뒤를 이은 보니파키우스는 아우구스티누스에게 율리아누스를 논파해 줄 것을 요청했고, 아우구스티누스는 죽을 때까지 이 문제에 몰두했다.

교황의 서신에 거부 의사를 피력한 열여덟 명의 주교 가운데 열일곱 명은 결국 자신의 견해를 철회했다. 끝까지 맞선 사람은 율리아누스뿐이었다. 면직당한 후 그는 켈레스티우스와 함께 콘스탄티노플로 물러났으며, 그곳에서 429년에 네스토리우스의 환대를 받았다. 펠라기우스나 켈레스티우스의 이후 생애는 알려진 바가 거의 없다. 율리아누스가 네스토리우스와 맺은 친분도 그에게 도움이 되지는 않았다. 후에 네스토리우스가 이단으로 정죄당했기 때문이다.

아우구스티누스가 사망한 이듬해인 431년, 에베소에서 열린 제3차 종교회의는 펠라기우스주의를 정죄했다. 샤프는 펠라기우스 사상 체계를 이렇게 설명한다.

"인간 본성이 부패하지 않은 상태라면, 그리고 본연의 의지가 모든 선을 행할 능력을 지니고 있다면, 우리는 우리 속에 새 의지와 새 생명을 창조하시는 구속주가 전혀 필요하지 않다. 단지 우리를 개선시키고 더 고상하게 해줄 자가 필요할 뿐이다. 이때 구원은 본질적으로 인간의 일이 된다. 펠라기우스의 체계는 구속, 속죄, 중생, 새 창조 등의 개념과는 아무런 상관이 없다. 그 체계에서는 우리의 자연적인 능력을 완전하게 하는 우리의 윤리적 노력이 그것들을 대신하며, 하나님의 은혜는 단지 가치 있는 지원이나 도움 정도로 간주될 뿐이다. 펠라기우스와 그의 옹호자들이 전통적으로 삼위일체와 그리스도의 인격에 관한 교리를 고수한 것은 다행스러운 모순일 뿐이다. 논리적으로 그들의 체계는 합리주의적 기독론에 치우쳤다."[20]

펠라기우스 관련 문헌

Harnack, Adolph. *History of Dogma*. Part 2, book 2. Translated by James Millar. 1898. Reprint. New York: Dover, 1961. pp. 168–217.

Pelikan, Jaroslav. *The Christian Tradition: A History of the Development of Doctrine*. Vol. 1, *The Emergence of the Catholic Tradition, 100–600*. Chicago and London: University of Chicago, 1971. pp. 313–18.

Schaff, Philip. *History of the Christian Church*. 8 vols. 1907–10. Reprint. Grand Rapids: Eerdmans, 1952–53. pp. 783–850. 『교회사 전집』, 크리스챤다이제스트.

Seeberg, Reinhold. *Text–Book of the History of Doctrines*. Vol. 1, *History of Doctrines in the Ancient Church*. Translated by Charles E. Hay. 1905. Reprint. Grand Rapids: Baker, 1977. pp. 331–57.

2장

우리는 순종할 수 없다

아우구스티누스

인간은 자신의 자유의지를 악용하여 자유의지와 자신을 모두 파괴했다.

아우구스티누스의 생애

354년	북아프리카 누미디아 타가스테에서 출생
371년	카르타고에서 수사학을 공부하기 시작
386년	기독교로 개종
387년	밀라노에서 암브로시우스에게 세례 받음
391년	북아프리카 히포에서 사제 서품을 받음
396년	히포의 단독 주교가 됨
400년	『참회록』 저술 마감
412–30년	펠라기우스주의를 반박하는 글을 씀
413–26년	『하나님의 도성』 저술
430년	히포에서 사망

1505년에 마르틴 루터는 에르푸르트에 있는 수도원에 들어갔다. 그는 아우구스티누스 수도회 수도사들이 사용해 온 예배당에서 사제 서품을 받았다. 사제 서품을 받을 당시, 루터 자신은 물론 그 누구도 이 일이 루터나 교회, 또는 세상에 어떤 의미를 지니는지 알지 못했다. 이것은 역사의 경로를 영원히 바꿔놓은 교차점이었다.

100년 전, 보헤미아의 개혁가 얀 후스가 이단으로 몰려 화형에 처해졌다. 그는 화형 집행을 명한 주교에게 이렇게 말했다. "당신이 이 거위는 요리할 수 있겠지만, 결코 침묵하지 않을 백조가 올 것이다." "후스"라는 이름은 체코어로 "거위"를 뜻했다. 후스는 언어유희를 빌려 예언한 셈이었다.

1996년 여름, 나는 루터의 행적을 더듬어보는 여행을 인도했다. 루터가 서거한 지 450년이 되는 해를 기념하여 독일 전역에서는 기념식이 거행되었다. 거위를 배경으로 루터의 초상을 그린 포스터가 곳곳에 나붙었다. 독일인은 루터를 후스의 예언이 성취된 인물, 즉 장차 오기로 예정된 백조의 화신으로 보았다.

루터가 사제 서품을 받은 상황은 이중적인 풍자를 보여준다. 루터가 십자가 모양으로 양팔을 벌리고 엎드린 곳은 바로 예배당의 제단 언저리였는데, 바닥은 석재로 만들어졌다. 돌판에는 루터가 엎드린 바로 그 지점 아래 누가 묻혀 있는지 알려주는 비명이 새겨져 있었다. 바로 얀 후스의 화형 집행을 명한 주교의 비명이었다.

이 사실을 생각하면, 백조가 올 것이라는 후스의 말에 그 주교가 어떤 반응을 보일지 역사를 되돌려서 직접 보고 싶은 충동이 강렬해진다. 내 생각에 그 주교는 아마 이렇게 대답할 것이다. "그 백조가 내 시신 위에 있다!" 실제로 그 백조가 사제 서품을 받은 곳은 바로 그의 시신 위였다.

아우구스티누스 수도회의 그 예배당은 위대한 옛 성도들을 묘사한 거대한 스테인드글라스 유리창으로 유명했다. 루터가 제단 앞에 엎드렸을 때, 그의 왼편에는 아우구스티누스 초상화를 실제 크기로 그린 유리창이 있었다. 아우구스티누스의 눈은 제단 앞 석재 바닥을 향하고 있었다. 만일 루터가 눈을 들어 왼편을 쳐다보았다면, 아우구스티누스의 눈과 정면으로 마주쳤을 것이다.

아우구스티누스 사상이 루터에게 끼친 영향은 막대했다. 루터는 수세기 전에 아우구스티누스가 로마서 1장에 나오는 하나님의 의에 대하여 쓴 주석을 읽으면서 오직 믿음으로 의롭게 된다는 복음을 깨달았다고 말했다. 존 칼빈이 성경 기자를 제외하고 가장 자주 인용한 인물 역시 아우구스티누스다. 은혜에 관한 아우구스티누스의 가르침은 종교개혁을 가속시켰고, 수세기 동안 프로테스탄트 신학의 골조를 형성했다. 아우구스티누스는 기독교 역사 첫 1,000년 동안 가장 위대한 신학자라 할 수 있다. B. B. 워필드는 이렇게 말한다.

"아우구스티누스가 사람들의 사상과 삶에 가장 크게 기여한 점은 은혜 신학 속에 구체적으로 설명되어 있다. 그는 그 은혜 신학을 『참회록』(생명의말씀사)에서 극히 중요한 사항으로 다루었고, 반펠라기우스 논문에서는 단정적으로 언급했다."[1]

워필드에 따르면, 아우구스티누스는 은혜를 그리스도인의 삶에 반드시 필요한 것으로 확립시켰다. "은혜 교리는 아우구스티누스를 통해 완벽한 틀을 갖추게 되었다. 선과 하나님께 회복되기 위해서 죄악된 인간은 거저 주시는 하나님의 은혜에 전적으로 의존한다. 따라서 이 은혜는 반드시 필요하며, 선행적이고, 저항할 수 없으며, 결함이 없다. 또한 은혜의 수여와 작용 등 모든 세부 사항은 영원 전부터 하나님의 의도 속에 있던 것이 분명하다."[2] 워필드는 은혜에 초점을 맞춘 아우구스티누스의 의도를 정확히 포착했다.

아우구스티누스는 타락한 인간이 "선과 하나님께 회복되려면" 무엇이 필요한지에 대한 답을 모색한다. "악한 피조물이 그 상태에서 회복되어 선해지려면 어떻게 해야 하는가? 하나님에게서 멀어진 피조물이 그분께로 돌아가려면 어떻게 해야 하는가?" 이러한 질문은 구원을 이해하는 데 매우 중요하다. 이 질문들에 대한 아우구스티누스의 대답이 바로 하나님의 은혜다.

은혜가 값없다는 것은 공적에 따라 주어지거나 획득되는 것이 아니기 때문이다. 은혜가 반드시 필요하다는 것은 회복을 위한 필수조건이자 구원의 유일한 방편이기 때문이다. 은혜가 선행적이라는 것은 죄인이 회복될 수 있기 전에 은혜가 먼저 임해야 하기 때문이다. 은혜가 불가항력적이라는 것은 하나님의 목적을 효과적으로 실현시키기 때문이다. 자유하게 하는 이 은혜가 결함이 없다는 것은 완벽하고, 무오하며, 무흠하기 때문이다. 은혜의 선물은 하나님의 영원하신 목적과 결부되어 있고, 그분이 예정하신 목적과 긴밀하게 연관되어 있다.

아우구스티누스의 은혜관은 그의 타락관에 대한 배경에 비추어 이해해야 한다. 타락의 심각성에 대한 그의 견해와 펠라기우스의 견해가 첨예하게 대조된다는 사실을 우리는 즉시 간파할 수 있다. 그는 인간을 "죄 덩어리"(마사 페까티[*massa peccati*])라고 규정했다.

아우구스티누스는 『교본』(The Enchiridion)에서 타락에 관한 자신의 견해를 피력한다.

아담의 죄를 통해 그의 모든 후손이 타락하였고, 그들은 모두 아담이 초래한 사망의 형벌 아래 태어났다.

그러므로 죄를 범한 후 아담은 추방당했고, 그의 죄 때문에 그에게 뿌리를 둔 모든 인류는 그 안에서 타락하게 되었으며 사망의 형벌에 복속되었다. 그리하여 아담에게서 말미암은 여자, 그를 유혹하여 죄를 범하게 하고 그와 더불어 정죄 받은 여자에게서 말미암은 모든 후손은 (똑같이 순종하지 않은 죄에 대해 징벌 받은 육신적인 탐욕의 후예로서) 원죄

에 오염되었으며, 이것 때문에 갖가지 잘못과 고통을 통해 끝없는 최
종 심판에 떨어지게 되었다. ······

따라서 인류 전체는 정죄 아래 있고, 고통 가운데 뒹굴며, 이러저러한
죄악에 시달리고, 타락한 천사들과 결탁하여 경건하지 않은 반역에
따른 징벌을 받아왔다.[3]

타락 전 인류의 도덕적 능력

아우구스티누스는 하나님이 피조하신 인간은 원래 올바르고 선했
다고 확언한다. 인간의 의지는 자유롭고 선했으며, 매우 만족스러운
마음으로 기꺼이 하나님을 섬겼다. 『하나님의 도성』(The City of God)에
서 아우구스티누스는 이렇게 말한다.

따라서 그때에는 의지가 자유로웠고 죄와 악의 노예 상태가 아니었
다. 의지는 하나님이 우리에게 주신 것이지만, 의지 자체의 잘못으로
잃게 되었으며, 처음에 주신 분만이 그것을 회복하실 수 있다.[4]

아우구스티누스는 창조될 당시 인간에게는 죄를 범할 능력(포세 페
까레[*posse peccare*])과 죄를 짓지 않을 능력(포세 논 페까레[*posse non peccare*])
이 있었다고 말한다. 이 상태에서도 하나님의 도우심은 인간에게 유
효했다. 아우구스티누스가 말하는 "첫 번째 은혜"는 이른바 "아쥬토
리움"(*adjutorium*, 도움)의 은혜다. 이 은혜의 도움은 아담의 원래 상태

를 계속 유지할 수 있게 해주었지만, 그가 그 상태에서 끝까지 견디도록 강요하지는 않았다. 아담은 죄를 짓지 않을 능력은 지녔지만, 죄를 짓지 못하는 무능력(논 포세 페까레[*non posse poccare*])을 지닌 것은 아니었다.

피조물의 도덕적 능력과 관련한 이 특성들은 창조 당시의 인간 상태에 대한 아우구스티누스의 견해를 이해하는 데 매우 중요하다. 하나님은 죄를 짓지 못하는 무능력을 지니셨다. 즉, 하나님은 죄를 지으실 수 없다. 하나님은 그분의 선과 의가 완전하실 뿐 아니라 그 점에서 변함이 없으시다.

그러나 피조물은 불변하도록 창조되지 않았다. 그는 변화를 경험할 수 있고 또 경험한다. 영화로워질 하늘에서는 우리도 죄를 짓지 못하는 무능력을 갖게 될 것이다. 영화로워진 상태에서는 무죄할 뿐 아니라 죄를 범할 수도 없을 것이다. 그러나 우리가 장래에 죄를 범할 수 없는 것은 하나님이 우리를 신성하게 만드시기 때문이 아니라 우리를 완벽한 상태로 보호하시기 때문이다. 이런 측면에서 볼 때 천국은 단순히 회복된 낙원에 머물지 않을 것이다. 천국은 아담이 타락 전에 누리던 에덴보다 더 나을 것이다.

창조 당시 아담은 죄를 지을 가능성이 있었지만 반드시 죄를 지어야만 하는 상태는 아니었다. 아우구스티누스에 따르면, 인간은 죄를 지을 능력을 지니고 있었을 뿐 아니라 쉽게 그렇게 할 능력도 지니고 있었다. 그는 하나님의 명령을 어겼고, 그 결과 끔찍한 타락을 경험했다. 아우구스티누스는 타락의 원인이 교만이라고 말한다.

아담과 하와가 노골적인 불순종에 빠진 것은 이미 그들이 내적으로 부패했기 때문이다. 악한 의지가 먼저 일어나지 않았다면 악한 행동도 결코 나타나지 않았을 것이다. 우리의 악한 의지의 원인이 교만 말고 무엇이겠는가? "교만은 죄의 시작"(집회서 10:13)이다. 교만이란 부당하게 자신을 높이려 드는 것이다. 자신의 목적으로 삼아야 할 분을 외면하고 스스로 목적이 되려는 영혼이 바로 부당하게 자신을 높이는 영혼이다. 그 영혼이 자신의 만족을 채우고자 할 때에도 그런 일이 일어난다. …… 이러한 반역은 자발적이다. 만일 지식에 빛을 비춰주고 뜨겁게 사랑하게 해주는 더 높고 불변하는 선을 의지가 지속적으로 사랑했다면, 그것이 자신에게서 만족을 얻고자 돌이키지 않았을 것이기 때문이다. …… 그러니까 악한 행동(말하자면, 금단의 열매를 먹은 범죄)은 이미 사악해진 사람들에 의해 저질러진 것이다.[5]

아우구스티누스는 타락을 해명하는 것이 아니라 묘사하고 있다. 그는 첫 범죄의 원인을 교만으로 규정한다. 교만이 자리 잡고 있다는 사실 자체가 이미 악하다는 뜻임을 그는 간파하고 있었다. 그는 첫 번째 실제적인 죄가 이미 타락한 피조물들에 의해 저질러졌다고 확언한다. 그들은 금단의 열매를 먹기 전에 이미 타락했다.

아우구스티누스는 그 반역을 "자발적"이라는 표현으로 묘사할 뿐 해명하지 않는다. 악한 성향을 지니지 않은 피조물이 어떻게 갑자기 자발적으로 악하게 행동할 수 있겠는가? 이것은 타락과 관련된 매우 곤란한 질문이자, 우리가 지속적으로 직면하는 가장 어려운 문제로 남아 있다.

아담의 타락은 그의 도덕성에 영향을 끼쳤다. 그러나 그의 도덕성에만 영향을 끼친 것이 아니다. 그것은 그의 모든 후손의 도덕성에도 영향을 끼쳤다. 여기서 우리는 펠라기우스와 아우구스티누스의 예리한 차이를 볼 수 있다.

펠라기우스는 아담의 죄가 아담에게만 영향을 끼쳤을 뿐, 하나의 본보기라는 점을 제외하고는 그의 후손에게 전가되지 않았다고 주장했다. 반면 아우구스티누스는 아담의 후손에게 전해지는 원죄 자체가 죄에 대한 징벌이라고 주장했다. 아담이 정죄 당했을 때 모든 사람이 근원적으로 아담 안에 있었다. "아담 안에" 있는 자들은 그 결과 그와 함께 정죄를 받게 된 것이다.

사도 바울의 견해를 따르는 아우구스티누스는 죄와 사망의 연계성을 꿰뚫어보았다. 모든 사람이 죽는 것은 모두가 죄를 범했기 때문이다. 창조 시에 아담은 죽을 수 있는 능력(포세 모리[*posse mori*])과 죽지 않을 수 있는 능력(포세 논 모리[*posse non mori*])을 지닌 존재로 창조되었다. 아담은 본래 죽을 존재로 창조된 것이 아니다. 죄에 빠지지 않는 한 그는 계속 살았을 것이다. 하나님의 명령에 어떻게 반응하느냐에 따라 아담은 죽을 수도 있고 죽지 않을 수도 있었다. 타락 후에 죽음이 세상에 들어왔고, 아담의 모든 후손은 그 저주 아래 놓이게 되었다. 원죄 결과, 타락한 사람에게는 이제 죽지 않을 수 있는 능력이 없어진 것(논 포세 논 모리[*non posse non mori*])이다. 에녹과 엘리야처럼 특별한 경우는 하나님의 특별하신 은혜로만 가능한 예외들이다.

아우구스티누스는 인류와 아담의 연대성에 대해 확고한 견해를 갖고 있었다. 그는 바울의 가르침에 근거하여, 인류의 유기적 통일성을 단정한다. 아우구스티누스는 『교본』에서 로마서 5장을 인용한다. "그러므로 한 사람으로 말미암아 죄가 세상에 들어오고 죄로 말미암아 사망이 들어왔나니 이와 같이 모든 사람이 죄를 지었으므로 사망이 모든 사람에게 이르렀느니라"(롬 5:12). 물론 이때 바울이 사용한 "세상"이라는 표현은 인류 전체를 가리킨다.

우리는 이 점에 관한 아우구스티누스의 사상이 펠라기우스와 그의 추종자들의 사상과 매우 대조적이라는 사실을 엿볼 수 있다. 펠라기우스에 따르면, 아담은 한 개인으로 행동했고 그 행동에 따른 결과도 아담에게만 해당되었다. 반면 아우구스티누스에 따르면, 아담은 독자적인 개인이 아닌 인류의 대표자로서 행동했다. 인류를 구속하기 위한 그리스도의 대속 사역과 비슷한 방식으로 아담의 행위는 인류를 대표한다.

우리는 모두 자신의 갈빗대로 지음받은 여자에 의해 죄에 빠진 그 한 사람 안에 있었다. 아직 각자의 특정한 모습이 만들어진 것도 아니고 할당된 것도 아니었지만, 우리에게 유전되는 매우 중대한 특성이 이미 그 안에 있었다. 그것은 죄로 손상되었고, 사망의 사슬에 묶이게 되었으며, 정당하게 정죄된 것이다. 인간은 다른 어떤 상태로 태어날 수가 없었다. 따라서 자유의지를 나쁘게 사용하여 모든 악이 발생했고, 그것은 모든 고통과 결부되어 인생을 그 부패한 뿌리에서 둘째 사망이라는 파멸로 이끈다. 이 둘째 사망은 끝이 없으며, 오직 하나님의 은혜로 자유로워진 사람들만이 거기서 제외된다.[6]

이 개념은 아우구스티누스 사상의 기초가 되며, 은혜에 관한 교리 전체에서도 기초 역할을 한다. 인간의 타락과 뒤이은 파멸 이래 오직 하나님의 은혜만이 인간을 구속하는 데 효력을 발할 수 있다.

타락의 결과

필립 샤프는 아우구스티누스가 밝힌, 타락의 여덟 가지 뚜렷한 결과를 열거한다. 간략한 설명과 함께 이들을 요약해 보자.

첫째, 죄의 결과는 "타락 그 자체"다. 인간은 죄를 범할 능력이 있는 존재로 창조되었으므로, 처음부터 타락할 능력이 있었다. 그는 선하게 피조되었지만, 변화의 가능성도 함께 지녔다. 이러한 범죄 가능성을 가리켜 칼 바르트는 "불가능의 가능성"이라고 불렀다. 이 표현은 분명 난센스이자 모순이다. 그러나 바르트는 선한 피조물이 죄에 빠지는 것의 불가해성을 지적하기 위해 일부러 이런 모순된 표현을 사용했을 것이다. 타락은 확실히 합리적으로 보이지는 않는다.

아우구스티누스는 인간의 숭고한 원래 상태와 뚜렷이 대조된다는 점에서 타락의 심각성을 발견한다. 샤프는 이렇게 설명한다.

"아담의 높은 신분과 그 안에 부여된 하나님의 형상, 온갖 과실이 풍성하던 낙원에서 하나님이 주신 명령은 단순했으며 순종하기가 쉬

웠다는 점, 그리고 그를 지으신 분이자 가장 위대한 보호자이신 하나님의 무서운 징벌을 고려한다면, 아담의 타락이 징벌을 받아 마땅한 짓이라는 사실은 더욱 분명해진다."[7]

죄의 두 번째 결과는 "자유 상실"이다. 우리는 이 주제를 나중에 좀더 충분히 연구할 것이다. 아우구스티누스의 사상에서 이 차원은 자유의지 논쟁 전반에 걸쳐 매우 중요하기 때문이다. 여기서는 타락의 결과, 인간의 의지에 비참한 그 무엇이 생겨났다는 사실을 간략히 살펴보고 넘어가려고 한다.

창조될 때 인간은 선과 하나님을 향한 사랑에 적극적인 성향을 갖고 있었다. 비록 죄를 범할 가능성은 있었지만, 인간이 죄를 범해야 한다는 도덕적 필연성이 있던 것은 아니다. 그러나 타락 결과, 인간은 악에 속박되었다. 타락한 의지는 선이 아닌 악의 원천이 되었다.

죄의 세 번째 결과는 "지식 장애"다. 창조될 때 인간의 지적 역량은 타락 후보다 훨씬 우수했다. 타락의 결과에는 신학자들이 지칭하는 "죄의 지적 영향"이 포함되어 있다. "noetic"(지력의, 순수 지성에 따른)은 "지성"을 의미하는 헬라어 "노우스"(*nous*)에서 파생되었다. 원래 인간 지성은 정보를 받아들이고 분석하는 데 지금보다 훨씬 탁월하고 정확했다. 그는 진실을 왜곡하지 않고 정확히 이해할 수 있었다.

그렇다고 인간이 하나님의 전지성을 받은 것은 아니다. 전지성은 하나님이 피조물과 나누지 않으시고 또 나누실 수도 없는 그분의 "비공유적" 속성이다. 실재 전반에 대해 무한하고 영원한 통찰력을 지닌 전지한 존재는 무한하고 영원해야 한다. 따라서 아담이 받은 지식은 한계가 있었고, 처음부터 배우는 과정에 있었다. 다만 아담의 학습 역량은 원죄에 방해 받지 않았었다. 창조되었을 때는 학습 과정이 힘들지 않았다. 인간의 지성이 죄로 어두워진 상태가 아니었다.

타락 후에도 인간은 지성이 있었다. 여전히 생각할 수 있고, 논리적으로 사유할 수 있었다. 인간은 지성의 역량을 잃지 않았다. 그런데도 한때 쉬웠던 것이 지금은 힘들어진 것은 역량은 남아 있지만 기능을 상실했기 때문이다. 분명하게 사고할 수 있는 능력이 훼손된 것이다. 이제 우리의 생각은 혼란에 빠지거나 논리적인 잘못을 범하기 쉽다. 우리는 어떤 자료에서 비논리적인 추론을 하거나 논리적 오류를 범하기도 한다. 우리의 논거가 항상 타당하지도 않다.

여기에는 두 가지 중요한 요소가 결부되어 있다. 하나는 지성의 힘과 사고 역량의 약화이고, 또 하나는 (특히 선이나 하나님을 이해하는 능력과 관련하여) 죄악 된 선입견과 편견의 부정적 영향이다. 성경은 우리 마음이 "어두워졌고" "타락했다"고 말한다. 우리는 생각 속에 하나님을 두기 싫어한다. 이것은 단순한 정신적 타락에 그치는 것이 아니라 극단적인 도덕적 타락까지도 의미한다.

타락 후 마음의 작용과 몸의 작용에는 비슷한 부분이 있다. 우리 몸은 여전히 물리적인 힘을 발휘한다. 몸은 여전히 활동한다. 그러나 지금은 몸의 활동이 땀과 고역을 동반한다. 마찬가지로 우리 마음도 여전히 활동하지만, 올바르게 사고하려면 힘들게 수고해야 한다.

죄의 네 번째 결과는 "하나님의 은혜 상실"이다. 창조하실 때 하나님은 인간에게 선을 위한 은혜로운 도움(아쥬토리움)을 베푸셨다. 그러나 타락 후에는 이 돕는 은혜를 피조물에게서 거두셨다. 어떤 의미에서 인간은 자신의 죄에 넘겨졌고, 자기 마음의 악한 생각을 따르게 되었다. 이제 그의 마음은 기만으로 채워졌고, 그의 욕구는 줄곧 악할 뿐이다. 분명 하나님이 자신의 율법과 섭리를 통해 인간의 악을 제재하시는 은혜는 아직 남아 있다. 그러나 이 같은 제재는 선을 행하도록 적극적으로 도우시는 은혜가 아니라 악에 대한 소극적인 제재다.

죄의 다섯 번째 결과는 "낙원 상실"이다. 타락에 이은 저주 가운데 하나가 에덴에서 추방된 것이다. 하나님은 아담과 하와를 낙원에서 내쫓으신 후 화염검을 든 파수꾼 천사를 두어 에덴 입구를 지키게 하셨다. 이 파수꾼은 아담과 하와가 에덴에 다시 들어가지 못하도록 막았다. 이렇게 해서 그들이 하나님의 직접적인 임재와 친교를 누리던 환경은 없어진 것이다.

추방과 함께 여자와 뱀, 남자 모두에게 저주가 임했다. 여자는 해산의 고통을 겪어야 했고, 뱀은 배를 땅에 대고 기어 다녀야 했으며, 남자는 자신의 노력을 거스르는 땅에서 땀 흘리는 수고를 해야 했다. 새로운 환경이 지닌 특징은 잡초와 가시, 엉겅퀴다. 에덴동산에는 잡초가 없었기 때문이다.

죄의 여섯 번째 결과는 "정욕의 현존"이다. 아우구스티누스의 저서들 전반에 나타나는 정욕이라는 개념은 감각적인 것에 대한 선호를 내포한다. 그것은 감각적인 것 자체가 아니라 감각적인 성향을 가리킨다. 이 정욕은 육신의 욕정으로 향하는 의지의 성향을 담고 있으며, 영을 대적한다. 샤프는 이렇게 설명한다.

"마치 인간이 하나님께 즐거이 순종했듯이, 원래 몸은 영에 즐거이 순종했다. 단 하나의 의지만이 작용한 것이다. 그러나 타락으로 이 아름다운 조화가 깨져버렸고, 바울이 로마서 7장에서 묘사한 반목이 일어났다. …… 그러므로 '정욕'은 바울이 나쁜 의미에서 '육신'이라고 부르는 것과 본질적으로 동일하다. 정욕은 그 자체가 감각적인 성격을 지닌 것은 아니지만, 더 높고 합리적인 인간 본성을 지배한다. …… 따라서 정욕은 단순히 육체적인 것이라기보다는 성경에서 말하는 '사르크스'(sarx)로서 영혼 속에 자리 잡고 있으며, 이것 없이는 아무런 탐욕도 일어나지 않는다."[8]

일곱 번째 결과는 "육체의 사망"이다. 창조될 때 인간은 죽을 능력과 죽지 않을 능력을 모두 지니고 있었다. 하나님은 아담에게 금단의 열매를 먹으면 죽을 것이라고 경고하셨다. 그러나 뱀이 이 경고를 부정하면서 아담과 하와에게 죽지 않고 신들처럼 될 것이라고 했다.

하나님이 즉각적인 사망을 경고하신 점에 주목하라. "네가 먹는 날에는 반드시 죽으리라"(창 2:17). 그러나 아담과 하와는 범죄한 그날 곧바로 육체가 사망(사나토스[thanatos])하지는 않았다. 이러한 사실을 두고 어떤 사람들은 죄에 대한 "실제" 형벌은 그들이 곧이어 경험한 영적 사망이라고 결론짓는다.

그러나 성경 본문과 아우구스티누스의 견해에 따르면, 죄에 대한 형벌은 영적 사망에 국한되지 않는다. 그 형벌은 결국 아담과 하와가 경험한 육체의 사망도 포함한다. 후에 그리스도께서는 자기 백성을 위해 이 큰 대적을 정복하셨다. 타락 결과, 육체의 사망은 이제 가능이 아닌 필연이 되었다.

아우구스티누스에 따르면 아담과 하와에게 육체의 사망이란 그들이 마지막 숨을 헐떡일 때까지 완전히 연기된 것이 아니었다. 그들이 범죄한 그 순간, 육체의 사망이 시작된 것이다. 바로 그 순간부터 사망의 폐해(노쇠, 육체적 쇠약, 질병)가 인간의 삶을 따라다녔다.

아담이 범죄한 이후, 모든 아기는 산고 가운데 태어나며 출산의 고통과 신생아의 첫 울음소리와 함께 사망의 과정이 시작된다. 모든 삶이 이러한 과정을 겪는다. 생은 무덤을 향해 쉼 없이 나아간다. 이것이 바로 죄의 대가인 것이다.

죄의 여덟 번째이자 마지막 결과는 "죄책의 유전"이다. "원죄"는 죄가 단지 행위일 뿐 아니라 우리의 첫 부모에게서 우리 각자에게 유전되는 어떤 상태임을 의미한다. 죄는 인간 본성에 "거하는" 것이다. 이러한 상태 또는 죄악 된 습성은 출산을 통해 세대를 거듭하여 지속된다. 그렇다면 원죄는 출산이라는 자연적인 과정을 통해 직접 유전되는가? 아니면 하나님이 직접적이고 즉각적으로 각 영혼을 새로이 창조하시는가? 아우구스티누스는 이 두 견해(영혼 전이설과 영혼 창조설) 사이를 왔다 갔다 했다. 성경이 이 문제에 명확하게 답하지 않는다고 생각했기 때문이다.

펠라기우스는 이러한 원죄의 결과들을 매우 혐오스럽게 생각했다. 아담의 후손이 아담의 행위에 그토록 불운한 영향을 받는다는 것이 불공평하다고 생각했다. 반면 아우구스티누스는 원죄를 아담과 그가 대표하는 모든 사람에 대한 징벌로 간주했다. 그는 『하나님의 도성』에서 이렇게 말한다.

(아담과 하와의) 죄는 하나님의 권위를 무시한 것이다. 하나님은 사람을 창조하시되, 그분 자신의 형상으로 만드셨다. 그를 다른 모든 짐승 위에 두시고, 낙원에서 살게 하셨다. 인간에게 필요한 온갖 것을 풍요롭게 주시고 안전하게 살게 해주셨다. 지나치게 많거나 힘든 명령을 지우지 않으셨고, 쉽게 순종할 수 있도록 매우 간단하고도 가벼운 한 가지 지침을 주셨다. 이 지침으로 하나님은 그 피조물에게 자신이 주님임을 상기시키셨다. 따라서 그 명령을 지켜 육신 가운데서도 영적인 모습을 보여야 했던 아담은 오히려 자신의 영 가운데서 육신적으로 되는 정죄를 당했다. 그는 교만으로 자신의 만족을 추구했지만 하나님은 공의 가운데 그를 내버려두셨고, 그가 원한 절대적 독립을 누리며 살게 하시지 않았다. 그러한 자유 대신 범죄로 말미암아 자신에게 속박된 힘들고 비참한 처지 가운데 자신에게 불만을 느끼며 살게 하셨다. 그는 자발적으로 영적인 죽음을 맞았기 때문에 자신의 의도와 상관없이 육체의 죽음을 맞을 운명에 놓이게 되었다. 심지어 영원한 생명을 내버렸기 때문에 (만일 하나님의 은혜가 그를 구원하시지 않았더라면) 영원한 사망으로 정죄 당했을 것이다. 이러한 징벌이 지나치거나 부당하다고 생각하는 사람은 그토록 쉽게 피할 수 있었던 죄를 범한 큰 잘못을 제대로 파악하지 못하는 자신의 무능을 드러내는 셈이다.[9]

세례 문제를 동반한 도나투스 논쟁 직후에 펠라기우스 논쟁이 전개되었다는 것은 의미심장하다. 펠라기우스주의는 유아가 원죄와 무관하게 태어난다고 주장했기 때문에, 펠라기우스 논쟁에서는 유아세례 문제가 핵심이었다. 일반적으로 교회에서는 유아세례를 죄 사함을 수반하는 것으로 받아들였다. 세례는 원죄나 죄책의 사유와 연관되어 있다는 견해를 지지한 아우구스티누스는 펠라기우스에 대해 이렇게 말했다. "만일 당신이 그에게 유아의 어떤 죄가 사해진 것으로 생각하느냐고 묻는다면, 그는 아무 죄도 사해진 것이 없다고 주장할 것이다." 샤프는 이렇게 언급한다.

"아우구스티누스에 따르면, 세례는 죄 그 자체(콘큐피센티아[*concupiscentia*])가 아니라 원죄에 대한 죄책(레아투스[*reatus*])만 제거한다. 출생할 때 중요한 작용을 하는 것은 중생한 영이 아니라 여전히 죄 자체의 지배 아래 있는 본성이다. '중생한 부모일지라도 그들이 낳은 아기는 하나님의 자녀가 아니라 세상의 자녀다.'"[10]

원죄 교리는 아우구스티누스가 이해한 은혜와 자유의지의 핵심이라고 할 수 있다. 원죄 때문에 은혜는 필수적인 것이 된다. 원죄는 의지의 속박 상태를 분명히 밝혀준다. 은혜와 자유의지에 대한 견해는 원죄에 대한 이해와 뗄 수 없는 관계다. 아우구스티누스의 원죄관을 받아들이는 사람은 은혜와 타락한 의지에 대한 그의 견해 역시 탐구하지 않을 수 없다.

아우구스티누스가 이해한 자유의지

아우구스티누스는 창조될 때 인간에게 주어진 성품의 일부를 구성하는 역량으로서 의지를 이해한다. 그것은 인간을 의지적인 피조물, 도덕적인 피조물이 될 수 있게 한다. 지성이나 의지가 없는 피조물은 도덕적 존재가 될 수 없다. 선악 간에 도덕적으로 행동할 수 있으려면 도덕적 선택을 할 수 있어야 한다. 예를 들면, 우리는 빗방울이 땅에 떨어지는 것을 도덕적 행위로 간주하지 않는다. 하늘에서 떨어지는 것 자체는 의로운 행위가 아니다.

후에 라이프니츠와 같은 철학자들은 형이상학적 악, 물리적 악, 도덕적 악과 같이 악을 몇 가지 유형으로 구분했다. "형이상학적 악"이란 유한성이나 (하나님께 발견되는 것과 같은) 순수한 존재의 결여를 가리킨다.

"물리적 악"은 홍수나 지진과 같은 자연재해를 가리킨다. 우리는 이런 일들이 나쁘다고 생각하지만, 범람하는 물이나 흔들리는 땅을 가리켜 도덕적으로 죄악이라고 말하지는 않는다.

"도덕적 악"은 의지적인 피조물의 행위를 가리킨다. 아우구스티누스는 인간을 타락한 죄인으로 보았지만, 타락 때문에 인간이 도덕적 동인(動因)을 상실했다고 보지는 않았다. 사실 인간이 죄에 책임을 느끼는 것은 그가 아직 의지적인 존재이기 때문이다. 아우구스티누스는 "우리 속에는 항상 자유의지가 있지만 …… 그것이 항상 선한 것은 아니다"라고 말한다. "자유의지가 죄의 시중을 들 때는 의에서 자유로워지고(이때 자유의지는 악하다) 의의 시중을 들 때는 죄에서 자유로워진다(이때 자유의지는 선하다)."[11]

아우구스티누스는 타락 전은 물론 타락 후에도 인간이 자유의지를 가졌다고 확언했다. 타락 후에도 선택할 수 있는 능력이나 의지의 기능이 인간 안에 남아 있다는 것이다. 아우구스티누스는 우리가 "늘" 자유의지를 가지고 있다고 주장한다. 그러나 그 의지의 방향은 선할 수도 있고, 악할 수도 있다. 우리는 선한 자유의지나 악한 자유의지를 가질 수 있다는 것이다. 이 특성은 아우구스티누스 사상의 핵심이다. 샤프는 이렇게 설명한다.

"아우구스티누스가 이해하는 자유란 무엇보다 외적인 강요나 동물적 본능에서 말미암는 행위와 반대되는 단순한 '자발성'이나 '자주적 행동'이다. 죄와 거룩함은 모두 '자발적'이다. 즉, 자연적인 필연에 따른 행동이 아니라 의지의 행위다. 이 자유는 언제나 본질적으로 인간의 의지에 속하며, (엄밀하게 말해서 그 의지가 제멋대로인) 죄악 상태에서도 마찬가지다. 이것은 범죄와 징벌, 공적과 상급의 필수조건이다. 이 관점에서 볼 때, 사고하는 인간이라면 어느 누구도 인간의 책임과 도덕성을 부인하지 않고는 자유를 부인할 수 없다. 자발적이지 않은 의지란 지성적이지 않은 지성처럼 자기 모순적이다."[12]

아우구스티누스는 "자유의지"를 외적인 강요나 강제에서 자유로우며 자발적으로 결정을 내릴 수 있는 능력이라고 규정했다. 그것은 자주적 행동이다. "자주적 행동"이란 외적인 힘이 아닌 자아가 일으킨 행동을 가리킨다. 그것은 소극적이지 않고 적극적이다. 인간은 자력으로 행동할 수 없는 물체나 수동적인 꼭두각시가 아니다. 이 자유는 어떤 도덕적 행위에서든 필수조건이다.

때로는 아우구스티누스가 타락한 인간 의지의 자유를 모조리 부인하는 것처럼 보인다. 예컨대 『교본』에서 그는 이렇게 말한다. "인간이 자신의 자유의지로 죄를 범했을 때, 죄는 그를 짓누르고 그는 의지의 자유를 상실한 것이다."[13]

인간은 늘 의지의 자유를 가지고 있다고 한 아우구스티누스의 주장과 이 진술이 어떻게 부합될 수 있을까? 아우구스티누스를 비판하는 어떤 사람들은 이 난제를 해결하려는 모든 시도는 어리석은 일이라고 생각했다. 그들은 아우구스티누스가 만년에 펠라기우스의 비판에 비추어 자신의 견해를 굳혔으며 초기 견해를 스스로 반박했을 뿐이라고 확언한다.[14]

이 문제를 해결하기 위해 두 가지를 살펴보자. 첫째, 아우구스티누스는 "자유의지"(free will, 리베룸 아르비트리움[*liberum arbitrium*])와 "자유"(liberty, 리베르타스[*libertas*])를 분명하게 구분한다. "liberty"와 "freedom"(이 둘은 모두 "자유"로 번역된다_옮긴이)은 사실상 동의어로 사용되고 있는데, 아우구스티누스에게는 그렇지 않았다. 그가 말하는 자유의지란 외적인 제재 없이 선택할 수 있는 능력을 뜻한다.

죄인이 죄를 범하는 것은 강요받아서가 아니라 스스로 죄를 짓기로 선택하기 때문이다. 타락한 피조물은 은혜 없이는 의를 선택할 수 있는 능력이 부족하다. 그는 자신의 죄악 된 충동에 속박되어 있다. 이 속박에서 벗어나기 위해 죄인은 하나님의 은혜로 자유로워져야 한다. 아우구스티누스가 이해한 죄인은 자유로우면서도 동시에 속박되어 있다. 죄인은 자신의 욕구에 따라 자유롭게 행동하겠지만, 그의 욕구는 악할 뿐이다. 역설적인 의미에서 그는 자신의 악한 열정과 부패한 의지에 예속된 상태다. 이러한 부패성이 그의 의지에 큰 영향을 끼치지만, 그의 선택 능력을 파괴하는 것은 아니다.

우리는 타락으로 의지의 자유를 잃었다는 아우구스티누스의 주장에서 전후 문맥을 살펴봐야 한다. 그는 『교본』에서 이렇게 말한다.

> 인간이 자유의지와 그 자신을 파괴한 것은 자유의지를 악용했기 때문이다. 자살하는 사람은 자살하려고 할 때는 살아 있어야 하지만 자살한 후에는 삶이 끝나버리고 그 생명을 회복시킬 수 없듯이, 인간이 자신의 자유의지로 죄를 범했을 때는 죄가 그를 짓누르고 그는 의지의 자유를 상실하고 마는 것이다. "누구든지 진 자는 이긴 자의 종이 됨이라"(벧후 2:19). 이것이 사도 베드로의 판단이다.
> 그렇다면 죄에 예속된 종이 죄를 짓는 자유 말고 어떤 자유를 지닐 수 있겠는가? 자기 주인의 뜻을 즐거이 행하는 자는 기꺼이 예속된다. 따라서 죄의 종인 사람은 자유롭게 죄를 짓는다. 그가 죄에서 자유로워져서 의의 종이 되기 전까지는 자유롭게 의를 행하지 못할 것이다. 이것이 참된 자유다. 그는 의로운 행위에서 즐거움을 찾기 때문이다. 동시에 그것은 거룩한 속박이다. 하나님의 뜻에 순종하기 때문이다.
> 그러나 죄 아래 팔려 죄에 속박된 사람이 "아들이 너희를 자유롭게 하면 너희가 참으로 자유로우리라"(요 8:36)고 말씀하신 분에게 구원받지

않는다면, 옳은 일을 행할 자유가 어디서 생기겠는가? 또한 구원받지 못하고 아직 옳은 일을 자유로이 할 수 없는 상황에서 사도 바울이 "너희는 그 은혜에 의하여 믿음으로 말미암아 구원을 받았으니"(엡 2:8)라고 말하면서 금하고 있는 어리석고 교만한 자랑으로 더렵혀진 상태가 아니라면, 어떻게 그가 자기 의지의 자유와 자신의 선행을 말할 수 있겠는가?[15]

아우구스티누스는 "인간이 자기 의지에 따라 자유롭게 결단하여 타락한 상태에서 회복될 수 있을까?"라는 자신의 물음에 대하여 "결코 그럴 수 없다"고 대답한다. 일단 자살한 사람은 자신의 생명을 회복할 능력이 없다. 아우구스티누스는 육체적(생물학적) 사망과 영적 사망의 유사성을 비교한다. 영적으로 죽은 사람일지라도 생물학적으로는 여전히 살아 있다. 그는 인간으로 남아 있으며, 여전히 선택한다. 그러나 그는 영적으로 죽은 상태이기 때문에, 그의 선택은 영적으로 파탄 난 것들이다. 타락한 죄인은 "기꺼이 예속되어 있다." 요점은 간단하다. 즉, 죄의 종은 자기 주인을 기꺼이 섬기며 "즐거이 자기 주인의 뜻을 행한다." 죄인에게도 "일종의 자유"가 있는데, 바로 즐거이 죄를 선택할 수 있는 능력이다.

아우구스티누스는 예속된 종의 "자유"와, 의로운 행실을 통해 즐거움을 누리는 "참된 자유"를 대조한다. 또한 그는 참된 자유를 "거룩한 속박"이라는 역설로 표현한다. 이것은 우리가 자유로워지기 위해서는 종이 되어야 한다고 선언하신 그리스도의 가르침, 또는 그리스도의 종 된 것이 곧 자신의 자유라고 선언한 바울의 가르침과 다르지 않다.

자유의지에 관한 에세이에서 아우구스티누스는 의지를 죄에 속박시키는 핵심 요소가 바로 쾌락이나 욕구(리비도[*libido*])라고 규정했다. 죄인은 자신이 원하는 것이나 자신을 기쁘게 하는 것을 선택한다. 이런 의미에서 죄인은 여전히 자신이 원하는 바를 자유롭게 행한다. 그러나 그에게는 의에 대한 욕구가 없기 때문에 영적으로 속박된 상태다. 그는 자신에게, 그리고 자신의 죄악 된 욕구에 속박되어 있다. 라인홀드 제베르그는 아우구스티누스의 견해를 이렇게 요약한다.

"이 모든 사실에도 우리는 죄인의 상태에 대해서조차 여전히 자유의지를 말할 수 있다. 한 사람이 동시에 선한 나무와 악한 나무일 수는 없기 때문에 펠라기우스주의의 견해처럼 '어느 쪽으로든 가능하다'는 식은 아니지만 말이다. '의와 더불어 온전히 불멸하는' 낙원에서 누리던 자유는 상실되었다. 지금은 이 '자유'(자유로이 올바르게 잘 사는 것)가 '은혜'의 영향력을 통해서만 존재할 뿐이며, 그 영향력이 죄인에게는 결여되어 있기 때문이다."[16]

은혜와 자유

죄인이 속박에서 자유로 옮겨지기 위해서는, 하나님이 은혜를 베푸셔야 한다. 『교본』에서 아우구스티누스는 구속받기 전까지 인간은 자유롭게 옳은 일을 행할 수 없다고 말했다. 이런 능력은 믿음을 통해 은혜로 말미암아 얻게 된다. 그러고 나서 그는 자유란 죄에 속박된 자의 행위에서 말미암지 않는다는 점을 자세히 설명한다. 죄인이 먼저 믿음을 택하고, 그러고 나서 자유를 경험하는 것이 아니다. 자유하게 하는 믿음은 그 자체가 선물이다. 아우구스티누스는 믿음이 선물이라고 선언할 뿐 아니라(엡 2:8 인용), 참된 자유도 하나님의 은혜의 선물이라고 선언한다. 믿을 수 있는 마음을 예비하시는 분은 하나님이다. 아우구스티누스는 이렇게 말한다.

> "원하는 자로 말미암음도 아니요 …… 오직 긍휼히 여기시는 하나님으로 말미암음이니라"(롬 9:16)는 말씀의 올바른 해석은 그 모든 일이 하나님께 달려 있다는 것이다. 그분은 인간의 의지를 의롭게 만드시며, 그 의지를 통해 도우심을 받아들일 준비를 갖추게 하시고, 또한 준비가 되었을 때 도움을 베푸신다.[17]

하나님이 구원받기를 꺼려하는 인간도 구원하신다거나, 인간의 의지와 상관없이 그분의 은혜가 작용하여 선택을 강요하고 천국으로 이끄신다는 것을 흔히 아우구스티누스의 견해라고 말한다. 그러나 그것은 아우구스티누스의 견해를 상당히 곡해하는 것이다.

하나님의 은혜는 과거에는 꺼려하던 죄인을 자발적으로 만드는 것과 같은 방식으로 역사한다. 구속받은 사람이 그리스도를 택하는 것은 그가 그리스도를 택하길 원하기 때문이다. 이제 그가 그리스도를 바라는 것은 하나님이 그 속에 새 영을 창조하셨기 때문이다. 하나님은 마음의 완악함을 제거하셔서, 그리고 반대하는 의지를 뒤바꾸셔서 그 의지를 의롭게 만드신다. 아우구스티누스는 이렇게 말한다.

> 하나님이 인간의 심령에서 완고함과 완악함을 없애실 수 없다면, 그분은 선지자를 통해 "그 몸에서 돌 같은 마음을 제거하고 살처럼 부드러운 마음을 주어"(겔 11:19)라고 말씀하시지 않았을 것이다.[18]

자유하게 하시는 은혜에 관한 아우구스티누스의 견해는 그의 예정관과 결부되어 있다. 그는 하나님이 악한 의지를 선한 의지로 바꾸신다고 주장한다.[19] 그분은 택함받은 자를 위해 그렇게 하신다. 누가 믿을 것인지 아신다는 하나님의 예지에 기초한 모든 선택관을 피하면서 아우구스티누스는 이렇게 말한다. "믿기 때문에 택함받는 자들이 아니라 믿을 수 있도록 택함받는 자들, 그들로 하여금 택함받게 하시는 하나님의 부르심을 제대로 이해하자."[20]

하나님의 선택에 관해 펠라기우스는 하나님이 "자유의지의 선택에 따라 흠 없고 거룩해질 자가 누구인지 미리 아셨고, 그 때문에 그 예지 가운데서 세상의 기초가 놓이기 전에 그들을 택하셨다"고 이해했다.[21] 이에 반해 아우구스티누스는 예정과 선택이 거룩함까지 이른다고 주장했다.

> 그러므로 우리를 예정하셨을 때, 하나님은 우리를 거룩하고 흠 없게 만드실 자신의 사역을 미리 아셨다. 따라서 모든 일을 주관하시는 그

분이 우리 신앙의 시작도 주관하셨다. 믿음 그 자체도 그분의 부르심에 앞서는 것이 아니기 때문이다. …… 그분이 우리를 택하신 것은 우리가 믿었기 때문이 아니라 우리가 믿을 수 있기 때문이다. …… 또한 우리가 부르심 받은 것은 우리가 믿었기 때문이 아니라 우리로 하여금 믿을 수 있게 하시기 위함이었다.[22]

▶ 아우구스티누스 관련 문헌 ◀

St. Augustin. 8 vols. In Philip Schaff, ed. *A Select Library of the Nicene and Post-Nicene Fathers of the Christian Church.* First series. Vols. 1–8. 1866–88. Reprint. Grand Rapids: Eerdmans, 1971.

Basic Writings of Saint Augustine. Edited by Whitney J. Oates. 2 vols. 1948. Reprint. Grand Rapids: Baker, 1980.

Augustine. 3 vols. Edited by John H. S. Burleigh, Albert C. Outler, and John Burnaby. Library of Christian Classics, edited by John Baillie, John T. McNeill, and Henry P. Van Dusen. Vols. 6–8. London: SCM/Philadelphia: Westminster, 1953–55.

Battenhouse, Roy W. "The Life of St. Augustine." In Roy W. Battenhouse, ed. *A Companion to the Study of St. Augustine.* New York: Oxford University, 1955, Reprint. Grand Rapids: Baker, 1979, pp. 15–56.

Brown, Peter. *Augustine of Hippo: A Biography.* London: Faber and Faber, 1967. Los Angeles: University of California, 1969. 『어거스틴의 생애와 사상』, 한국장로교출판사.

Garcia, Janet, ed. *Christian History* 6, 3(1987). The entire issue(no. 15) of this popular-level magazine is devoted to Augustine.

Geisler, Norman. *What Augustine Says.* Grand Rapids: Baker, 1982.

Lehman, Paul. "The Anti-Pelagian Writings." In Roy W. Battenhouse, ed. *A Companion to the Study of St. Augustine*. New York: Oxford University, 1955. Reprint. Grand Rapids: Baker, 1979. pp. 203-34.

Sproul, R. C., Jr. ed, *Table Talk*(June 1996). Several articles in this issue of Ligonier Ministries' monthly devotional magazine are devoted to Augustine.

Warfield, Benjamin Breckiniridge. "Introduction to Augustine's Anti-Pelagian Writings." In Philip Schaff, ed. *A Select Library of the Nicene and Post-Nicene Fathers of the Christian Church*. First series. Vol. 5, *Saint Augustin: Anti-Pelagian Writings*. 1887. Reprint. Grand Rapids: Eerdmans, 1971. pp. xiii-lxxi. This article was reprinted in Benjamin Breckinridge Warfield, *Studies in Tertullian and Augustine*. New York: Oxford University, 1930. pp. 287-412.

주제별 교본

믿음과 소망과 사랑
St. Augustin, 3:237-76.
Basic Writings, 1:655-730.
Augustine, 2:335-412.

은혜와 자유의지
St. Augustin, 5:435-65.
Basic Writings, 1:731-74.

그리스도의 은혜와 원죄
St. Augustin, 5:213-55.
Basic Writings, 1:581-654.

성도의 예정
St. Augustin, 5:493-519.
Basic Writings, 1:775-817.

펠라기우스와의 변론
St. Augustin, 5:177-212.

3장

우리는 협력할 수 있다

반(半)펠라기우스주의자

인간의 자유의지가 하나님에 의해 움직이고 일깨워져서 그가 그분의 부르심과 역사하심에 응하게 될 때, 그 자유의지는 …… 전혀 협력하지 않는다고 말하는 사람이 있다면, 또한 그것이 거부하기를 원해도 그렇게 할 수 없다고 말하는 사람이 있다면 …… 그는 저주를 받을지어다!

_트리엔트 공의회

	아우구스티누스주의		반(半)펠라기우스주의	
5세기 논쟁	아우구스티누스	354-430	요한 카시아누스	360-435
	아키텐의 프로스페르	약 390-463	리에주의 파우스투스	약 400-490
16-17세기 논쟁	존 칼빈	1509-1564	트리엔트 공의회	1545-1563
	마르틴 켐니츠	1522-1586		
			루이스 드 몰리나	1535-1600
	코르넬리우스 얀센	1585-1640		
	파스키에 케넬	1634-1719		
	블레즈 파스칼	1623-1662		

펠라기우스와 그의 추종자들을 정죄하여 펠라기우스 논쟁이 마감되긴 했지만, 아우구스티누스의 세부 견해까지 보편적으로 받아들여진 것은 아니다. 처음에는 북아프리카에서 아우구스티누스 사상의 특정 요소를 반대하는 소리가 있었다. 북아프리카 아드루메툼 수도원 출신의 일부 수도사들은 타락한 인간 혼자 힘으로는 도덕적으로 하나님의 은혜 쪽으로 기울 수 없다는 아우구스티누스의 견해와 예정관에 반대했다. 이 논쟁에서 야기된 질문들에 자극을 받아 아우구스티누스는 『은혜와 자유의지에 관하여』(On Grace and Free Will)와 『견책과 은혜에 관하여』(On Rebuke and Grace)를 쓰게 되었다. 수도원장 발렌티누스는 이 저작들을 진심으로 존중하는 의사를 보내기도 했다.

북아프리카에서 계속 논의되는 동안 프랑스, 특히 마르세유 지방에서 아우구스티누스의 견해에 격렬하게 반대하는 무리가 일어났다. 아우구스티누스의 친구들인 힐라리우스와 프로스페르는 이러한 반대를 그에게 알려주고, 대응하는 글을 쓸 것을 촉구했다. 그렇게 해서 아우구스티누스는 마지막 저서들인 『성도의 예정에 관하여』(On the Predestination of the Saints)와 『견인의 은사에 관하여』(On the Gift of Perseverance)를 저술하여 대응하는 내용을 담았다. 이 저서들에서 아우구스티누스는 자신을 비판하는 사람들을 펠라기우스를 상대할 때보다 훨씬 부드럽게 다루며 그들을 믿음의 형제로 간주했다. 이러한 태도는 장래에 일어날 논쟁을 예고했다.

대체로 아우구스티누스 지지자와 반펠라기우스주의자는 펠라기우스주의를 이단이자 비기독교적 부류로 간주하는 반면, 아우구스티누스 사상과 반펠라기우스주의 사이의 논쟁은 신자 내부의 토론으로 여겨졌다. 양측 모두 제기된 문제들을 매우 심각하게 생각했지만, 본질적인 기독교 신앙을 위해할 만큼 심각하게 보지는 않았다.

반펠라기우스주의 측의 지도적인 대변자는 마르세유 수도원장인 요한 카시아누스였다. 그가 반펠라기우스주의와 매우 일치된 견해를 지녔기 때문에 카시아누스주의로 불리기도 했다. 카시아누스는 하나님의 섭리가 지닌 불가해한 신비에 경의를 표했으며, 예정 문제를 깊이 탐구하려 하지 않았다. 그의 주된 관심은 하나님의 은혜의 보편성과 타락한 인간의 참된 도덕적 책임을 옹호하는 것이었다.

신학 논쟁이 벌어질 때는 잠시 뒤로 물러나 "무엇이 주된 관심사인가?" 하고 물어보는 것이 현명하다. 논쟁 중인 양측의 관심사에 초점을 맞추면 양측 모두가 공정하게 말할 수 있는 분위기를 조성할 수 있다. 양측은 공통 관심사를 지니고 있지만 그것을 다루는 방식이 다르다는 사실, 또는 중요하게 강조하는 부분이 다르다는 사실을 종종 발견하게 된다. 예를 들어 아우구스티누스는 하나님의 은혜와 주권의 탁월성을 주장하려는 욕구가 강했다. 반펠라기우스주의자도 그러한 진리를 옹호하길 원했지만, 그들은 구원하시는 은혜의 보편적 효용성뿐 아니라 인간의 자유와 책임에도 관심이 많았다.

서로 관심사들을 언급하고 심지어 양측이 특정 관심사에 공감을 표한다고 해서, 저절로 문제가 해결되는 것은 아니다. 공감대를 발견하면 토론 분위기가 개선되고, 논쟁자 사이에 신뢰를 쌓을 수 있는 기초가 마련될 수 있다. 그러나 결국 토론은 양측이 이견을 보이는 문제들로 나아가야 한다.

카시아누스의 반펠라기우스주의

카시아누스와 그의 지지자들은 다음 사항에 깊은 관심이 있었다.

1. 아우구스티누스의 견해들은 새로우며 교회 교부들(특히 테르툴리아누스, 암브로시우스, 히에로니무스)의 가르침에서 벗어난 것이다. 카시아누스는 크리소스토무스의 제자였다.

2. 예정에 관한 아우구스티누스의 가르침은 "설교와 책망의 힘, 도덕적인 힘을 약화시키며 …… 사람들을 절망에 빠지게 하고", "숙명적인 필연성"으로 인도한다.[1]

3. 아우구스티누스의 강경한 견해는 펠라기우스 이단들을 논파하고 피하는 데 필수적이지 않다.

4. 하나님의 은혜가 구원에 필수이며 인간의 의지로 하여금 선을 행하도록 돕지만, 선한 것에 의지를 가져야 하는 이는 하나님이 아니라 인간이다. 은혜는 "의지력"을 주기 위해서가 아니라 "의지를 갖기 시작한 사람을 돕기 위해" 주어지는 것이다.[2]

5. 하나님은 모든 사람을 구원하길 바라시며, 그리스도의 속죄는 모든 사람에게 유효하다.

6. 예정은 하나님의 예지에 기초한다.

7. "선택되거나 유기될 사람의 수는 확정되어 있지 않다." 하나님은 "모든 사람이 구원받기를 원하시지만 모든 이가 구원받는 것은 아니기" 때문이다.[3]

카시아누스는 수도 생활의 고투와 미덕을 자세히 설명하기 위해 열두 권의 책을 썼다. 『교부대담집』(*Collationes Patrum*)에서 그는 펠라기우스나 아우구스티누스와 자신의 차이를 상세히 설명한다. 필립 샤프는 이렇게 말한다. "이 저서, 특히 열세 번째 담화에서 그는 펠라기우스의 잘못을 단호하게 배격하며, 아담의 타락으로 인간의 보편적 죄성이 비롯되었다는 것과, 모든 인간의 행위에는 하나님의 은혜가 필수라는 사실을 확언한다. 그러나 구체적인 이름을 거론하지는 않지만 분명 아우구스티누스를 암시하면서 선택 교리와 은혜의 불가항력에 관한 교리를 논박하고, 이 교리들이 교회 전통, 특히 동양의 신학과 자신의 금욕적 율법주의와 배치된다고 보았다."[4]

카시아누스는 인간의 죄성과 도덕적 책임을 모두 강조했다. 그는 아담의 죄는 유전적 질병이며, 아담이 타락한 이후 자유의지가 약화되었다고 주장했다.[5] 카시아누스는 인간이 아담 안에서 타락했다는 원죄 교리를 확언한다. 타락으로 아담의 자유의지도 오염되었고, 적어도 지금은 "약화된" 상태다. 그 의지가 멸절된 것은 아니며, 도덕적으로 완전히 무기력해진 것도 아니다. 여기서 카시아누스는 그 의지가 선이나 하나님께 향하지 못하는 도덕적 무능력 상태라고 보는 아우구스티누스의 견해를 거부한다.

펠라기우스를 반박하면서 카시아누스는 의로워지기 위해서는 은혜가 반드시 필요하다고 주장했다. 그러나 이 은혜는 거부될 수 있다. 은혜가 효력을 발휘하려면 인간의 의지가 협력해야 하기 때문이다. 여기서 카시아누스는 하나님의 도우심 없이는 우리가 아무런 선도 행할 수 없으며 우리의 자유의지가 작용해야 한다는 점을 강조하는 데 주로 관심을 기울인다. 아돌프 하르낙은 카시아누스의 견해를 이렇게 요약한다.

"하나님의 은혜는 구원의 기초다. 그 은혜는 구원의 기회와 구원받을 가능성을 제시한다는 점에서 구원의 시작이다. 그러나 그것은 외적인 은혜다. 내적 은혜는 사람을 꼭 붙들며, 그 심령을 밝히고, 그를 견책하며, 성결케 하고, 그의 지성뿐 아니라 의지까지 파고든다. 이 은혜 없이는 인간의 덕성이 자라거나 온전해질 수가 없다. 그렇게 볼 때, 이교도의 덕성은 얼마나 보잘것없는 것인가! 그러나 (은혜를 받기 위한 준비로 이해되는) 선한 결심과 선한 생각, 믿음을 갖기 시작하는 것은 우리에게 달린 일일 수 있다. 따라서 최종적인 구원인 완전함에 도달하려면 은혜가 절대로 필요하지만, 구원의 시작에서는 반드시 은혜가 필요한 것은 아니다. 은혜는 우리가 내적으로 성장하는 모든 단계에 동반되며, 그것 없이는 우리의 노력도 아무 소용이 없다. 그러나 은혜는 실제로 힘써 노력하는 사람만 지원하고, 또 그런 사람과 함께한다. …… 은혜의 작용은 불가항력적이지 않다."[6]

카시아누스의 견해에서 아우구스티누스와 다른 핵심적인 부분이 바로 불가항력적 은혜에 관한 것이다. 아우구스티누스는 인간의 의지란 여전히 선택할 수 있지만 그 자체가 선을 향하는 것은 도덕적으로 불가능하다고 생각한다. 의지는 영적으로 연약한 상태가 아니라 영적으로 죽은 상태. 오직 하나님의 유효한 은혜만이 죄인을 자유하게 하여 믿음을 갖게 할 수 있다.

아우구스티누스와 카시아누스는 구원의 시작에 관해 차이를 보인다. 카시아누스와 반펠라기우스주의는 구원의 시작 단계와 관련하여 단호하게 신인 협력설을 주장한다. 하나님이 죄인에게 은혜를 유효하게 하시지만, 죄인이 믿음을 갖거나 거듭나려면 자신의 연약한 의지로 이 은혜에 협력해야 한다. 믿음이 중생에 선행하는 것이다. 반면 아우구스티누스에게 중생의 은혜는 하나님의 단독 사역이다. 하나님의 은혜가 믿음을 위한 필수 전제 조건인 것이다.

아우구스티누스가 은혜를 불가항력적이라고 말한 것은 그 은혜가 유효하다는 뜻이다. 하나님은 단독 사역으로 이루고자 하시는 것을 이루신다. 하나님의 은혜는 인간의 마음을 변화시키고, 죄인을 영적 사망에서 영적 생명으로 부활시킨다. 거듭나게 하시는 은혜는 죄인으로 하여금 기꺼이 믿음을 갖고 그리스도께로 나아오게 한다. 예전에 그 죄인은 그리스도를 택하길 꺼려했지만, 이제는 그리스도를 택하길 자원할 뿐 아니라 갈망한다. 죄인이 자기 의지와는 반대로 그리스도께 이끌리거나 자신이 택하고 싶지 않은 무엇을 선택하도록 강요받는 것이 아니다. 하나님의 중생의 은혜가 마음의 성향을 변화시켜 죄인을 죽음에서 생명으로, 불신에서 신앙으로 끌어올린다.

이 견해는 죄인이 불신에서 신앙으로 돌이키는 시작 단계와 관련하여, 분명 하나님의 단독 사역을 시사한다. 그러나 전체 과정은 단독적이지 않다. 일단 중생의 은혜가 주어지면, 나머지 과정은 신인 협력적이다. 말하자면 유효하고 불가항력적인 은혜로 말미암아 영혼이 변화된 후에는, 그 사람 자신이 그리스도를 선택하는 것이다. 하나님이 그를 대신하여 선택하시는 것이 아니다. 그 사람 자신이 믿는 것이지, 하나님이 그를 대신하여 믿으시는 것이 아니다. 사실 그리스도인의 나머지 성화의 삶은 신인 협력적 패턴으로 전개된다.

단독설과 신인 협력설 논쟁에는 혼란이 많다. 아우구스티누스 사상을 단독설로 규정할 때는 그가 구원의 전 과정이 아니라 구원의 시작과 관련해서만 단독설을 주장한다는 점을 기억해야 한다. 아우구스티누스는 "모든" 신인 협력설을 거부한 것이 아니다. "전 과정을 신인 협력적"이라고 보는 신인 협력설을 거부한 것이다.

반면 반펠라기우스주의는 "전 과정이 신인 협력적"이라고 본다. 즉, "시작부터" 신인 협력적인 것이다. 라인홀드 제베르그는 이렇게 설명한다. "카시아누스의 개념은, 인간의 의지가 죄 때문에 실제로 손상을 입었지만, 아직 어느 정도는 자유가 남아 있다는 것이다. 하나님이 먼저 인간의 의지로 돌이키셨듯이, 그 때문에 그 의지도 하나님께 향할 수 있으며, 그것은 하나님의 은혜의 도우심을 통해 필요한 힘을 공급받아 선한 것을 원하고 행할 수 있다. 그러므로 죄인은 죽은 것이 아니라 상처를 입은 상태다. 은혜는 단독적이지 않고 협력적으로 임한다. …… 인간과 하나님의 개인적이고 영적인 관계를 옹호하려는 것은 유익한 시도였다. 그러나 그러한 시도는 아우구스티누스에게 가장 중요한 개념인 '솔라 그라티아'(오직 은혜)를 포기하게 하는 것이었다."[7]

샤프도 비슷하게 설명한다. "두 체계(펠라기우스주의와 아우구스티누스주의)를 모두 반박하며, 카시아누스는 하나님의 형상과 인간의 자유가 타락으로 멸절된 것이 아니라 다만 약화되었을 뿐이라고 가르쳤다. 달리 말해서 인간은 병든 상태일 뿐 죽은 것이 아니라는 것이다. 인간은 자신을 도울 수는 없지만 의사의 도움을 바랄 수는 있으며, 그 도움이 제시될 때 그것을 받아들이거나 거부할 수 있고, 또한 그는 자신의 구원과 관련하여 하나님의 은혜에 협력해야 한다는 것이다. 이 두 요소 중 어느 편에 주도권이 있는지에 대해 카시아누스는 경험에 입각하여 이같이 대답한다. '때로는, 사실 흔히 인간의 의지는 탕자, 삭개오, 회개한 강도, 고넬료 등의 경우처럼 스스로 회심을 결단한다. 때로는 은혜가 회심을 예견하여, 마태와 바울의 경우처럼 거부하던 의지를 하나님께로 이끈다(이 경우에도 강제적인 것은 아니다). 그러므로 여기서는 **선행하는 은혜**가 분명하게 간과된다.'"[8]

아우구스티누스가 타락으로 인간의 자유의지가 "멸절되었다"고 가르쳤다는 샤프의 설명은 약간 정확하지 않다. 우리는 아우구스티누스가 자유의지(freedom, free will)와 자유(liberty)를 구분한 것을 기억한다. 의지가 없어졌거나 파괴되었다는 의미에서 자유의지가 멸절되었다는 뜻이 아니다. 멸절된 것은 선을 향한 도덕적 능력이다. 아우구스티누스에 따르면 멸절된 것은 자유이지 자유의지가 아니다.

카시아누스가 보기에 하나님이 죄인에게 베푸시는 은혜(죄인이 구원받기 위해서는 이 은혜에 협력해야 한다)는 주로 조명이나 가르침의 은혜다. 회심은 다음과 같은 식으로 이루어진다.

> 우리 속에 선한 의지가 시작되는 것을 보실 때, 하나님은 곧장 그 의지를 조명하시며, 그것을 격려하고 고무시켜 구원으로 이끄시며, 하나님이 심어주신 것이든 우리 자신의 노력으로 일어나는 것이든 그것을 증가시키신다.[9]

핵심은 구원의 시초가 타락한 죄인의 선한 의지의 자극에 의존한다는 것이다. 아우구스티누스에게는 하나님이 먼저 자유하게 하지 않으시면 어느 죄인도 그런 선한 시작을 도모할 수 없다.

반펠라기우스주의에 대한 저항

카시아누스의 저서에 반박하여 아우구스티누스의 친구 아키텐의 프로스페르는 432년에 은혜와 자유에 관한 책을 썼다. 카시아누스는 레랭의 수도사 빈켄티우스, 리에주의 파우스투스, 마르세유의 겐나디우스, 아르노비우스 등과 연대했다. 이 논쟁은 수십 년 동안 계속되었다. 반펠라기우스주의는 아를 종교회의(472)와 리용 종교회의(475)에서 승리를 거두었다. 반면 아우구스티누스주의는 그 계승자들에 의해 어느 정도 완화되고 있었다. 496년, 교황 겔라시우스 1세는 아우구스티누스와 프로스페르의 저작들을 인정하고, 카시아누스와 파우스투스의 저작들을 정죄했다. 이 논쟁은 529년에 오랑주 공의회에서 절정에 달했는데, 여기에서는 반펠라기우스주의 체계를 정죄했다.

샤프는 오랑주 공의회에서 채택된 핵심 신조들을 다음과 같이 제시한다.

- 아담의 죄는 인간의 몸뿐 아니라 영혼도 상하게 했다.
- 아담의 죄는 모든 인류에게 죄와 사망이 임하게 했다.
- 은혜는 우리가 간구할 때 주어질 뿐 아니라, 은혜 자체가 우리로 하여금 그것을 간구하게도 만든다.
- 믿음의 시작, 곧 믿고자 하는 마음도 은혜에 의해 이루어진다.
- 모든 선한 생각과 선한 일은 하나님의 선물이다.
- 심지어 거듭난 자와 성도도 하나님의 도우심이 꾸준히 필요하다.
- 하나님이 우리 속에서 사랑하시는 것은 우리의 장점이 아니라 그분 자신의 은사다.

- 아담 안에서 약해진 자유의지는 세례의 은혜를 통해서만 회복될 수 있다.
- 우리가 지닌 모든 선은 하나님의 은사이며, 따라서 아무도 자랑해서는 안 된다.
- 죄를 지을 때 인간은 자신의 뜻을 행하고 있는 셈이다. 반면 선을 행할 때는 하나님의 뜻을 자발적으로 실행하고 있는 셈이다.
- 타락으로 자유의지가 매우 약화되기 때문에 선행하는 은혜 없이는 그 누구도 하나님을 사랑할 수도, 믿을 수도 없으며, 하나님을 위해 선을 행할 수도 없다.
- 모든 선한 일의 시작은 우리에게서 비롯되지 않으며, 우리가 먼저 공적을 행하지 않고도 하나님이 우리 속에 그분을 향한 믿음과 사랑을 넣어주셔서 우리로 세례를 사모하게 하고, 세례 후에는 그분의 도우심으로 그 뜻을 이룰 수 있게 하신다.[10]

분명 로마 가톨릭교회는 믿음의 시작이 타락한 의지라는 견해를 거부했다. 선을 행할 수 있는 능력은 은혜에서 말미암고, 그 은혜는 중생에 의해 주어진다. 아우구스티누스의 경우와 마찬가지로 가톨릭교회도 중생의 은혜가 세례식을 통해 주어진다고 간주하고 있음을 우리는 주목해야 한다. 세례를 통한 중생은 후에 대부분의 다른 개신교도뿐 아니라 칼빈주의자들에게 단정적으로 거부되었다.

공의회의 선언들을 통해 예정과 불가항력적 은혜가 전해졌다. 교회는 펠라기우스적이기보다는 아우구스티누스적인 방식을 수용했다. 어떤 사람들은 그것을 가리켜 반펠라기우스주의라기보다는 반아우구스티누스주의로 지칭했으며, 이것이 카시아누스보다 아우구스티누스에 더 가깝다고 생각했다.

트리엔트 공의회에서 드러난 모호성

16세기에는 프로테스탄트 종교개혁을 통해 펠라기우스주의와 반펠라기우스주의에 관한 문제들이 새로 제기되었다. 트리엔트 공의회에서 로마 가톨릭교회가 보인 반응은 이 문제들이 어떻게 진전되고 있었는지를 드러내준다. 이 공의회의 6차 회기에서 교회는 칭의 교리를 정의했고, 교회가 이단으로 여긴 여러 견해를 반박하는 법규들을 열거했다. 첫 세 법규는 순수한 펠라기우스주의에 대해 교회가 반박한 사항을 되풀이한 내용이다. 넷째와 다섯째 법규는 반펠라기우스주의와 관련하여 어느 정도 모호함을 남겨두고 있다.

6차 회기에서 결정한 넷째 법규 내용은 다음과 같다. "인간의 자유의지가 하나님에 의해 움직이고 일깨워져서 그가 그분의 부르심과 역사하심에 응하게 될 때, 그 자유의지는 칭의의 은혜를 얻기 위해 스스로 준비하거나 그런 마음을 갖는 등의 협력을 전혀 하지 않는다고 말하는 사람이 있다면, 또한 그것이 거부하기를 원해도 그렇게 할 수 없다고 말하는 사람이 있다면, 그리고 그 자유의지는 아무것도 하지 않으며 단지 수동적일 뿐이라고 말하는 사람이 있다면, 그는 저주를 받을지어다."[11]

여기서 드러나는 모호성은 복합적이다. 가장 먼저 확언하는 내용은, 하나님이 인간의 의지를 움직이고 일깨우실 때 그 사람은 하나님께 응하여 협력한다는 것이다.

그런데 의지가 "하나님에 의해 움직이고 일깨워진다"는 것은 무슨 의미인가? 아우구스티누스 신학에 따르면, 하나님이 은혜로 죄인의 의지의 성향을 변화시키면 그 죄인은 하나님의 뜻에 협력하고 복종한다. 그러나 이 복종은 하나님이 죄인의 예속된 의지에 끼치는 단독 사역의 결과다. 종교개혁자들은 죄인의 의지가 (중생이 아니라) "칭의"의 은혜를 위해 그 자신을 준비시킨다는 점에는 동의할 수도 있을 것이다. 그러나 그들은 그렇게 표현하지는 않았을 것이다. 이 표현은 반펠라기우스주의와 관련된 다음과 같은 비판적인 의문을 남긴다. "인간의 의지는 중생 이전에 은혜를 받기 위해 자신을 준비시키는가?"

의지가 거부하려고 해도 그렇게 할 수 없다는 것을 공의회가 반박했을 때, 혼란이 가중되었다. 이 진술이 이상한 것은 그것이 본궤도를 분명 이탈하고 있기 때문이다. 후에 보겠지만, 종교개혁자들은 하나님의 불가항력적 은혜는 인간이 거부하려 해도 그렇게 할 수 없게 한다고 가르치지 않았다. 하나님의 유효한 사역은 죄인이 거부하기를 원치 않기 때문에 거부할 수 없다는 식으로 이루어진다. 그는 자신이 택하지 않은 일을 행하기로 선택할 수 없다. 아우구스티누스의 견해 역시 타락한 의지(비록 그것이 중생의 은혜를 받아들일 때 수동적이긴 하지만)를 전적으로 무기력한 것으로 간주하지는 않는다.

루터파 신학자 마르틴 켐니츠는 이 법규를 정확하게 해석하기 위해 야코브 안드라다의 설명에 주목한다. "안드라다는 공의회의 견해와 자신의 견해를 이렇게 설명한다. '사실 자유의지는 성령의 영감과 도우심 없이는 스스로 영적 행위를 도모하지 못한다. 그러나 그 이유는 출생하는 순간부터 지니게 되는 마음과 의지가 회심 전에는 영적 행위를 도모하는 데 필요한 힘이나 역량을 전혀 갖지 못한 상태이기 때문이 아니다. 이 자연적인 힘과 역량이 비록 파괴되거나 멸절된 것은 아니지만 죄의 올가미에 매우 심하게 뒤얽혀 있어서 자신의 힘으로는 빠져나올 수 없기 때문이다.'"[12]

우리는 트리엔트 공의회에서 타락한 사람은 은혜의 도움 없이는 영적으로 선한 일을 전혀 할 수 없다고 확언하여 펠라기우스주의를 분명하게 거부했다는 것을 알 수 있다. 그러나 중생하지 못한 사람이 은혜의 도움에 반응하기 위해 어떤 도덕적 능력을 지녀야 하는지는 여전히 의문으로 남게 된다. 켐니츠는 계속해서 설명한다.

"트리엔트 공의회는 …… 자유의지가 하나님의 격려하고 도우시는 은혜에 동의하고 자유로이 협력한다고 말한다. 그 견해에 따르면, 중생하지 못한 사람의 마음과 의지 속에는 부패한 상태로 출생하는 순간부터 신령한 일들이나 영적인 행위를 위해 자연적으로 주입된 어떤 능력이나 역량이 있지만, 중생하지 못한 사람의 죄로 말미암아 그런 역량과 능력을 활용하는 것이 억압되고 저지된다. 따라서 하나님의 은혜와 성령의 작용이 회심과 새롭게 하심 이전에는 지니지 못한 영적 충동과 행위를 하게 할 어떤 새로운 능력이나 힘, 역량을 거듭난 사람들 안에 일어나게 하는 것이 아니라, 그런 역량이나 능력이 속박과 올무에서 벗어나서 예전에는 묶이고 억제된 자연적 역량이 이제 은혜를 통해 자극되어 영적 문제에서 그 능력을 행사할 수 있게 되었다는 것이다."[13]

켐니츠의 설명이 옳다면, 트리엔트 공의회는 펠라기우스주의에 대한 교회의 정죄를 재확인한 것과 함께 반펠라기우스주의를 분명하게 정죄하는 견해에서 어느 정도 물러선 셈이다. 그 공의회는 본질적으로 의지와 원죄에 대한 반펠라기우스적 견해를 채택한 것이다.

6차 회기의 다섯째 법규는 이렇게 선언한다. "아담의 범죄 후에 인간의 자유의지가 상실되고 파괴되었다고 말하거나, 자유의지란 실체가 없는 명목이며 사탄에 의해 교회에 소개된 허구일 뿐이라고 말하는 사람이 있다면, 그는 저주를 받을지어다."[14]

이 법규가 겨냥하는 것을 분간하기란 쉽지 않다. 아우구스티누스와 종교개혁자들은 인간의 자유의지가 타락으로 멸절된 것이 아니라고 가르쳤다. 아우구스티누스에 따르면 멸절된 것은 선을 행할 수 있는 도덕적 능력으로서의 자유다.

트리엔트 공의회의 가르침에 대한 존 칼빈의 반응도 켐니츠와 비슷하다. 첫 세 법규의 반펠라기우스주의에 대해 칼빈은 단지 "아멘"이라고 말했다. 그러나 넷째 법규에 대해서는 이렇게 썼다.

"우리는 분명 우리의 의지로 하나님께 순종하지만, 그것은 그분이 우리 속에 만들어두신 의지다. 따라서 하나님의 은혜와 별도로 자유의지가 어떤 적절한 행동을 한다고 생각하는 사람들은 성령을 거역하고 있는 셈이다. 바울은 의지를 발할 수 있는 역량이 우리에게 주어졌다고 말하지 않고, 의지 자체가 우리 속에 형성되어 있다고 말하며(빌 2:13), 그리하여 올바른 의지의 공감이나 순종 자체는 바로 하나님에게서 비롯된다고 선언한다. 하나님이 우리 속에서 작용하시고, 우리 심령을 붙드시며, 우리 마음을 움직이시고, 우리 속에 조성해 두신 성향을 통해 우리를 이끄신다. 아우구스티누스는 이렇게 말했다. '놀라운 변화에 의해 마음이 살같이 부드러워지기 시작하기 전까지 쇠 같은 마음 자체가 무엇을 준비할 수 있겠는가?'"[15]

다섯째 법규를 언급할 때 칼빈의 표현은 한층 예리해진다.

"말꼬리 잡는 일은 하지 말자. 그러나 자유의지를 '편견 없이 완벽하게 자유로이 선택할 수 있는 역량'으로 이해하면서 이를 단지 실체 없는 명목으로 여기는 자들은 '아들이 자유롭게 하는 자들은 자유로워지고 다른 모든 자들은 죄의 종'이라고 말씀하신 그리스도의 권위를 스스로 취하려는 자들이다. 자유와 노예 상태는 서로 정반대다. 용어 자체에 대해서는 아우구스티누스의 설명을 들어야 할 것이다. 그에 따르면 인간의 의지는 그것을 사로잡고 있는 열정에 예속되어 있는 한 자유롭지 못하다. 어떤 곳에서 그는 '타락에 의해 그 의지를 예속당한 본성은 자유가 없다'고 말했다. 또한 '사람이 자유의지를 잘못 사용하여 그 자신과 자유의지를 상실했다'고도 말했다."[16]

여기서도 우리는 "자유", "자유롭다", "자유의지" 등과 같은 단어를 통해 일종의 언어유희를 보게 된다. 어떤 곳에서는 아우구스티누스처럼 칼빈도 죄인이 외적인 강요로 행동하는 것이 아니라는 의미에서 자유의지라는 말을 사용했다. 의지가 도덕적 의미에서 내적으로 자유롭지 않은데, 그것은 악한 성향에 예속되어 있기 때문이다.

켐니츠(루터파)와 칼빈은 모두 트리엔트 공의회가 의지에 관한 아우구스티누스의 견해에서 떠나 있는 것으로 보았다. 이후의 교회사적 사건들은 그들의 판단을 확언하는 것처럼 보인다.

얀센의 아우구스티누스주의

16세기 말경 로마 가톨릭교회 내부에서 진행된 진전 과정은 17세기 얀센파 논쟁에 길을 열어주었다. 루뱅의 교수인 미카엘 바이우스는 아우구스티누스의 은혜 교리를 강하게 확언했다. 그는 인간이 죄로 인해 전적으로 부패했다고 주장했다. "하나님의 도우심 없이는 자유의지가 아무런 효력을 발하지 못하고 오직 죄를 범하는 데에만 유효할 뿐이다."[17]

칭의는 죄인의 의지가 하나님에 의해 변화된 후에만 얻을 수 있다. 교황 피우스 5세의 교서는 바이우스의 79개 주제를 정죄했다. 그렇게 정죄당한 주제 가운데에는 다음과 같은 아우구스티누스 사상도 포함되어 있다.

- 은혜 없는 의지는 오직 죄를 범할 수 있을 뿐이다.
- 의지에 반하는 정욕도 죄다.
- 죄인은 오직 하나님에 의해서만 감동과 활력을 얻는다.

예수회 신학자인 루이스 드 몰리나는 펠라기우스주의와 반펠라기우스주의, 아우구스티누스주의를 서로 조화시키고자 노력했다. 제베르그는 그의 견해를 이렇게 요약한다. "인간은 죄악 된 상태에서도 은혜의 협력을 전제로 자연적인 일뿐 아니라 초자연적인 일도 자유로이 실행한다. 은혜가 영혼을 고양시키고 자극하지만 …… 실제적인 결단 행위는 은혜에 의해 의지 속에서 일어나는 것이 아니라 의지 자체에 의해 이루어진다. 그러나 그 의지는 은혜와 연합되어 있다. …… 토머스 아퀴나스주의자의 경우처럼, 피조물의 자유로운 행위가 실제로 하나님 자신의 의지에 따른 것인 양 간주된다면 이제 그렇게 이루어진 철저한 협력은 단지 환상이 될 뿐이다."[18]

예정과 선택과 관련하여, 루이스 드 몰리나는 ("중도적 지식"이라는 자신의 이론에 기초한) 예지적 견해를 받아들였다. 그 견해에 따르면 하나님의 선택은 인간의 자유로운 선택에 대한 그분의 예지에 의존한다. 제베르그는 이렇게 설명한다. "사실 비평적인 눈을 가진 사람이라면 그러한 결합은 단지 외견적일 뿐이며 아우구스티누스-토머스 아퀴나스적인 은혜 개념이 뿌리째 찢겨졌음을 쉽게 간파할 수 있다. 또한 가장 노골적인 형태의 신인 협력설이 이 신학의 첫째 원리로 제시되어 있다. 이 같은 은혜론을 공적인 교리로 채택한 예수회가 득세하면서 도미니쿠스회에서 제기한 반대 견해는 좌절되었다."[19]

도미니쿠스회와 예수회의 논쟁은 교황에게 상소하는 데까지 이르렀으나 교황은 어떠한 선언도 하지 않았고, 예수회는 교회의 반대에 직면하지 않은 채 몰리나의 견해를 계속 고수해 나갔다.

예수회의 영향력이 점증하자 파리 인근의 포르루아얄 수도원은 강하게 반발하기 시작했다. 이프르의 주교인 코르넬리우스 얀센은 세상을 떠나기 직전인 1640년에 저서 『아우구스티누스』를 완성했다. 그는 죄인이 오직 죄의 영역 안에서만 자유로우며, 불가항력적 은혜만이 사람들 속에서 선이 작용하게 할 수 있다고 주장했다. 예수회는 얀센의 책에 관해 교황에게 불평을 토로했다. 1653년에 인노켄티우스 10세는 얀센의 다섯 가지 주제를 정죄했다.

1. 하나님의 어떤 명령들은 "의로운" 사람들이 현재 지닌 능력에 따라 노력하는 것으로도 순종할 수 없다. 또한 그들은 순종할 수 있게 해줄 은혜가 결여되어 있다.
2. 타락한 본성을 지닌 이들은 내적인 은혜에 결코 저항하지 못한다.
3. 타락한 본성을 지닌 인간이 덕성을 쌓거나 과실을 저지르는 데 반드시 자유가 필요한 것은 아니다. 강제에서의 자유만으로 충분하다.
4. 반펠라기우스주의자는 개별 행위들을 위해서나 심지어 믿음이 시작되기 위해서는 선행하는 내적 은혜가 필요하다는 사실을 올바로 인정했다. 그러나 그들은 인간의 의지로 이 은혜에 저항하거나 순응할 수 있다고 주장했기 때문에 이단이다.
5. 그리스도께서 모든 사람을 위해 죽으셨다(혹은 피를 흘리셨다)는 말은 반펠라기우스적이다.[20]

아우구스티누스주의는 파스키에 케넬에 의해 교회에서 다시 고개를 들기 시작했다. 18세기에 그는 『신약성경에 관한 묵상』(Meditations upon the New Testament)을 출간했다. 이 책이 예수회를 다시 자극했고, 예수회는 이 주해서의 101개 주제를 정죄하는 데 성공했다. 제베르그는 이렇게 적고 있다. "무서우리만큼 직접적으로 아우구스티누스 신학뿐 아니라 아우구스티누스적인 기독교 전체 체계가 정죄되었다. 자연인은 단지 죄악 될 뿐이라는 것, 믿음은 하나님의 선물이라는 것, 은혜는 오직 믿음을 통해서만 주어진다는 것, …… 믿음이 첫 번째 은혜라는 것, 그리고 모든 선한 일을 위해 은혜가 필요하다는 것을 가르치는 것은 이단 취급을 받았다."[21]

한때 얀센파의 취지는 예수회를 반박하는 일련의 에세이를 쓴 블레즈 파스칼에 의해 새로운 활기를 얻기도 했다. 그러나 파스칼의 노력조차도 수세기 전에 아우구스티누스가 확립한 길에서 교회가 벗어나는 것을 막지는 못했다.

교리문답 속의 반펠라기우스주의

새로운 "가톨릭교회의 교리문답"(1994)의 몇몇 조항은 자유와 인간의 책임을 다룬다. 그중 일부는 다음과 같은 내용을 포함하고 있다.

자유는 이성과 의지에 뿌리를 두었으며, 행하거나 행하지 않을 수 있는 힘, 이것이나 저것을 행할 수 있는 힘, 자신의 책임에 따라 계획적으로 행할 수 있는 힘이다. 자유의지에 의해 인간은 자신의 삶을 형성한다. 인간의 자유는 진리와 선 안에서 성장하고 성숙하기 위한 힘이다. 그것은 하나님을 지향할 때 완전함을 얻는다. ……

자유가 궁극적 선이신 하나님께 분명하게 결속되어 있지 않는 한, "선악을 선택할" 기회가 있으며, 완전을 향해 자라가거나 실패와 범죄에 빠질 가능성이 있다. 이 자유는 인간 행위의 특징을 적절하게 보여준다. 그것은 찬사나 비난, 미덕이나 질책의 기초가 된다.[22]

이 내용은 타락한 인간이 선악을 선택할 도덕적 능력을 갖고 있다는 반펠라기우스적 견해를 드러낸다. 이 교리문답은 다른 부분에서 이렇게 언급한다. "하나님은 인간을 이성적인 존재로 지으셨고, 자신의 행위를 개시하고 조절할 수 있는 존엄성을 부여하셨다. '하나님은 인간이 자기 자신의 분별력을 따라 자발적으로 자신의 창조주를 탐구하며 그분께 몰두하여 자신의 온전하고도 복된 완전을 자유로이 획득할 수 있기를 원하신다.'"[23]

원죄에 대해 이 교리문답은 교회가 펠라기우스 견해와 프로테스탄트 견해를 모두 거부하였다고 밝힌다. 이 교리문답에 따르면, 종교개혁자들은 "원죄가 인간을 근본적으로 타락시켰고 그의 자유를 파괴했다고 가르쳤다. 그들은 각 사람에게 유전되는 죄를, 이겨내기 힘든 죄악 된 성향(콘큐피센티아[concupiscentia])과 동일시했다."[24]

아우구스티누스나 종교개혁자들과 달리, 로마 가톨릭은 이러한 죄악 된 성향을 이겨내기 힘들다고 여기지 않았다. 죄악 된 성향은 이 교리문답이 일컫는 "고투"를 통해 극복될 수 있다.[25] "인간 역사 전체는 처음부터 마지막 날까지 악의 세력과 벌이는 음울한 투쟁의 이야기라고, 우리 주님이 말씀하셨다. 그 전쟁터에 서 있는 자신을 발견한 사람은 옳은 것을 행하기 위해 노력해야 하며, 그가 내적으로 완전해지려면 스스로 큰 대가를 치러야 하며 하나님의 은혜의 도우심이 필요하다."[26]

요약하자면 분명 로마 가톨릭은 순수한 펠라기우스주의를 줄곧 거부하며, 인간이 구원을 얻으려면 하나님의 은혜의 도움이 필요하다고 가르친다. 그러나 동시에 타락한 인간은 (비록 의지가 약화되긴 했지만) 자연적인 힘에 따라 그 의지를 행사하여 이같이 돕는 은혜에 협력할 역량을 획득한다고도 가르친다. 이것은 아우구스티누스주의에 대한 반펠라기우스주의의 승리를 나타낸다.

4장

우리는 죄에 속박되어 있다

마르틴 루터

하나님의 은혜가 없는 자유의지는 전혀 자유롭지 못하며, 영원한 죄수이자 악의 노예다. 그 자유의지는 스스로 선을 향해 돌이키지 못하기 때문이다.

1524년 9월 1일, 로테르담의 데시데리우스 에라스무스는 『자유의지에 관한 비평』(Diatribe Concerning Free Will[*Diatribe seu collatio de libero arbitrio*])이라는 책을 출간했다. 이듬해 12월, 마르틴 루터는 『노예의지론』(The Bondage of the Will[*De servo arbitrio*])이라는 유명한 책으로 그 책에 대응했다. 루터의 책은 에라스무스의 것보다 네 배나 길었고 문체도 매우 논쟁적이었다.

루터는 『노예의지론』을 자신이 쓴 가장 중요한 책으로 여겼다. 그 책에서 자신이 교회의 핵심이라고 생각한 문제를 다루고 있기 때문이다. 1537년, 루터는 자신의 저서 가운데 어린이 교리문답과 『노예의지론』 말고는 보존할 만한 책이 없다고 말했다.[1] B. B. 워필드는 『노예의지론』을 가리켜 프로테스탄트 종교개혁의 "선언서"라고 불렀다.[2] 오슬로 주교인 시구르 노먼은 그 책을 "종교개혁 전 기간 동안 불린 가장 훌륭하고 강력한 '솔리 데오 글로리아'(오직 하나님의 영광을!)"라고 지칭했다.[3] 고든 루프와 J. I. 패커, O. R. 존스턴 역시 그러한 평가가 적절하다고 인용했다.

루터의 『노예의지론』은 구원 문제에 관한 성경의 명쾌한 견해와, 그 논쟁의 최종 결정권자로서 성경의 역할을 강조하는 내용으로 시작한다. 그 다음 그는 그리스도인이 인간 의지에 관해, 그리고 죄인이 하나님의 은혜에 지니는 의존성에 관해 정확한 견해를 갖는 것이 얼마나 중요한지 설명한다. 자유의지에 관한 내용을 두고 "굳이 필요하지도 않은"⁴ 교리를 끌어들였다고 선언한 에라스무스를 가리켜 루터는 당면한 문제를 지나치게 도외시한다고 질책했다.

당신은 "영원한 구원과 관련된 문제에서 우리의 의지가 어떤 효력을 발휘하는지를 알기 원하는 것은 비신앙적이며 무익하고 쓸데없는 일"이라고 말했습니다. 그러나 여기서 당신은 정반대로 말하고 있습니다. 즉, 그리스도인의 경건이란 "온 힘을 다하여 애써야 하는" 일이며, 아울러 "하나님의 자비 없이는 우리 의지가 아무 효력도 없다"고 말하고 있기 때문입니다.

여기서 당신은 영원한 구원과 관련된 문제에 의지가 어느 정도 작용한다고 분명히 확언하고 있습니다. 그것을 가리켜 힘써 노력하는 것이라고 표현하며, 하나님의 자비 없이는 그것이 무효하다고 말하면서 그것을 하나님의 사역 대상으로 묘사하고 있기 때문입니다.

그러나 당신은 우리 의지의 작용과 그 작용의 근거가 지닌 한계는 규정하지 않습니다. 당신은 인간의 의지와 하나님의 자비가 무슨 효력을 발휘하는지에 관한 한 자신의 가르침을 통해 하나님의 자비와 인

간의 의지가 무슨 효력을 발휘할 수 있는지는 알 필요가 없다고 애써 부추기고 있습니다.[5]

이 내용은 루터와 에라스무스가 벌인 논쟁의 핵심이며, 아우구스티누스주의와 반펠라기우스주의의 고전적인 논쟁을 보여준다. 이 논쟁은 인간의 도덕적 능력과, 하나님의 은혜에 대한 의존도에 초점을 맞춘다. 신학에서 하나님 중심주의 대 인간 중심주의의 문제를 수반하며, "솔라 그라티아"(오직 은혜)에서 **솔라**에 관한 문제를 다룬다. 양측 모두 은혜의 필요성을 강조하지만, (칭의에 관한 논쟁에서처럼) 문제는 **솔라**였다. 바로 인간 구속의 시작이 단독 사역인지, 신인 협력인지의 문제다. 구원에서 결정적인 요소는 인간이 하는 것인가, 아니면 하나님이 하시는 것인가?

에라스무스가 그 문제의 심각성을 파악하지 못한 것처럼 보인 것이 루터를 화나게 했다. 루터는 이렇게 결론지었다. "따라서 그리스도인이 구원과 관련된 문제에서 자신의 의지가 무슨 역할을 하는지를 아는 것은 비신앙적이거나 무익하거나 쓸데없는 일이 아니라 매우 중요하고 마땅한 일이다."[6]

하나님의 뜻과 예지

루터가 가장 중요하게 여긴 문제는 하나님의 영광에 관한 것이었다. 이것은 자아와 하나님 모두에 적절한 지식을 갖는 일에 관한 문제였다. 이 때문에 루터는 하나님의 예지와 인간사 사이의 관계 문제를 강조했다. 하나님의 예견이나 예지에 관한 문제는 대부분 하나님의 섭리, 예정, 선택 등과 관련한 논의에서 일어난다. 자유의지가 논의될 때에도 그 문제는 거의 어김없이 제기된다.

하나님이 일어나는 모든 일과 인간의 모든 행위를 미리 알고 계시다면 우리는 모든 일을 필연에 따라 행하는 것일까? 루터는 하나님이 우연히 일어나는 모든 일을 미리 알고 계시지만 우연히 아시는 것은 하나도 없다고 확언한다.

우연히 일어나는 일들을 말할 때, 우리는 그것을 "가능성 있는 행동"으로 이해한다. 예를 들어 체스 전문가는 자신이 움직이는 말에 따라 상대방이 어떤 반응을 보일지 심사숙고한다. 체스를 두는 사람에게 이것은 우연히 일어나는 일이며, 확실하게 예견할 수 없는 사건이다. 어떤 계획이 바라던 대로 이루어지지 않을 경우, 우리는 만일의 사태에 대비한 사전 대책으로 전환할 것이다.

전통 신학은 하나님이 전지성을 가지고 계시다고 확언한다. 이 전지성은 가장 완전한 존재이신 하나님의 존재성과 관련된다. 그 완전하심 속에서 하나님은 모든 일을 완벽하게 알고 계신다. 말하자면, 그분의 완전한 전지성은 존재하는 모든 것에 대한 포괄적인 지식을 포함한다.

하나님은 모든 우주의 아주 미세한 차원과 아주 광대한 차원을 모두 알고 계신다. 그분은 우리 머리털까지 헤아리신다. 우리가 어떤 일을 행하기 전에 그것을 미리 아실 뿐만 아니라, 그 순간에 우리가 취할 수 있는 모든 선택도 알고 계신다. 그분은 우연히 일어나는 모든 일을 알고 계신다. 그러나 우연히 일어나는 일들에 대한 하나님의 지식 자체는 우발적이지 않다. 그분의 예지는 완전하고 절대적이다. 그분은 우리가 어떻게 할 것인지 볼 때까지 기다려야 하는 체스 대국자가 아니다. 우리가 체스를 두기 전에 미리 그것을 절대적으로 알고 계신다. 우리 입술에서 한마디 말이 나오기도 전에, 그분은 그 모두를 알고 계신다. 그래서 루터는 에라스무스에게 이렇게 대응한다.

하나님은 우발적으로 아시는 것이 하나도 없으며 그분의 불변하고 영원하며 무오하신 뜻에 따라 모든 일을 미리 알고 의도하시며 행하십니다. 그리스도인이 이 사실을 아는 것은 근본적으로 반드시 필요하고 유익한 일입니다. 이 폭탄이 "자유의지"를 납작하게 때려눕히고 산산조각으로 만듭니다. 그렇기 때문에 자유의지를 확신하고 싶어하는 사람들은 내 폭탄을 거부하거나, 알아채지 못한 척하거나, 그것을 피할 다른 방법을 찾아야 할 것입니다.

…… 당신은 우리가 하나님 뜻의 불변성을 배워야 한다고 주장하면서도, 그분의 예지의 불변성에 대한 지식은 금합니다. 당신은 그분이 예지하신 것을 뜻하지 않으신다고, 또는 그분이 뜻하시는 것을 예지하지 않으신다고 생각합니까? 하나님이 예지하신 것을 뜻하신다면, 그분의 뜻은 영원하고 불변합니다. 그분의 성품이 그러하기 때문입니다. 이 사실에서 거역할 수 없는 논리에 따라 우리가 행하는 모든 일은 사실 하나님의 뜻이라는 측면에서 필연적이고도 불변적으로 일어난

다는 논리가 뒤따르게 됩니다. 권능은 하나님의 성품에 속하므로, 하나님의 뜻은 유효하며 저해 받을 수 없기 때문입니다. 또한 그분은 기만당하실 수 없는 지혜를 갖고 계십니다. 그분의 뜻은 그 누구도 막을 수 없기 때문에, 이루어진 일은 그분이 예견하고 뜻하신 장소에서, 그 시간에, 그 방법으로 일어날 수밖에 없습니다.[7]

루터는 하나님의 속성과 성품에 관심을 집중한다. 루터의 요점은, 하나님은 자신이 미리 아시는 것을 뜻하시며 자신이 뜻하시는 것은 무엇이나 미리 아신다는 것이다. 루터는 이것을 "거역할 수 없는 논리"라고 말한다. 이 말은 사람들이 이러한 확언을 거부할 수 없다거나 거부하지 않는다는 뜻이 아니다. 교회사는 이러한 거역에 관한 기록으로 가득하다. 그의 요점은 이 같은 거부가 그 논리를 파괴하지는 못한다는 뜻이다.

하나님이 어떤 일이 일어나게 할 뜻을 갖고 계시다면, 그분은 그것에 무지하실 수 없다. 그분은 자신이 무엇을 뜻하고 있는지 알지 않고서는 그것을 뜻하실 수가 없다. 대부분의 사상가들은 이러한 등식에 쉽게 동의할 것이다. "하나님은 자신이 미리 아는 모든 것을 뜻하고 계신다"는 확언은 격렬한 논쟁을 불러 일으켰다. 아우구스티누스도 동일하게 확언했지만 거기에 수식어를 붙였다. "하나님은 일어날 모든 일을 (어떤 의미에서) 정해 두신다."

아우구스티누스가 붙인 "어떤 의미에서"라는 말은 그 어감을 조금 부드럽게 해준다. 아우구스티누스와 루터의 확언 이면에는 하나님에

관한 교리가 자리하고 있다. 두 사람 모두 그분의 불변성과 전지성뿐
아니라 그분의 전능성도 강력하게 확언한다.

전능성은 하나님이 인간의 행위를 포함하여 모든 피조물에 대해
권능과 권세를 갖고 계시다는 뜻이다. 하나님이 아시는 것은 무엇이
나 일어날 것이며, 그분은 그것이 일어나지 못하도록 막을 수 있다는
것도 알고 계신다. 비록 하나님의 뜻이 수동적인 것으로 간주되거나
"묵인하는 뜻"으로 묘사되기도 하지만, 여전히 그분은 그것을 막을
힘과 권세를 갖고 계시다.

예를 들어 내가 범죄를 선택할 것을 하나님이 아신다면, 그분은 그
범죄를 막기 위해 순식간에 나를 멸절시키실 수 있다. 하나님이 나를
멸하지 않고 죄를 짓도록 내버려두신다면, 그분은 그렇게 되도록 선
택하신 것이다. 그분이 그것을 알고 허용하시는 한, 내가 그것을 행
하는 것은 그분의 뜻 안에서다.

강요되지 않는 필연성

하나님이 일어날 일을 알고 계시다면, 일어날 일은 분명히 일어난
다. 하나님의 예지는 불확실하지 않다. 이것은 "필연성"이라는 망령
을 대두시킨다. 어떤 일이 일어날 것이라는 사실이 영원 전부터 확실
하다면, 그 일은 "필연적인가?" 만일 그렇다면, 어떻게 우연히 일어
나는 일들이 있을 수 있으며, 어떻게 인간이 자유로운 도덕적 동인(動
因)을 지닐 수 있는가?

루터는 "필연성"이라는 용어를 좋아하지 않았다.

나는 우리의 논의에 "필연성"보다 나은 용어를 사용할 수 있기를 바랍니다. 인간의 의지에든 하나님의 의지에든 이 용어는 정확하지 않습니다. 해당 주제에 비해 그 의미가 몹시 귀에 거슬리고 낯섭니다. 필연성은 일종의 강제를 시사하며, 어떤 이의 의지에 반하는 무엇이기 때문입니다. 하나님의 의지든 인간의 의지든, 그 의지는 선하든 악하든 간에 아무런 강요도 받지 않은 상태에서 전적으로 자유롭게 원하거나 기뻐하는 바대로 하고자 하는 것을 행합니다.[8]

루터는 하나님이 모든 일을 필시 일어나게 하시지만, 단지 그분의 의지가 그 일을 확실하게 하신다는 의미에서일 뿐이라고 확언했다. 루터는 이 점을 기독교 전체의 핵심으로 여겼다.

하나님이 모든 일을 미리 알고 뜻하신다는 사실을 믿기를 주저하거나 아주 거만해서 받아들이지 못한다면, 당신은 그분의 약속들을 어떻게 믿고 신뢰하며 의지할 수 있습니까? 만일 하나님의 예지와 사건들의 필연성을 무시해야 한다고 배우거나 믿는다면, 기독교 신앙은 완전히 파괴되고 하나님의 약속과 복음 전체가 완전히 땅에 떨어지고 말 것입니다. 그리스도인이 모든 역경 속에서 얻을 수 있는 유일하고도 으뜸가는 위안은, 하나님은 거짓말을 하지 않으시고 모든 일이 변치 않고 일어나게 하시며 그분의 뜻이 거부되거나 변경되거나 좌절될 수

없다는 믿음에 있기 때문입니다.[9]

이 신학 논쟁에서 루터의 주된 목회적 관심은 바로 그리스도인의
위안과 소망이라는 것이 분명해진다. 하나님의 약속을 신뢰한다는
것은 그분의 완전하신 능력과 신실하심에 대한 신뢰다. 그분은 자신
이 이루기로 약속하신 일을 반드시 이루실 것이다. 그리스도인의 기
쁨은 하나님의 약속이 필연적으로 실현될 것을 아는 것이다.

그래서 "필연성"이라는 말의 위험성과 부적절함 때문에 주저하면
서도 루터는 그 말을 사용한다. 그러나 그는 필연성이 강요를 의미하
지는 않는다는 단서를 붙인다. 섭리의 위대한 신비는 하나님이 도덕
적인 행위자들의 실제적인 판단을 통해, 그리고 그것에 의해 자신의
의지를 실현시키신다는 것이다. 그분은 외부 힘에 행위를 강요당하
지 않으시며, 자신의 의지를 따르도록 사람들을 강요하지도 않으신
다. 그분은 자기 피조물들의 방편과 동인을 통해, 그리고 그들의 강
요되지 않은 선택을 통해 자신의 의지를 실현시키신다.

에라스무스는 이렇듯 난해한 진리가 선포되어서는 안 된다고 주장
했다. 『자유의지에 관한 비평』 서문에서 에라스무스는 이렇게 썼다.

우리가 행하는 모든 일이 "자유의지"가 아니라 단지 필연성에 의해 행
해졌다는 역설을, 그리고 하나님이 우리 속에서 선과 악 모두를 작용
케 하신다는 것을, 또한 그분이 우리 속에 이루신 그분 자신의 선한 일
들에 상을 베푸시고 우리 속에 이루신 그분 자신의 악한 일들을 징벌

하신다는 아우구스티누스의 견해를 세상에 공표하는 것보다 더 무익한 일이 어디 있는가? 그런 소식이 두루 퍼지면 사람들에게 죄악의 출구가 얼마나 활짝 열리겠는가? 어떤 악인이 자신의 삶을 고치려 하겠는가? 어느 누가 하나님이 자신을 사랑하신다고 믿겠는가? 자신의 육신에 대항하여 싸울 사람이 누가 있겠는가?[10]

에라스무스가 언급한 관심사들은 아우구스티누스를 공박한 반펠라기우스주의자들의 그것과 같았다. 그것 역시 목회적 관심사였지만 루터와는 달랐다. 에라스무스가 깊이 관심을 보인 것은 모든 인간 행위를 무익한 것으로 만드는 숙명론의 위험이었다. 루터는 먼저 에라스무스의 말을 인용하고 나서 거기에 답한다.

에라스무스_ 누가 자신의 삶을 고치려 하겠는가?
루터_ 아무도 그렇게 하지 않을 것이다!
에라스무스_ 어느 누가 하나님이 자신을 사랑하신다고 믿겠는가?
루터_ 아무도 믿지 않을 것이다! 그 누구도 믿을 수 없다! 그러나 택함받은 자는 그 사실을 믿을 것이다. 나머지 사람들은 그것을 믿지 않은 채 분노하고 신성을 모독하며 멸망할 것이다.
에라스무스_ 그 교리들 때문에 죄악의 출구가 활짝 열릴 것이다.
루터_ 그래도 어쩔 수 없다.[11]

루터는 죄악의 출구가 열리기는커녕, 자신은 단지 하나님 말씀에 신실할 뿐이라고 주장했다. 이것들을 선포하신 이는 하나님이며, 그 분은 택함 받은 자들을 위해 그렇게 하신다. 이어서 루터는 필연성에 대한 질문으로 돌아간다.

나는 "강제"가 아니라 "필연성"에 대해 말했습니다. 내 말은 "강제"의 필연성이 아니라 이른바 "불변성"의 필연성을 뜻하는 것입니다. 말하자면 다음과 같습니다. 하나님의 성령이 함께하시지 않는 사람은 마치 목덜미를 잡혀 끌려가는 자처럼, 마치 자신의 의지와 상반되게 형벌로 끌려가는 …… 도적처럼 자신의 의지와 상반되게 강제로 악을 행하는 것이 아닙니다. 그는 자발적으로, 자의로 그렇게 합니다. 이 자발성과 자의성은 자신의 힘으로 제거하거나 억제하거나 변경할 수 없는 것입니다. …… 그 의지는 자신을 바꿀 수 없고 그 자체에 다른 특성을 부여하지도 못합니다. ……

반면 하나님이 우리 속에서 역사하실 때는 그 의지가 하나님의 성령의 감미로운 영향력 아래 변화됩니다. 또다시 그 의지는 강제가 아니라 자신의 소원과 자발적인 성향에 따라 바라고 행동합니다.[12]

아우구스티누스, 마르틴 루터, 존 칼빈 등의 견해는 인간의 의지와 상관없이 하나님이 은혜로운 선택이라는 이름으로 그들을 강제로 자기 나라로 밀어 넣으심을 뜻한다고 묘사되는 경우가 종종 있다. 아우구스티누스의 견해는 죄인의 내적 성향을 변화시키는 성령의 역사를 통해 하나님이 완고하고 노예화된 죄인의 의지를 변화시키신다는 것이다. 아우구스티누스주의자들이 이 견해를 매우 자주 굉장히 분명하게 피력한 것을 생각하면, 앞서 설명한 묘사가 자주 반복되었다는 것은 매우 놀랍다.

『자유의지에 관한 비평』에서 에라스무스는 은혜가 없다면 무력한 의지는 진정 자유롭지 못하다고 주장했다. 이에 루터는 이렇게 대답한다.

> 당신은 "자유의지"의 힘을 미약한 것으로, 하나님의 은혜를 떠나서는 전적으로 무력한 것으로 묘사합니다. 동의합니까? 그렇다면, 묻겠습니다. 하나님의 은혜가 없는 상태라면, 그 자유의지가 은혜의 미약한 힘에서 떠나게 되었다면 그것은 무슨 일을 할 수 있습니까? 당신은 자유의지가 무력하며 선한 일을 전혀 할 수 없다고 말합니다. 그것은 하나님이나 그분의 은혜가 뜻하시는 것을 행하지 못할 겁니다. 왜 그럴까요? 우리가 하나님의 은혜에서 떠난 상태이며, 하나님의 은혜가 행하시지 않는 것은 선하지 않기 때문입니다. 따라서 하나님의 은혜가 없는 "자유의지"는 전혀 자유롭지 못하며, 영원한 죄수이자 죄악의 노예일 뿐입니다. 그 의지는 선으로 돌이킬 수 없기 때문입니다.[13]

루터는 "자유의지"라는 말이 사람들을 매우 혼란스럽게 한다는 점에 주의를 기울였다. 이 말의 일반적인 의미는 "선악 가운데 어떤 방향으로든 자유로이 돌이킬 수 있는 인간의 능력"이다. 루터는 "자유의지"라는 말이 "매우 거창하고 포괄적이며 지나치다"고 표현한다.[14]

그는 이렇게 결론짓는다. "'자유의지'에 대한 이 그릇된 개념은 구원에 실제적인 위협이며, 가장 위험한 결과를 가져오는 망상이다."[15]

자유의지의 의미

에라스무스는 성경이 이 문제에 관해 명확하게 밝히고 있지 않다고 확신한다. 그의 논거는 고대 저자들에게 의존하는 호소에 기초한다. 루터는 이러한 에라스무스의 논거에 반박한 후, 에라스무스의 저서 가운데 핵심 내용에 주목한다. 루터는 먼저 "자유의지"에 관한 에라스무스의 정의를 다룬다. 즉 "인간으로 하여금 영원한 구원으로 이끄는 것들에 전념할 수 있게 해주거나 그것들에서 돌이키게 만드는 인간 의지의 능력"[16]이라는 것이다. 그리고 나서 루터는 에라스무스가 말하는 "자유의지"를 자신이 어떻게 이해했는지 밝힌다.

나는 이 "인간 의지의 능력"이 무엇을 원하거나 원하지 않을, 택하거나 거부할, 인정하거나 인정하지 않을, 그리고 의지의 다른 모든 행위를 수행할 능력, 역량, 기질, 성향을 뜻한다고 생각합니다. 한편 이 능력이 "전념하거나" "돌이키게" 한다는 것은, 실제적으로 원하거나 원하지 않음을, 실제적으로 택하거나 거부함을, 실제적으로 인정하거나 인정하지 않음을 뜻한다고 할 수 있습니다. 즉, 의지 그 자체의 행위라는 것입니다. 따라서 우리는 이 능력을 의지와 그 행위 사이에 자리하는 무엇, 의지 자체가 원하거나 원하지 않는 행위를 이끌어내기 위한

방편인 그 무엇이라고 생각해야 합니다. 결코 그 밖에 다르게 상상하거나 생각할 수 없습니다.[17]

루터는 에라스무스의 견해가 그리 복잡하지는 않지만, 펠라기우스의 견해로 되돌아갔다고 보았다. 그는 이 문제와 관련하여 에라스무스가 과거에 대두된 철학적 논쟁들을 이해한 내용을 비난한다. 그러고 나서 자유의지에 관한 에라스무스의 세 가지 뚜렷한 견해를 논의한다.

"자유의지"에 관한 견해에서 당신은 세 가지를 고안해내고 있습니다. 첫째, 특별한 은혜 없이도 인간이 선한 의지를 가질 수 있다는 것을 부인하는(선한 의지를 갖기 시작할 수도, 진전을 보일 수도, 혹은 끝낼 수도 없다고 생각하는) 사람들의 견해를 당신은 "심각하지만" 충분히 그럴 수도 있다고 여깁니다. …… 둘째, "자유의지"가 범죄 말고는 아무런 효력도 발하지 못하며 오직 은혜만이 우리 안에 선을 일으킬 수 있다고 주장하는 사람들의 견해를 당신은 "더욱 심각하다"고 여깁니다. 셋째, "자유의지"란 공허한 용어이며 하나님이 우리 안에 선악을 일으키시고 또한 일어나는 모든 일은 단지 필연에 따른 것이라고 말하는 사람들의 견해를 당신은 "가장 심각하다"고 여깁니다. 당신은 둘째와 셋째 견해에 반박하는 글을 쓰고 있습니다.[18]

루터는 에라스무스가 열거한 이 세 가지 견해는 사실 아무런 차이도 없는 것을 구별했을 뿐이라고 확언한다. 이 세 가지는 같은 내용을 다르게 표현한 것이다. 루터는 에라스무스가 첫 번째 견해를 가리켜 자신의 개념과 맞지 않는다고 했는데도 어떻게 "충분히 그럴 수 있다"고 말할 수 있는지 묻는다. "당신은 '자유의지'란 인간이 선에 전념할 수 있게 하는 의지의 능력이라고 했지만, 여기서는 인간이 은혜 없이는 선을 행할 수 없다는 견해를 인정하고 있습니다."[19]

이 같은 개념은 한 진술 안에서 부인한 내용을 확언하는 셈이 됩니다. 따라서 당신이 말하는 "자유의지" 속에는 "예"와 "아니오"가 동시에 들어 있으며, 한 교리와 조항에 대해 당신은 옳기도 하고 그르기도 하다고 말합니다. 당신은 "자유의지"에 대한 당신의 규정 방식을 영원한 구원에 동일하게 적용해 보는 것이 좋지 않다고 생각합니까? 만일 자유의지 속에 선에 전념할 수 있을 정도로 충분한 선이 담겨 있다면, 그것은 은혜가 전혀 필요하지 않을 것입니다. 따라서 당신이 규정하는 "자유의지"와 당신이 옹호하는 자유의지는 서로 관련이 없는 다른 것입니다.[20]

여기서 루터는 에라스무스의 자유의지 개념은 선이나 하나님께로 돌이킬 은혜를 필요로 하지 않는다는 점을 지적한다. 만일 은혜가 인간에게 반드시 필요한 것이 아니라 단지 인간을 돕는 것일 뿐이라면 에라스무스의 "자유의지" 개념은 펠라기우스의 것과 본질적으로 다르지 않다. 그러나 루터는 에라스무스가 규정한 자유의지는 그가 옹호한 자유의지와 다르다고 지적했다. 에라스무스는 자유의지에 관한 순수한 펠라기우스적 견해를 옹호하려 하지 않았다. 『자유의지에 관한 비평』 중 다른 부분에서 에라스무스는 "범죄 후에 인간의 의지는 몹시 부패하여 그 자유를 상실했고 죄를 섬길 수밖에 없으며, 스스로 더 나은 상태로 부를 수 없는 지경에 이르렀다"고 선언했다.[21]

　루터는 만일 이것이 에라스무스가 옹호하고 있는 견해라면 그는 사실상 루터의 견해를 인정하고 있는 셈이라고 주장했다. "은혜 없이는 '자유의지'가 그 자유를 상실하고 죄를 섬길 수밖에 없고 선한 의지를 갖지 못한다면, '충분히 그럴 수도 있다'는 첫째 견해에서 말한 노력이란 과연 어느 정도여야 하는지 알고 싶습니다. 그러나 그것은 선한 노력이 될 수 없습니다. 그 견해가 언급하고 당신이 인정하듯이, '자유의지'는 선한 의지를 가질 수 없기 때문입니다."[22]

　이것이 고전적 논법인 귀류법(歸謬法)이다. 루터는 상대편 전제들을 일단 사실로 간주하고 그것과 모순된 논리적 결론에 이르게 한다. 그는 에라스무스의 견해를 괴상한 역설이라고 지칭한다. 그 괴상한 역설을 통해 에라스무스는 자신이 거부하고자 한 것을 마침내 확언하거나 자신이 확언하고자 한 것을 거부하고 있다는 것이다. 루터는 『자유의지에 관한 비평』 전체를 가리켜 "그 자체를 옹호하는 가운데 그 자체를 정죄하며, 또한 그 자체를 정죄하여 그 자체를 옹호하는 '자유의지'의 고상한 행위일 뿐"이라고 평한다. 이어서 루터는 이 견해를 에라스무스가 묘사한 다른 두 견해와 비교한다.

둘째는 "자유의지"가 죄를 짓게 하는 것 말고는 아무런 소용이 없다고 주장하는 "더 심각한" 견해인데, 이것은 분명 아우구스티누스의 견해입니다. 아우구스티누스는 여러 곳, 특히 『영과 율법에 관하여』(Of the Spirit and the Letter, 3.5)라는 책에서 이 견해를 보이고 있습니다.

셋째는 "가장 심각한" 견해로, "자유의지"는 공허한 용어라는 위클리프와 루터의 견해가 여기에 속합니다.

…… 하나님을 증인 삼아 말하자면, 둘째와 셋째 견해에 대해서 나는 아무 말도 하고 싶지 않고 아무것도 이해하고 싶지 않습니다. 다만 첫째 견해에서 언급된 내용만 말하려고 합니다. 아우구스티누스도 같은 생각이었을 것으로 보이며, 그 역시 첫째 견해에서 확언하는 내용만 설명하고 있습니다. 따라서 …… 내 생각에 『자유의지에 관한 비평』에 상술된 세 견해는 내가 주장하는 한 가지 견해일 뿐입니다. 일단 "자유의지"가 그 자유를 상실했고 죄를 섬기는 일에 예속되어 있으며 아무런 선한 의지도 가질 수 없다면, 그것은 실체를 상실한 공허한 용어일 뿐이기 때문입니다. 내 사고방식으로는 상실된 자유란 결코 자유가 아니며, 자유를 갖지 못한 무언가에 자유라는 이름을 붙이는 것은 의미 없는 용어를 적용하는 일일 뿐입니다.[23]

"당신이 ……하고자 한다면"

이어서 루터는 인간이 하나님의 명령을 모두 수행할 수 있다고 암시하는 듯한 성경 본문에 기초하여 에라스무스가 제기한 또 다른 반박에 대응한다. 이 문제는 하나님이 명하신 것을 허락해 달라고 그분께 간구한 아우구스티누스의 기도에 펠라기우스가 반박한 내용과 비슷하다.

『자유의지에 관한 비평』에서 에라스무스는 한 외경을 근거로 삼아 주장한다. "'당신이 기꺼이 지키고자 한다면'이라는 집회서 내용은 인간에게 지키거나 지키지 않을 의지가 있음을 뜻한다. 아무런 의지도 없는 사람에게 '만일 당신이 원한다면'이라는 말이 무슨 의미가 있는가? 소경에게 '만일 당신이 기꺼이 보고자 한다면 보물을 발견할 것이다'라고 말하거나, 귀머거리에게 '만일 당신이 기꺼이 듣고자 한다면 내가 좋은 이야기를 들려주겠다'고 말하는 것은 터무니없는 일 아니겠는가? 그것은 그들의 불행을 조롱하는 말이 될 것이다."[24]

이 문제는 하나님의 신실하심에 의문을 일으킨다. 만일 하나님이 실제로는 이루어질 수 없는 어떤 일을 행하라고 명하신다면 그 명령은 잔인하고 부당하게 여겨질 것이다. 에라스무스의 말처럼 그것은 인간의 불행을 조롱하는 말씀이 될 것이다. 그의 추론에 따르면, 하나님의 명령은 순종할 수 있는 능력을 시사한다. 그렇지 않다면 피조물이 자신의 행위에 도덕적 책임을 질 수 없을 것이다. "책임"이라는 말은 반응할 수 있는 능력을 시사한다.

루터는 우둔한 추론을 일삼는 인간의 이성을 책망하는 것으로 대응한다. 다른 곳에서 "복음적인 율법의 활용"이라고 묘사한 것을, 루터는 여기서 도덕적으로 무력한 피조물의 바로 그 무력함을 보여주시기 위한 하나님의 전략으로 묘사한다.

하나님이 우리가 모르고 있는 무력성을 보여주기 위해 아버지로서 당신의 자녀로 우리를 대하신다면, 우리의 질병을 알려주기 위한 신실한 의사로 우리를 대하신다면, 또는 그분의 계획과 그분이 세우신 율법을 교만하게 거역하는 대적들을 조롱하고자 하신다면 그분은 이렇게 말씀하셔야 했을 것입니다. "하라", "들으라", "지키라", 또는 "만일 네가 들으면", "만일 네가 기꺼이 원한다면", "만일 네가 행한다면". 이를 통해 우리가 이 일들을 자유로이 행할 수 있다거나 하나님이 우리를 조롱하고 계시다고 결론짓는 것이 올바르겠습니까? 오히려 이런 결론을 내려야 하지 않습니까? "그러므로 하나님이 우리를 시험하셔서 자신의 율법을 통해 우리의 무력함을 알게 하십니다."[25]

여기서 루터는 "가능한 추론"과 "불가피한 추론"의 차이를 보여준다. 하나님이 우리가 모르는 자신의 목적을 위해 어떤 일을 행하실 때, 우리는 그 목적을 추측해 보게 된다. 에라스무스의 추론에 따르면, 하나님이 명하신 바를 행할 힘이 사람에게 없다면, 하나님이 그 명령을 주신 이유는 인간의 불행을 조롱하기 위해서다. 이것은 "가능한 추론"이긴 하지만, 하나님의 성품을 고려할 때 이 추론은 곧바로 설 자리를 잃게 된다.

더 중요한 사실은 에라스무스가 그 명령에서 우리가 순종할 수 있다는 것을 추론한다는 것이다. 루터에 따르면, 이것 역시 "가능한 추론"이긴 하지만 "불가피한 추론"은 아니다. 논지를 분명히 하기 위해, 루터는 율법이란 우리를 그리스도께 인도하는 몽학 선생이라고 말한 바울과 비슷한 주장을 편다. 우리는 율법 전체를 순종하라는 명령, 곧 완전하라는 명령을 받았다. (펠라기우스주의를 전적으로 받아들이지 않는 한) 이것은 우리가 도덕적으로 완전에 이를 수 있다는 뜻이 아니다.

직접 추론 법칙에 따르면, "만일 당신이 기꺼이 ……한다면"이라는 말을 통해서는 누가 그런 의지를 지니고 있는지 아무것도 추론할 수 없다. "만일"이 보여주듯이 이것은 조건문이다. 이것은 "만일 A면 B이다"라는 공식과 같다. 즉 조건이 만족되면(A), 그 결론이 뒤따른다(B). 이 공식은 A와 B의 연관성을 보여줄 뿐이다.

이와 관련하여 자주 언급되는 본문은 누구든지 믿으면 멸망치 않을 것이라고 약속하는 요한복음 3장 16절이다. 이 본문은 분명히 가르치기를, 만일 누군가가 A하면(믿으면) B하지 않고(멸망하지 않고) C를(영생을) 얻을 것이라고 한다. 이 본문은 누가 믿을 것이며 누가 믿을 수 있는지는 말하지 않는다. 물론 누군가가 믿을 수 있다거나 믿을 것을 암시할 수 있다. 그러나 이러한 암시는 의미가 분명한 진술을 취소시키지는 못한다.

이것이 바로 논의가 진전되어야 할 방향이다. 루터는 성경이 하나님이 명하신 바를 행할 수 있는 인간의 도덕적 능력을 분명하게 부인하고 있다는 점을 드러내려 할 것이다. 그는 암시적인 내용의 조명 아래 분명한 내용이 해석되는 것이 아니라 분명한 내용의 조명 아래 암시적인 내용이 해석되어야 한다는 해석 원리를 적용할 것이다.

계속해서 에라스무스는 죄인에게 책무를 부과하는 성경 본문들을 근거로, 그러한 책무가 도덕적 능력을 필수적으로 요구한다고 주장한다. "만일 성경의 명령들을 지키는 일이 인간의 능력에 달린 것이 아니라면 성경의 모든 권면, 약속, 경고, 충고, 질책, 간청, 축복, 저주, 그리고 수많은 훈계는 틀림없이 무익할 것이다"[26]

루터는 이 결론이 논리적 비약을 수반한 근거 없는 것이라고 본다. 여기서도 가능한 추론이 불가피한 추론으로 격상되고 있다. 즉 명령받은 것을 완수할 능력이 없다면, 그 명령들은 틀림없이 쓸모없는 것이라는 논리다. 루터는 이렇게 설명한다.

『자유의지에 관한 비평』은 논쟁하고 있는 물음을 계속 잊고 있으며, 그 목적에 맞지 않는 문제들을 다루고 있습니다. 또한 이 책의 모든 내용이 우리의 견해보다는 그 자체를 더 강하게 반박하고 있다는 사실을 파악하지 못하고 있습니다. 그 모든 구절을 통해 그것은 모든 일을 실현시킬 수 있는 자유와 능력을 증거하는 반면, 그 의도는 "은혜 없이는 선한 의지를 전혀 가질 수 없는 '자유의지'를, 그리고 자기 자신의 힘으로 간주할 수 없는 노력"을 밝히는 것입니다.

…… 이제 『자유의지에 관한 비평』이 그 자체의 내용("자유의지"가 은혜 없이는 아무런 선한 의지도 지닐 수 없다는 내용)을 수정하게 합시다. 그리하여 이제는 "자유의지"가 선한 의지를 가질 수 있을 뿐 아니라 가장 큰 계명, 아니 모든 계명을 쉽게 지킬 수 있는 능력을 지녔다고 말하게 합시다.[27]

여기서 루터는 에라스무스를 그 자신이 원치 않는 곳으로, 즉 펠라기우스의 품속으로 몰아간다. 에라스무스의 논거가 나름대로 온전하다면, 그것은 은혜의 도움이 없는 상태에 있는 아주 완전한 능력을 입증하고 있다고 할 수 있다. 루터는 이렇게 결론짓는다.

> 따라서 산만하고 반복적이며 힘들어 보이는 이 모든 논의에서 가장 잘 입증하고 있는 내용은, "자유의지"를 "매우 무력하여 은혜 없이는 결코 선한 의지를 가질 수 없고 죄의 종노릇을 할 수밖에 없으며 비록 노력한다고 해도 그 노력이 자체의 힘에 속한 것일 수 없는 것"으로 묘사하는 "그럴 듯한 견해"입니다. 참으로 괴상하지 않습니까! 그 자체의 힘으로는 아무것도 할 수 없지만, 그 자체의 힘 속에 노력이 들어 있다는 것입니다. 이 논리는 명백한 모순을 수반하고 있습니다.[28]

"……하는 자들에게는 ……하는 권세를 주셨나니"

에라스무스는 "믿는 자들에게는 하나님의 자녀가 되는 권세를 주셨으니"(요 1:12)라는 말씀을 인용하면서, "만일 우리의 의지에 자유가 전혀 없다면 어떻게 그들에게 하나님의 자녀가 되는 권세가 주어질 수 있는가?"라고 말한다.[29] 루터는 이렇게 답한다.

> 요한복음 전체가 거의 그렇듯이, 이 구절도 "자유의지"를 강타하는 망치와 같습니다. 그런데 이것이 "자유의지"를 두둔하는 내용으로 인용되고 있습니다. 찬찬히 살펴봅시다.

요한은 인간의 크고 작은 어떤 일을 말하고 있는 것이 아니라, 마귀의 자녀였던 옛사람이 하나님의 자녀인 새사람으로 변화되는 실제적인 거듭남을 이야기하고 있습니다. 이때, 인간은 단지 "수동적"입니다. 아무것도 하지 않으며, 그 사람 전체가 무엇으로 "되어갑니다." 요한은 이 "되어감"을 말하고 있는 것입니다. 즉 우리 속에 있는 "자유의지"의 능력이 아니라 하나님이 주신 능력에 의해 우리가 하나님의 자녀가 된다는 것입니다.[30]

후에 루터는 바로의 마음을 강퍅하게 하신 하나님의 역할을 논한다. 루터는 구약성경에 등장하는 이 어려운 개념을 이렇게 설명한다.

하나님이 바로를 강퍅하게 하신 것은 다음과 같습니다. 즉 하나님은 바로의 불경건하고 사악한 의지에 그분의 말씀과 사역을 제시하셨습니다. 바로 자신의 타고난 결함과 자연적 부패성 때문에 그의 의지는 하나님의 말씀과 사역을 싫어했습니다. 하나님은 그 내면의 의지를 자신의 성령으로 바꾸지 않으셨고, 다만 말씀과 사역을 계속 제시하며 압박하셨습니다. 바로는 본성의 결함 때문에 자신의 힘과 부귀와 권세만 믿었습니다. …… 하나님이 바로의 마음을 자연적으로 상하게 하고 성가시게 하는 무언가를 외부에서 그에게 제시하자마자 그의 마음은 강퍅해질 수밖에 없었습니다.[31]

바로의 마음이 필연적으로 강퍅해졌지만, 그것은 하나님이 그 속에 악을 조성하셨거나 바로로 하여금 죄를 짓도록 강요하셨기 때문이 아니다. 오히려 그 강퍅함은 바로의 내적 부패성이 하나님의 불변하는 의지와 명령에 직면하면서 뒤따른 자연적인 결과다.

(바로의 마음이 강퍅해진) 결과의 필연성은 강제가 수반되었다는 것을 의미하는가? 하나님이 바로의 마음을 강퍅하게 하기 원하셨다면 그 강퍅함은 필연적으로 생기는가? 만일 그것이 필연에 의해 생긴다면 어떻게 강제 없이 그렇게 될 수 있는가?

『자유의지에 관한 비평』은 필연과 자유의지를 모두 허용한다. 에라스무스는 이렇게 말한다. "모든 필연성이 '자유의지'를 배제하는 것은 아니다. 성부 하나님이 성자 하나님을 필연적으로 존재케 하시지만, 자발적으로 자유로이 그렇게 하셨다. 그분은 그렇게 하도록 강요받지 않으시기 때문이다."[32] 루터의 대응은 다음과 같다.

지금 우리가 강요와 강제를 논의하고 있는 것입니까? 내가 여러 책에서 "불변성의 필연"을 언급하지 않았습니까? 나는 성부 하나님이 자발적으로 성자 하나님을 존재하게 하시며, 유다가 그리스도를 자발적으로 배신했다는 것을 알고 있습니다. …… 나는 필연을 두 가지로 구분합니다. 하나는 강제성의 필연(네세시타템 비올렌탐[*necessitatem violentam*])으로서 "행위"를 지칭하며, 다른 하나는 절대 확실성의 필연(네세시타템 인팔리빌렘[*necessitatem infallibilem*])으로서 "시간"을 지칭합니다.[33]

루터와 에라스무스는 몇몇 구약성경 본문을 놓고 논쟁을 벌인 뒤 신약성경으로 넘어갔다. 에라스무스가 "나를 떠나서는 너희가 아무 것도 할 수 없음이라"(요 15:5)는 예수님 말씀에 호소하는 루터의 견해를 반박하자 루터는 이렇게 대응했다.

에라스무스의 견해는 여러 사례와 단어를 동원하여 "아무것도"라는 표현의 말꼬리를 붙들고 늘어지며, 결국 자신에게 모순되는 해석을 내립니다. 그래서 "편리한 설명"을 통해 이렇게 해석합니다. 즉 "아무 것도"란 "어느 정도 불완전한 것"과 같은 뜻일 수 있다고 말합니다.[34]

에라스무스는 이 본문에 생략법이 사용된 것으로 해석했는데, 그 해석에 따르면 이 본문은 죄인이 그리스도 없이는 아무것도 "완벽하게" 할 수 없다는 뜻이다.

이 해석에 루터는 격분했다. "만일 당신이 이 구절의 '아무것도'가 '불완전한 것'을 의미할 뿐 아니라 그러해야 한다는 점을 입증하지 않는다면, 당신은 갖가지 사례와 말을 많이 동원했지만 마치 마른 짚단을 지고 불과 싸우는 것처럼 무익한 노력을 한 셈일 겁니다."[35]

후에 그는 "'아무것도'가 '불완전한 것'과 같다고 말하는 것은 문법상으로나 논리적으로 전혀 들어보지 못한 것입니다. 논리학자에게는 불가능한 논리입니다. 그 둘은 상충되기 때문입니다"라고 덧붙인다.[36]

에라스무스의 증거 본문을 반박한 뒤, 루터는 자신의 주해 입장을 제시하면서 자신의 책을 마무리한다.

루터 관련 문헌

The Bondage of the Will. Translated by J. I. Packer and O. R. Johnston. Cambridge: James Clarke/Westwood, N. J.: Revell, 1957. 『루터와 에라스무스: 자유의지와 구원』, 두란노.

Luther and Erasmus: Free Will and Salvation. Edited by E. Gordon Rupp and Philip S. Watson. The Library of Christian Classics, vol. 17. Philadelphia: Westminster, 1969.

Martin Luther's Basic Theological Writings. Edited by Timothy F. Lull. Minneapolis: Fortress, 1989.

Bainton, Roland H. *Here I Stand: A Life of Martin Luther.* New York: new American Library, 1955. 베인톤, 롤란드, 『마르틴 루터의 생애』, 생명의말씀사.

Horton, Michael S. "Martin Luther, *Bondage of the Will.*" In *Tabletalk* 17(January 1993):13-14, 17.

McGrath, Alister. *Luther's Theology of the Cross.* Oxford and Cambridge, Mass.: Blackwell, 1985. 『루터와 십자가 신학』, 컨콜디아사.

Martin Luther: The Early Years. In *Christian History* 11, 2(1992).

Martin Luther: The Later Years. In *Christian History* 12, 3(1993).

Packer, J. I., and O. R. Johnston. "Historical and Theological Introduction." In Martin Luther. *The Bondage of the Will.* Cambridge: James Clarke/Westwood, N. J.: Revell, 1957.

Rupp, Gordon. *Luther's Progress to the Diet of Worms.* New York: Harper and Row, 1964.

5장

우리는 자발적인 노예다

존 칼빈

의지가 죄의 노예로 예속되어 있을 때, 그것은 선을 향해 나아가지 못하며 선을
지속적으로 추구하는 것은 더욱 불가능하다.

칼빈의 생애

많은 사람들은 예속된 의지를 타락한 인간에게 돌린 책임이 유독이 스위스 종교개혁자 존 칼빈에게 있다고 생각한다. 자유의지에 관한 현대 논쟁이 흔히 존 칼빈이나 "칼빈주의"와 결부되기 때문이다. 자유의지에 관한 논쟁은 주로 칼빈의 예정 개념과 결부되어 있다.

사실 의지나 예정에 관한 칼빈의 견해는 색다른 것이 거의 없다. 이 두 가지 주제는 마르틴 루터가 칼빈보다 더 폭넓게 다루었으며, 이 주제에 관한 칼빈의 저작은 루터의 저작에 대한 각주에 불과하다고 간주될 수 있다. 이 두 종교개혁자 모두 이 문제와 관련하여 아우구스티누스의 사상에 크게 의존했다. 오늘날 의지에 관한 논의에서 칼빈의 이름이 그토록 두드러지게 거론되는 것은 아마 개신교 안에서 그의 견해를 지지하는 사람들이 아우구스티누스적 전통을 지키기 위해 많은 일을 해왔기 때문일 것이다.

그러나 칼빈은 자유의지에 관한 물음에 답하고 있다. 신학사에서 차지하는 그의 위치를 생각할 때, 그 물음에 관한 그의 가르침은 우리에게 매우 중요하다. 그는 『기독교강요』(Institutes of the Christian Religion, 생명의말씀사)에서 자유의지에 관한 물음에 답하고 있다(제1권 15장).

의지를 다루면서 칼빈은 먼저 자신의 탐구 과정을 제시하고 있다. 그는 두 가지 오류를 피하고자 한다. 첫째는 그 주제를 아예 무시하는 오류다. "사람은 자신에게 올바른 것이 전혀 없다고 들을 때에 즉시 이 사실을 구실로 자기만족에 빠진다. 자력으로는 의를 추구할 수 없다고 듣기 때문에 그런 추구는 자기와 전혀 무관한 듯 외면해 버린다."[1]

피해야 할 둘째 오류는 우리의 구속을 유효하게 하시는 하나님께 합당한 영예를 드리지 못하는 일이다. 타락한 의지를 잘못 이해하면, 하나님의 영광을 해칠 위험마저 초래할 수 있다.

사람에게 조금이라도 공로를 돌리면 반드시 하나님의 영예를 빼앗게 되며, 사람은 파렴치한 자기 과신으로 파멸하게 된다. 이 두 위험에 충돌하는 것을 피하기 위해 우리가 취해야 할 태도가 있다. 사람에게 남아 있는 선은 전혀 없으며 극히 비참한 궁핍이 사방에서 인간을 둘러싸고 있다는 것을 가르쳐주고, 비록 그렇지만 없는 선을 추구하며 빼앗긴 자유를 추구하라고 가르쳐주는 것이 바로 그것이다. …… 그러므로 모든 영광을 잃어버린 지금 인간이 할 수 있는 일은 그 하나님을 인정하며 적어도 자기의 빈곤을 고백하여 하나님께 영광을 돌리는 것 말고는 아무것도 없다.[2]

이교적 견해와 기독교적 견해

칼빈은 이교도 철학자들이 생각하는 의지에 관한 이론들을 간략하게 요약한다. 그들은 대부분 정신(이성의 자리)과 감각(육체적 반응과의 연결고리), 의지의 역량을 구별한다. 정신은 상위 역량으로, 이것을 통해 덕성을 획득한다. 감각은 하위 능력이며, 정신을 오류와 착각으로 이끄는 책임은 주로 감각에 있다. 의지는 이성과 감각 사이에 위치하며, 정신의 선한 성향을 따르거나 감각의 비속한 욕구에 굴복할 힘과 자유를 지닌다. 칼빈은 키케로의 말을 인용하며 이렇게 말한다.

> 그래서 키케로도 코타의 입을 빌려 이렇게 말한 것이다. "사람은 모두 자기 힘으로 덕을 얻기 때문에 현명한 사람이 결코 그 현명한 것을 이유로 하나님께 감사한 일은 없다. 우리는 우리의 덕에 대하여 칭찬을 받으며 자기의 덕을 자랑한다. 만일 이것이 하나님의 선물이고 우리 자신에게서 온 것이 아니라면, 이런 일은 없을 것이다." 조금 뒤에 그는 말한다. "행운은 하나님께 구하되 지혜는 우리 자신에게서 구하라는 것은 모든 인간의 생각이다."[3]

칼빈에 따르면 세속 철학에서는 거의 보편적으로 덕스러운 삶을 위해서는 인간의 이성이면 충분하다고 여긴다. 칼빈은 기독교 철학자와 신학자에게 지지 받는 견해에 주목한다. 그들에 따르면, 인간은 건전한 이성마저 심각하게 훼손되어 있을 정도로 타락한 상태다. 그러나 그는 대부분은 아닐지라도 수많은 기독교 사상가의 견해가 세속 철학자들의 견해에 매우 가깝다고 주장한다. 그가 판단하기에 이것은 신학자들이 철학적 견해에서 지나치게 멀어지는 것을 원하지 않으며, "많은 사람이 터무니없다고 생각할 수 있는 것"을 가르치기를 꺼려하기 때문이다. 따라서 그들은 "성경의 가르침을 철학 신념과 어느 정도 조화시키고자" 했다.[4]

이 같은 칼빈의 고찰은 우리에게 많은 것을 시사한다. 우리가 살아가는 이 시대는 세속 사상과 인본주의적 철학이 매우 지배적인 까닭에, 그리스도인들이 인간 자유에 대한 인본주의적인 견해를 무비판적으로 받아들이는 경우가 종종 있다.

칼빈은 교회사에서 이런 일이 어떻게 일어났는지를 보여준다. 그는 초기 교회의 몇몇 교부를 인용한다.

> 크리소스토무스는 이렇게 말한다. "하나님이 선과 악을 우리의 권한에 맡기셨으므로 우리에게 자유로운 결정과 선택을 허락하시며, 원하지 않는 사람을 억지로 돌이키시는 것이 아니라 원하는 사람을 받아주신다. …… 모든 일이 하나님의 도우심으로만 이루어지는 것은 아니므로 우리도 반드시 (무언가를) 행해야 한다. …… 우리는 우리에게 맡겨진 일을 하자. 나머지는 하나님이 채워주실 것이다." 히에로니무스도 이와 일치하는 말을 했다. "시작하는 것은 우리 몫이고 완성하는 것은 하나님 몫이다."[5]

칼빈은 의지와 관련하여 고대의 여러 교부가 혼란스러워한 사실을
지적한다.

그리스도의 제자라고 고백하는 사람들이 이 주제와 관련하여 철학자
들과 매우 흡사한 말을 해왔다. 라틴계 사람들에게 "자유의지"라는 용
어는 여전히 인간 본성이 완전하게 남아 있다는 말로 사용되었다. 그
런가 하면 헬라인은 자신 속에 충분한 능력이 있음을 의미하는 용어
로 아무렇지도 않게 사용했다.[6]

칼빈은 페트루스 롬바르두스의 견해에 특별한 관심을 표하면서,
의지에 관한 스콜라 철학자들의 견해를 요약한다.

스콜라 학자들은 자유를 세 가지로 구분한다. 첫째는 필연으로부터의
자유, 둘째는 죄로부터 자유, 셋째는 불행으로부터의 자유다. 첫째는
인간의 본성에 내재한 것이므로 결코 빼앗을 수 없다. 그러나 다른 두
가지는 죄로 인해 잃어버렸다. "필연"과 "강제"를 혼동하지 않는 한,
나는 이 구분을 기꺼이 받아들인다.[7]

칼빈은 필연과 강제가 혼동되어서는 안 된다는 전제 아래 롬바르
두스의 견해에 동의한다. 이 시점에서 칼빈은 에라스무스에 대한 루
터의 감정을 떠올리게 한다. 이때 자유란 단지 강제 없이 자발적으로
행동할 수 있는 능력이 인간에게 있다는 뜻이며, 칼빈은 이를 쉽게

받아들인다.

이 말은 사실이다. 그러나 이처럼 사소한 문제가 왜 그토록 거만한 이름으로 탐구되어야 했을까? 인간은 자발적 노예(에델로둘로스 [ethelodoulos])이면서도 죄의 노예가 되도록 강요받지 않는다는 것은 감탄할 만한 자유다. 그의 의지는 죄의 족쇄에 속박되어 있다. …… 이 용어를 사용하면서도 나쁜 의미로 해석하지 않을 수 있는 사람이 있다면, 나는 더 이상 이 문제로 그를 괴롭히지 않을 것이다. 그러나 이 말을 받아들이는 데에는 큰 위험이 따르기 때문에 나는 그것을 아예 사용하지 않는 것이 교회에 큰 유익이 될 것이라고 생각한다. 나 자신은 이 용어를 사용하고 싶지 않다. 다른 사람들도 내 조언을 받아들인다면 그 용어를 피하는 편이 좋을 것이다.[8]

그리고 나서 칼빈은 하나님의 영광을 지키는 일이 중요하다고 거듭 주장한다. 우리는 하나님만이 우리를 위해 하실 수 있는 일을 우리 자신이 행할 수 있다고 자랑해서는 안 된다. 하나님의 일을 우리 힘으로 하려 드는 것은 아담과 하와의 죄를 반영하는 것이다. 그것은 우리가 신들과 같아질 것이라는 뱀의 꾐에 유혹되는 것이다.

칼빈은 아우구스티누스의 말을 인용하여 겸손을 주지시킨다. 아우구스티누스에 따르면, 어느 웅변가가 한번은 "웅변에서 첫째 지침이 무엇입니까?"라는 질문을 받았다.

"말투죠."

"둘째는 뭡니까?"

"말투요."

"셋째는요?"

"말투지요."

아우구스티누스의 결론은 다음과 같다. "만일 당신이 내게 기독교의 지침을 묻는다면 나는 첫째도 겸손, 둘째도 겸손, 셋째도 겸손이라고 대답할 것이다."⁹

타락의 결과

또한 칼빈은 정신의 상태와 의지의 상태에서 유사성을 이끌어낸다. 이성의 자연적 역량은 타락 후에도 그대로 남아 있지만, 우리 사고의 "건전성"은 죄로 어두워졌다. 현재 인간은 하나님 나라에서 추방당한 상태며, 오직 중생의 은혜만이 그를 회복시킬 수 있다. 비록 인간의 합리적 사고력이 완전히 멸절된 것은 아니며 그가 단순히 야수로 변한 것도 아니지만, 이성의 빛이 어둠에 가려졌기 때문에 선한 결과를 전혀 낳지 못한다.

인간은 칼빈이 "하위 대상들"이라고 지칭하는 것들에 대해 여전히 가치 있는 지식을 얻을 수 있다. 칼빈은 지상의 일들에 관한 지혜와 천상의 일들에 관한 지혜를 구분한다. 전자는 예술, 기계학, 경제학 등을 포함한다. 심지어 그는 (아우구스티누스처럼) 특정 분야에 대해서는 이교도 사상가들에게서도 배울 것을 권한다. "세속 저술가들의 책

속에도 놀라운 진실의 빛이 담겨 있다는 사실은 인간의 정신이 비록 그 완전 상태에서 타락하고 왜곡되었어도 여전히 창조주에게서 비롯된 놀라운 은사를 지니고 있음을 우리에게 상기시킨다."[10]

칼빈은 이성을 인간 본성의 본질적 특성으로 여겼다. 타락으로 자연적인 인간성이 말살된 것은 아니다. 인간은 여전히 생각할 수 있는 역량이 있지만 이 역량은 죄로 심각한 손상을 입었다. 특히 영적인 일들에 관한 한, 이것은 사실이다. 하나님의 일들을 이해하는 것과 관련하여 칼빈은 우리가 "두더지보다 눈이 어둡다"고 말한다.[11] 천상의 일들을 알기 위해 우리는 하나님의 은혜로운 조명에 의존해야 한다. 인간이 하나님 나라에 들어가는 데 필요한 깨달음은 오직 성령에게서 말미암는다.

타락 후 인간의 의지에는 어떤 능력이 남아 있는가? 칼빈의 주장에 따르면, 인간은 선한 것을 이성적으로 선택하거나 추구하지 않는다. 인간은 선한 것을 바라는 마음이 있다(예컨대, 우리는 모두 행복해지길 바란다). 그러나 성령의 도우심이 없다면 영원한 복락을 위한 필수조건인 선을 갈망하지 않는다.

신약성경은 인간의 타락하고 부패한 성품을 "육신"으로 묘사한다. 칼빈은 예수님이 니고데모에게 하신 말씀을 상기시킨다. 즉 하나님 나라에 들어가려면 먼저 거듭나야 한다는 것이다(요 3:3). 중생이 필수인 이유는 육신에게서는 오직 육신만 나올 뿐이기 때문이다.

인간의 본성에 육신 말고 아무것도 없음을 인정한다면, 거기에서 어떤 선한 것을 끌어낼 수 있을까? "육신"이라는 말은 단지 감각에만 적용되고 영혼의 더 높은 차원에는 적용되지 않는다고 생각하는 사람도 있을 것이다. 그러나 그리스도와 사도 바울의 말씀은 모두 그런 생각을 완전히 반박한다. 우리 주님은 사람은 육신이므로 거듭나야 한다고 말씀하신다. 육체가 다시 태어나야 한다는 뜻이 아니다. 마음의 특정한 부분이 교정되기만 하면 그 마음이 거듭난다는 것도 아니다. 전적으로 새로워져야 한다. …… 중생하지 않는 한 우리는 성령과 아무런 상관이 없다.[12]

여기서 칼빈은 문제의 핵심에 도달한다. 인간이 죄의 속박에서 해방되기 위해서는 반드시 중생해야 한다. 먼저 심령이 성령의 조명을 받지 않고서는 영적인 것을 분별할 수 없듯이, 육신 역시 먼저 중생의 은혜를 입지 않고서는 하나님께 향할 수가 없다. 루터와 아우구스티누스처럼 칼빈도 인간을 도덕적 속박에서 해방시키시는 하나님의 주도적 사역의 필요성을 직시한다. 인간은 자신의 육신적 의지로는 자신을 자유하게 하지 못한다.

의지가 죄의 노예로 속박될 때 그것은 선을 향해 나아갈 수 없으며, 지속적으로 선을 추구하기란 더욱 불가능하다. 그러한 움직임은 하나님을 향한 회심의 첫 단계이며, 성경에서는 그 일을 전적으로 하나님의 은혜에 돌린다. …… 그런데도 죄를 향한 강한 애착을 지니고 매진해 나가는 의지는 여전히 남아 있게 된다. 이 같은 속박 아래 놓인 인간은 의지를 빼앗긴 것이 아니라 의지의 건전성을 빼앗긴 상태다. …… 더 이상한 사실은 자유를 잃어버린 의지가 반드시 죄악으로 이끌린다는 내 표현이 지나치다고 생각하는 사람이 있다는 것이다. 그 표현은 전혀 모순이 아니며, 경건한 의미로 사용되었다. 그러나 필연과 강제를 구분할 줄 모르는 사람들에게는 그 표현이 거부감을 줄 것이다.[13]

칼빈은 "하나님은 반드시 선하지 않으신가?"라고 수사적인 질문을 던진다. 하나님은 선한 것밖에 하실 수 없다. 이것은 하나님이 강요에 따르기 때문이 아니라 자신의 완벽하신 성품에 따라 행하시기 때문이다. 하나님은 "반드시" 선하셔야 하므로, 그분이 자유롭지 않다거나 아무런 의지도 갖고 계시지 않다고 말할 수 있는가?

마찬가지로 인간은 죄를 지을 수밖에 없고, 또한 자발적으로 죄를 짓는다. 칼빈은 이렇게 썼다.

인간은 타락에 의해 부패했기 때문에 강요나 마지못해서가 아니라 자발적으로 자기 마음의 매우 자의적인 성향에 따라 죄를 범한다. 심한 강제나 외적인 힘이 아닌 자신의 열정으로 죄를 범한다. 그의 본성이 그 정도로 심하게 부패한 상태이므로, 그는 악한 방향 말고는 움직일 수도, 행할 수도 없다. 만일 이것이 사실이라면 분명 그는 죄를 범할 수밖에 없는 상태인 것이다.[14]

칼빈에 따르면 그의 견해는 새로운 것이 아니라 단지 아우구스티누스의 견해를 반영한 것일 뿐이다. 그 다음에 그는 자신의 관심을 병폐에서 치유(하나님이 죄인을 그 속박에서 자유하게 하시는 일)로 돌린다. 칼빈은 빌립보인들에게 보낸 바울의 서신을 인용하는데, 여기서 바울은 우리 속에 선한 일을 "시작하신" 하나님을 언급한다(빌 1:6). 칼빈은 이것을 의지 가운데서 회심이 시작된다는 뜻으로 해석한다. 의지 가운데서 작용하는 성령의 역사가 그리스도께 향한 회심을 시작하게 하신다.

> 하나님이 우리 안에 선한 일을 시작하실 때는, 먼저 우리 마음 가운데 의에 대한 사랑과 소원과 열의를 일으켜주신다. 더 정확히 말한다면 우리의 마음이 의를 향하도록 굽히고 개조하며 인도하신다. …… 그러나 의지가 의지로서 멸절되는 것은 아니다. 회심 후에도 인간의 처음 본성에 속한 것은 완전히 남아 있기 때문이다. 나는 또한 의지가 새로 창조된다고 말한다. 이것은 의지가 지금부터 존재하기 시작한다는 뜻이 아니라 악한 의지가 선한 의지로 변한다는 뜻이다.[15]

분명 칼빈은 회심할 때 의지가 멸절된다고 가르치지 않는다. 다만 방향이나 성향이 변화될 뿐이다. 그래서 그는 "돌이킨다"라고 표현한다. 의지의 방향이 변하는 것이다. 회심하지 않은 의지가 오직 죄악으로만 향하는 반면, 중생한 의지는 이제 하나님께 향한다.

하나님이 인간의 의지를 돌이키시면, 예전에는 하나님께 돌이킬 마음이 없고 영적인 일에도 관심이 없던 사람이 기꺼이 하나님께 향하게 된다. 하나님의 중생케 하시는 은혜로 의지의 방향이 변하는 것이다. 이것은 중생케 하시는 은혜의 불가항력적 특성에 관한 질문을 야기한다. 아우구스티누스의 가르침에 따르면, 하나님은 자원하지 않는 사람도 강제로 그분께 나아오게 하신다. 반면 반펠라기우스주의자는 인간에게는 중생케 하시는 은혜에 협력하거나 거부할 역량이 있다고 말한다.

크리소스토무스의 주장에 따르면 "하나님은 자신이 이끄는 자를 기꺼이 이끄신다."[16] 그 말의 의미 자체는 대체로 정확하지만, 칼빈은 크리소스토무스가 암시한 내용을 거북해했다.

크리소스토무스가 한 말은 여호와께서 단지 팔을 뻗으시고, 우리가 그분의 도움을 즐거이 받아들일 것인지 여부를 보고자 기다리신다는 뜻이다. 처음 창조되었을 때 인간은 어느 쪽으로든 향할 수 있었다는 점을 우리는 인정한다. 그러나 만일 하나님이 우리 속에서 의지를 갖거나 갖지 않도록 역사하지 않으신다면 자유의지란 참으로 비참한 것으로 전락할 것이라는 사실을 인간이 분명히 보여주었는데, 그렇다면 그토록 미약한 은혜가 우리에게 무슨 소용이 있는가? …… 사도 역시 만일 우리가 받아들이고자 하면 선한 의지라는 은혜가 주어진다고 가르치지 않는다. 하나님 자신이 성령으로 우리 심령을 인도하고 돌이키며 다스리기를 기뻐하시고 또한 우리 심령을 자신의 소유로 삼아 다스리기를 기뻐하신다고 가르친다.[17]

여기서 칼빈은 분명히 단독설의 견해를 취한다. 중생케 하시는 은혜의 작용은 단순히 외적으로 주어지는 것이 아니라 하나님에 의한 (그분이 의도하시는 결과를 그대로 이루는) 내적 재창조다. 약해진 의지를 위해 단순히 외적으로 은혜나 도우심을 베푸는 것(칼빈은 이를 "미약한" 은혜라고 지칭한다)으로서는 죄인을 신앙과 구원으로 이끌기에 부족하다. 외적으로 베푸는 것으로는 죄에 속박되어 있는 육신을 극복하는 데 아무런 도움이 되지 못하며, 어떤 의미에서는 그것을 조롱할 뿐이다. 육신은 매우 무력하므로 피조물을 그 속박에서 자유하게 하기 위해서는 외적인 끌어당김 이상이 필요하다. 돌같이 단단한 마음이 하나님에 의해 부드러운 마음으로 변화되어야 한다.

우리는 성경에서 "육신"이라는 말이 서로 다른 두 가지 용례로 사용되는 것을 혼동하지 않도록 주의해야 한다. 신약성경에서 두드러지게 사용되고 있는 "육신"은 죄인의 타락하고 부패한 성품을 뜻하며, 이것은 의나 영적 활력과 관련하여 아무런 작용도 하지 못한다. 이때 "육신"은 "영"과 반대된다.

"육신의 마음"(the heart of flesh, 한글 성경에서는 주로 "부드러운 마음"으로 번역되었다_ 옮긴이)이라는 구약성경 구절에서 "육신"은 "돌"과 반대된다. 인간이 도덕적 속박에 얽매인 것은 마음이 완강하거나 단단하게 굳어 있기 때문이다. 이처럼 돌같이 단단한 마음은 하나님께 속한 것들을 기꺼이 받아들이려 하지 않는다. 하나님이 돌 같은 마음을 부드러운 마음으로 바꾸실 것이라는 말은, 그분이 그 마음을 악하게 만드실 것이라는 뜻이 아니라 자신과 자신의 나라에 대해 살아 움직이는 힘으로 만드실 것이라는 뜻이다. 반면 "육신의 마음"이 중생하지 못한 마음을 가리키는 말로 사용된 예도 있다. 칼빈의 설명을 들어보자.

따라서 인간 의지의 연약성에 대처하기 위해, 그리고 그것이 파탄에 이르는 것을 막기 위해 그것이 아무리 연약할지라도 하나님의 은혜는 그 무엇에 의해서도 분리되거나 저지될 수 없는 방식으로 그 의지에 작용한다. 그 다음 우리 심령이 하나님으로 감동될 때 그 후에는 어떻게 하는가라는 물음에 아우구스티누스는 주께서 사람들을 이끄실 때 그들의 의지를 통해 그렇게 하신다고 답한다. 그러나 그 의지는 그분이 친히 조성해 주신 것이다.

이제 우리는 아우구스티누스를 통해 다음과 같은 진리를 입증할 수 있다. 즉 주께서 주시는 은혜는 모든 개인이 온전히 자유롭게 받아들이거나 거부할 수 있을 뿐 아니라 그 심령 속에 선택과 의지 모두를 조성시켜주시는 은혜다. 그러므로 그에 뒤따르는 모든 선한 일은 은혜의 열매이자 결과다. 순종을 낳는 유일한 의지는 은혜 자체로 조성된 의지다.[18]

파리 신학자들에 대한 대응

1542년, 아를 대학의 교수들은 로마 가톨릭의 정통 교의를 밝히는 25개 조항을 열거했다. 학생과 교수 모두 이 조항들을 받아들여야 했다. 칼빈은 이 조항들에 대해 하나하나 대응문을 썼다. 여기서 우리의 관심을 끄는 것은 "자유의지에 관한" 둘째 조항이다. "인간 속에는 선이나 악을 행할 수 있는 자유의지가 있으며, 그것을 통해 그는 설령 죽을죄를 범했다 해도 하나님이 도우셔서 은혜로 다시 일어설 수 있다."[19]

이 조항이 은혜로 다시 일어설 수 있는 의지력과 하나님의 도우심의 필요성을 함께 언급하고 있다는 것은 의미심장하다. 그 의지는 자유롭게 선이나 악을 행할 수 있다. 이 조항에 대해 칼빈은 다음과 같은 "교정안"을 제시한다.

하나님의 성령께서는 인간의 모든 생각이 태어날 때부터 악하고(창 6:5, 8:21), 의로운 자나 깨닫는 자, 하나님을 찾는 자가 하나도 없으며(시 14:3), 모든 사람이 다 무익하고, 부패하고, 하나님을 두려워하지 않으며, 기만과 신랄함과 온갖 종류의 불법으로 가득하고, 하나님의 영광에 이르지 못한다고(롬 3:10) 선언하시기 때문에, 또한 육신적인 마음이 하나님을 싫어하고 심지어 우리에게는 선하게 생각할 능력도 남아 있지 않다고(롬 8:6, 고후 3:5) 선언하시기 때문에 아우구스티누스와 마찬가지로 우리는 인간이 자유의지를 악용하여 그 자신과 자유의지를 모두 잃어버렸다고 주장한다. 그리고 우리는, 그 의지가 부패성에 압도당한 까닭에 인간의 본성이 아무런 자유도 갖고 있지 못하다고, 또한 탐욕에 정복당하고 속박된 의지란 자유롭지 못하다고 주장한다.[20]

핵심적인 성경 본문을 요약하고 아우구스티누스의 글을 인용한

후, 칼빈은 죄인이 선을 행할 수 있는 자유를 회복하기 위해서는 전적으로 하나님의 은혜에 의존해야 한다고 말한다.

> 마찬가지로 하나님이 인간의 심령을 새롭게 하여 돌같이 단단한 마음을 부드럽게 만드시며, 자신의 율법을 그 심령 깊은 곳에 새기고, 우리로 …… 그분의 법도 안에서 행하게 하시며, 선한 의지와 그 결과를 모두 조성하시고, 또한 우리 속에 그분의 이름을 두려워하는 마음을 넣어주셔서 우리로 하여금 결코 거기서 벗어날 수 없게 하는 것을 자신의 사역이라고 선포하시기 때문에 …… 또다시 우리는 아우구스티누스와 마찬가지로, 하나님의 자녀는 성령의 역사로 말미암아 행해야 할 것을 무엇이나 다 실행한다는 결론을 내린다.[21]

칼빈은 하나님의 인도하심을 연약한 자에게 도움을 주거나 행동하도록 이끄는 것 이상으로 여겼다. 그는 그 인도하심을 인간 의지를 작용케 하는 하나님의 사역이자, 의지가 그분의 제의에 적극적으로 반응하게 만드는 사역으로 보았다.

또한 칼빈은 『요한복음 주석』에서 하나님의 인도하심을 이렇게 설명한다.

> 그리스도께서는 복음의 교훈이 비록 모든 사람에게 예외 없이 선포되지만 모든 사람에게 받아들여질 수 있는 것이 아니며, 새로운 깨달음과 새로운 분별력이 반드시 요구된다고, 그래서 믿음이란 인간의 의

지에 달린 것이 아니라 하나님이 주시는 것이라고 선언하셨다.[22]

이 설명은 "나를 보내신 아버지께서 이끌지 아니하시면 아무도 내게 올 수 없으니"(요 6:44)라는 예수님의 말씀을 칼빈이 주해한 일부다. "나를 보내신 아버지께서 이끌지 아니하시면"이라는 구절에 대해 칼빈은 이렇게 썼다.

"그리스도께 오다"라는 말이 여기서는 "믿는 것"을 나타내는 은유적 표현으로 사용되고 있다. 요한은 그 은유를 적절히 활용하기 위해 하나님에 의해 분별력이 밝아진, 그리고 하나님에 의해 그 심령이 그리스도께 순종하는 방향으로 조성된 사람들이 "이끄심"을 받는다고 말한다. …… 우리는 복음을 거부하는 사람이 많다는 사실에 놀랄 필요가 없다. 그 누구도 스스로 그리스도께 나아갈 수 없으며, 하나님이 먼저 자신의 성령을 통해 인생에게 접근하셔야 하기 때문이다.

따라서 모든 사람이 "이끄심"을 받는 것은 아니다. 하나님은 택함 받은 자들에게 이 은혜를 베푸신다. 그 "이끄심"의 종류를 말하자면, 외적인 힘에 강요되는 것이 아니다. 그것은 예전에는 마지못해하고 비자발적이던 사람들을 기꺼이 자원하게 만드는, 성령의 강력한 자극이다. 따라서 마치 자신의 노력으로 자신을 하나님께 순종케 할 수 있다는 듯이 기꺼이 "이끄심"을 받고자 하는 자들 말고는 그 누구도 이끄심을 받지 못한다고 확언하는 것은 그릇되고 불경스러운 주장이다. 사람들로 하여금 기꺼이 하나님을 따르게 만드는 자발성은, 그들의

심령을 자신께 순종하도록 조성하신 하나님에게 이미 받은 것이기 때문이다.[23]

후에 칼빈은 아버지께서 오게 "하여 주지" 아니하시면 누구든지 예수께 올 수 없다는, 이와 비슷한 주님의 말씀에 대해 설명한다. "이제 예수님은 …… '이끌다'는 말 대신 '주다'를 사용한다. 이 표현을 통해 그분은, 하나님이 '이끄시는' 유일한 이유는 거저 주시는 은혜를 통한 그분의 사랑 때문임을 밝힌다. 우리가 하나님의 은사와 은혜를 통해 얻은 것은 그 누구도 자신의 노력으로 스스로 얻을 수 없는 것이기 때문이다."[24]

바울의 가르침

에베소서 주석에서 칼빈은 하나님의 인도하심을 성령의 소생케 하심과 연결시킨다. 성령의 소생케 하심은 "허물과 죄로 죽었던" 자들에 대한 그분의 사역이다(엡 2:1). 칼빈은 이 같은 영적 사망 상태를 "영혼이 하나님에게서 분리된 상태"라고 규정한다.[25] 칼빈은 우리 모두 죽은 상태로 태어나며 그리스도의 생명에 참여하는 자가 되기까지 영적 사망 상태로 남아 있다고 말했다.

칼빈은 우리가 그리스도 밖에서는 단지 절반만 죽은 상태라고 가르치는 로마 가톨릭을 비난한다. 바울이 이러한 영적 사망 상태를 가리켜 이 세상의 풍조에 따라 행하는 것으로 묘사하기 때문에 칼빈은 우리가 전에는 타락한 본성의 욕구에 따라 살았다고 주장한다.

칼빈은 이렇게 말한다. "여기서 '육체'(엡 2:3)는 성향이나 본성의 기질을 뜻한다. 이것은 펠라기우스주의자와 원죄를 부인하는 모든 사람에게 반박하는 탁월한 구절이다. 모든 사람 속에 자연적으로 자리 잡고 있는 것은 분명 원래부터 있던 것이다. 그러나 바울은 우리 모두 자연적으로 정죄 당할 수밖에 없는 상태라고 가르친다. 그러므로 죄는 우리 속에 거하고 있다. 하나님은 무죄한 자를 정죄하지 않으시기 때문이다. 펠라기우스주의자는 죄가 기원적으로가 아니라 모방에 의해 아담에게서 온 인류에게 전달된다고 애매하게 설명한다. 그러나 바울은 뱀이 자기 새끼를 낳듯이 우리는 죄와 더불어 태어난다고 확언했다."[26]

이 사실에 근거하여 칼빈은 에베소서 2장 4-7절을 주해하며, 에베소인들이 하나님에 의해 멸망에서 구원받았다는 것이 이 본문의 요지라고 선언한다. 칼빈에 따르면 이 구절은 "영혼의 유일한 생명은 바로 그리스도에 의해 우리에게 불어넣어지는 것뿐"임을 가르치고 있다.[27]

그리고 나서 칼빈은 8-10절을 주해한다. "너희는 그 은혜에 의하여 믿음으로 말미암아 구원을 받았으니 이것은 너희에게서 난 것이 아니요 하나님의 선물이라 행위에서 난 것이 아니니 이는 누구든지 자랑하지 못하게 함이라 우리는 그가 만드신 바라 그리스도 예수 안에서 선한 일을 위하여 지으심을 받은 자니 이 일은 하나님이 전에 예비하사 우리로 그 가운데서 행하게 하려 하심이니라."[28]

이 구절은 하나님의 은혜를 강조한다. 바울은 그것이 "너희에게서 난 것이" 아니며, 하나님의 사역의 결과라고 한다. 칼빈은 이렇게 선언한다. "우리가 행하는 모든 선한 일은 중생의 열매다. 따라서 선한 일 자체도 은혜의 일부다. 우리가 하나님이 만드신 바라는 말은, 일반적인 창조로서의 출생을 뜻하지 않으며, 우리가 자신의 힘이 아니라 그리스도의 성령에 의해 의로 형성되는 새 피조물이라는 뜻이다. …… 그러므로 우리 속에 있는 모든 선한 것은 하나님의 초자연적 사역의 결과다."[29]

이 간략한 주해에서 칼빈은 자유의지에 관한 물음과 직접 연관된 결론을 도출해낸다.

우리의 모든 선한 일이 하나님의 성령께 받은 것이라면 자유의지가 설 자리는 어디에 남아 있는가? 경건한 독자들은 사도의 표현을 주의 깊게 살펴보아야 할 것이다. 그는 우리가 하나님께 도움을 받고 있다고 말하지 않는다. 우리가 올바로 선택할 수 있는 힘을 받고, 그 후에는 우리 스스로 선택해야 한다고도 말하지 않는다. …… 오히려 그는 우리가 하나님이 지으신 바요 우리 속에 있는 선한 것이 모두 그분의 창조에 속한다고 말한다. …… 그분이 지으신 것은 단지 올바로 선택할 수 있는 힘이나 어떠한 준비, 도움에 국한되는 것이 아니라 올바른 의지 그 자체다. …… 그렇다면 하나님의 은혜가 없는 상태에서 인간의 자격을 조금이라도 내세우는 자는 스스로 구원을 획득하려는 사람이다.[30]

끝으로 칼빈의 로마서 주석에서 로마서 9장 주해를 참고하여 살펴보자. 야곱과 에서가 아직 태어나기도 전에 야곱이 선택받은 사실을 가리켜 바울은 "원하는 자로 말미암음도 아니요"(롬 9:16)라고 말한다. 칼빈은 이 구절을 자세히 설명한다.

이 구절에서 바울은 우리의 선택이 우리 자신의 부지런함이나 열심, 노력 덕분이 아니라 전적으로 하나님의 계획 덕분이라는, 반박할 수 없는 결론을 이끌어낸다. 그 누구도 자신이 택함받은 것을 자신에게 무슨 공적이 있거나, 자신만의 수단으로 하나님의 은총을 입었거나, 자신이 하나님의 역사를 가능케 할 만한 가치를 지녔기 때문이라고 생각해서는 안 된다. 우리가 취해야 하는 분명한 자세는 우리가 택함받은 것이 자신의 의지나 노력과 상관없다는 것이다. …… 오히려 그것은 전적으로 그러한 은총을 얻고자 하는 마음을 갖거나 추구하거나 심지어 그런 것을 생각하지도 않는 자들에게 거저 베푸시는 하나님의 선하심 덕분이다.[31]

이어서 칼빈은 다시 아우구스티누스의 견해에 근거하여, 로마서 9장에 대한 펠라기우스의 해석에 맞대응한다.

펠라기우스는 애매한 설명과 전혀 가치 없는 반박으로 바울의 이 같은 확언을 회피하려고 시도했다. 그는 하나님의 은혜가 우리를 도우시기 때문에 우리의 선택이 자신의 의지와 노력에만 의존하는 것은 아니라고 주장한다. 그러나 아우구스티누스는 효과적이고도 예리하게 그를 반박했다. 인간의 의지가 선택의 유일한 조건은 아니지만 부분적인 조건이라면, 우리는 선택이 하나님의 은혜에만 의존하는 것이 아니라 인간의 의지와 노력에도 의존한다고 말할 수 있다. 상호 협력이 존재한다면 피차 모두에게 찬사가 돌아갈 것이다. 그러나 후자의 주장은 그 자체의 모순에 의해 명백하게 반박할 수 있는 것이다.[32]

프랑시스 튀르탱이 말하는 자유의지

17세기의 칼빈주의는 후에 살펴볼 다른 학파들에게 도전을 받았다. 이 시기는 종종 프로테스탄트 스콜라주의 시대로 불리며, 또한 신조들이 확립된 시기이기도 했다. 예컨대 『웨스트민스터 신앙고백』은 의지에 관한 칼빈의 견해를 엄밀하게 따르고 있다. 제네바에서 가장 분명한 칼빈의 승계자는 아마 프랑시스 튀르탱일 것이다. 그는 『변증 신학 강요』(Institutes of Elenctic Theology)에서 자유의지에 관한 물음을 제기한다.

튀르탱은 사람이 회심 첫 순간에 수동적인지 아니면 어느 정도 하나님의 은혜에 협력하는지를 묻는다. 그리고는 전자(단독설)를 확언하고 후자(신인 협력설)를 거부한다. 튀르탱은 이같이 말한다. "이것은 우리와 로마 가톨릭교도, 소키누스주의자, 항변파, 그리고 다른 펠라기우스주의나 반펠라기우스주의의 분파들 사이에 놓인 물음이다. 이들은 부르심에서 인간의 자유의지를 훼손시키거나 상하지 않게 하기 위해 그것이 하나님의 은혜와 어느 정도 협력하고 합류한다고 주장한다. 따라서 그들은 신인 협력론자라고 할 수 있다."[33]

칼빈, 루터, 아우구스티누스와 마찬가지로 튀르탱은 중생 첫 단계 "후에", 즉 회심의 둘째 단계에서는 인간도 분명 작용한다고 확언했다. 그러나 튀르탱이 초점을 맞춘 것은 회심의 "첫" 단계다. 로마 가톨릭도 선행하는 은혜 없이는 인간이 회심할 수 없다는 견해에 동의한다. 문제는 인간이 타락한 상태에서 중생의 은혜를 입기 전에 선행하는 은혜와 협력할 수 있는지 여부다. 튀르탱은 죄인이 중생의 은혜를 받기 위해 자신을 "준비"하는 차원에서 무언가를 할 수 있음을 부인하지 않는다. 이를테면 교회에 가서 메시지를 듣는 것이다.

"이것은 회심하는 순간, 그리고 회심 과정과 관련하여 인간이 유효한 은혜와 협력할 수 있는 무언가를 스스로 지니고 있는지에 관한 물음이자, 그 일이 은혜 덕분일 뿐 아니라 은혜에 의해 고무되는 자유의지 덕분이기도 한지에 관한 물음이다. …… 정통적인 견해를 따르는 자들은 중생케 하시는 하나님 말고는 유효한 원인이 존재하지 않는다고 믿는다. 또한 (새로운 성품이 이미 주입된 후에는 그 자신이 자기 행위에서 자유롭고 역동적인 도구 역할을 하지만) 중생케 되는 사람은 중생케 하시는 성령과 그분을 통해 주어지는 새로운 성품에 수동적으로 복종할 뿐이라는 것이다."[34]

이어서 튀르탱은 트리엔트 공의회 6차 회기에서 결정한 넷째 법규를 살펴본다. "인간의 자유의지가 하나님에 의해 움직이고 일깨워져서 그가 그분의 부르심과 역사하심에 응하게 될 때, 그 자유의지는 칭의의 은혜를 얻기 위해 스스로 준비하거나 그런 마음을 갖는 등의 협력을 전혀 하지 않는다고 말하는 사람이 있다면, 또한 그것이 거부하기를 원해도 그렇게 할 수 없다고 말하는 사람이 있다면, 그리고 그 자유의지는 아무것도 하지 않으며 단지 수동적일 뿐이라고 말하는 사람이 있다면, 그는 저주를 받을지어다."[35]

튀르탱은 이 법규 내용이 혼란스럽지는 않아도 애매모호하다는 점을 간파하며 다음과 같이 핵심적인 물음을 던진다. "하나님이 인간을 '일깨우신다'는 것은 무슨 뜻인가?" 튀르탱은 이렇게 답한다.

"우리의 대적이 종종 은혜를 '일깨우고 도와주는 것, 작용하고 협력하는 것, 선행하며 동반하는 것' 등으로 구분하기 때문에 우리는 그런 구분을 어떤 의미에서 받아들일 수 있는지 또는 거부해야 하는지를 무엇보다 먼저 확실히 해야 한다. 만일 그들이 일깨우고 작용하며 선행하는 은혜를 가리켜 우리를 죄의 사망에서 새 생명으로 일깨워 어떤 협력이나 합력 이전에 실제로 회심하게 만드는 유효한 은혜의 첫 번째 작용으로 이해한다면, 그리고 도와주며 협력하고 동반하는 은혜를 가리켜 회심한 자들과 협력하여 그들의 행동을 도와주는 두 번째 작용으로 이해한다면 우리는 이 같은 구분을 쉽게 받아들일 것이다."[36]

튀르탱은 일깨우는 은혜에 관한 이러한 정의에 동의하며, 이것이 아우구스티누스의 사상과도 일치할 것이라고 확언한다. 그러나 그의 결론은 이것이 로마 가톨릭의 해석은 아니라는 것이다. "그들은 이 내용을 다른 의미로 받아들인다. 그래서 일깨우고 작용하며 선행한다는 말을 가리켜 그들은 조명과 도덕적 권고(이것은 자유의지를 효과적으로 복종시켜 필요한 행동을 하도록 적극 유도하는 것이 아니라, 오히려 자유의지에 복속되어 자유의지로 하여금 그 은혜를 받아들이거나 거부하도록, 그리고 그 은혜에 동의하거나 반대할 힘을 갖게 하는 것으로 이해한다), 협력하는 은혜(즉 아직 회심하지 않은 의지와 협력하고, 그리하여 그 다음에는 아직 회심하지 않은 의지가 협력하게 하는 은혜)로 이해한다."[37]

트리엔트 공의회에서 결정한 법규에 대한 자신의 해석을 확증해 준 로베르토 벨라르미노와 같은 로마 가톨릭 학자들의 말을 인용한 후에 튀르탱은 또 다른 중요한 문제로 관심을 돌린다. 그는 다음과 같은 물음에 대한 답을 모색한다. "유효한 은혜는 인간이 받아들이거나 거부할 수 있는 특정한 도덕적 권고에 의해서만 작용하는가? 아니면 인간의 의지로 거부할 수 없는 전능하신 권고에 의해 작용하는가?"[38] 다시 말하자면, 중생케 하시는 은혜는 유효한가 아니면 거부될 수 있는가?

튀르탱은 이것을 "회심의 양상과 관련하여 아르미니우스주의자들이 로마 가톨릭교도에게 제기한 논쟁의 요점"이라고 지칭한다.[39] 여기서 그는 도르트 교회회의에서 절정에 이른 논쟁을 염두에 두고 있다. "아르미니우스주의자들도 모든 것을 은혜 덕분으로 돌리며 자유의지 자체로는 아무것도 할 수 없음을 인정하는 듯하다. 그러나 은혜가 역사하는 양상에 대한 설명에 이르면, 그들은 그것이 항상 자유롭게 받아들여지거나 거부될 수 있도록 역사한다고 주장한다. 따라서 같은 은혜가 주어질 때 한 사람은 회심하는 반면 다른 한 사람은 불신 상태로 있게 된다면, 그 이유는 (그들에 따르면) 은혜(이것은 동일하다)에 있는 것이 아니라 그 사람의 성향에 있는 것이다. 한 사람은 은혜를 받아들이는 반면, 다른 한 사람은 그것을 거부하기 때문이다. 그러므로 그들은 우리의 모든 선이 그 시작과 과정과 완성에 이르기까지 은혜로 말미암는다고 주장하여 한편으로 후하게 인정하고, 다른 한편으로는 그러한 작용 양상이 '거역할 수 있는 것'이라고 주장하여 슬그머니 회피한다. 이러한 태도는 인간이 항상 은혜를 거부하거나 받아들일 수 있다고 하는, 인간 의지의 동의와 협력을 은근히 인정하는 셈이다."[40]

튀르탱은 사람들이 하나님의 은혜를 거부할 수 있고 또 거부한다는 점을 인정한다. "불가항력적"이라는 말은, 중생의 은혜가 하나님이 의도하신 바를 반드시 실현시킨다는 뜻이다. 이것은 유효하다. 인간은 그 영향력 아래에서 은혜의 능력을 이겨내지 못한다. 이 은혜는 하나님이 죄인에게 새 심령을 주시는 새 창조의 행위라는 점에서 불가항력적이다. 하나님은 죄인에게 의지 자체를 갖게 하신다.

튀르탱은 이렇게 결론짓는다. "만일 하나님이 호소하시거나 권고하실 뿐 아니라 친히 우리 속에서 역사하신다면, 힘을 주실 뿐 아니라 의지와 믿음 자체를 갖게 하신다면, 그분의 역사는 자체의 효력을 낼 수밖에 없는 불가항력적이라는 사실을 누가 인정하지 않겠는가? 만일 인간이 항상 거부할 수 있거나 실제로 거부할 수 있다면 이것은 분명 그 의지가 거부하고자 한 까닭이기 때문이다. 그러나 (하나님이 의지를 갖도록 유효하게 역사하시는데도 그 은혜를 받아들이지 않으려는 식으로) 어떻게 의지가 거부할 뜻을 지닐 수 있겠는가?"[41]

칼빈이나 루터와 마찬가지로 뷰르탱에게도 은혜의 "불가항력성"은 은혜를 은혜롭게 하는 것이다. 불가항력적 은혜는 회심한 죄인으로 하여금 아무런 자랑의 근거도 갖지 못하게 한다. 이 은혜는 "솔라 그라티아"(오직 은혜)와 "솔라 피데"(오직 믿음)에서 "솔라"를 확고히 해준다. 이 은혜에는 구원이 궁극적으로 여호와에게서 말미암는다는 확신이 강조되어 있다.

칼빈 관련 문헌

The Bondage and Liberation of the Will: A Defence of the Orthodox Doctrine of Human Choice against Pighius. Edited by A. N. S. Lane. Translated by G. I. Davies. Grand Rapids: Baker/Carlisle, Cumbria: Paternoster, 1996.

Institutes of the Christian Religion. 2 vols. Translated by Henry Beveridge. 1845. Reprint. Grand Rapids: Eerdmans, 1964. Book 2, chapters 2–3. 『기독교강요』, 생명의말씀사.

The Institutes of Christian Religion. Edited by Tony Lane and Hilary Osborne. London: Hodder & Stoughton, 1986/Grand Rapids: Baker, 1987. pp. 85–102.

de Greef, Wulfert. *The Writings of John Calvin: An Introductory Guide.* Translated by Lyle D. Bierma. Grand Rapids: Baker/Leicester: Apollos, 1993.

James, Frank, III, ed. *John Calvin.* In *Christian History* 5, 4(1986).

McGrath, Alister E. *A Life of John Calvin.* Oxford: Blackwell, 1990/Grand Rapids: Baker, 1995.

Sproul, R. C. Jr., ed. "John Calvin." *Table talk* 19(October 1995).

Wendel, François. *Calvin: Origins and Development of His Religious Thought.* Translated by Philip Mairet. 1963. Reprint. Grand Rapids: Baker, 1997.

6장

우리는 자유롭게 믿을 수 있다

야코부스 아르미니우스

중생하지 못한 모든 사람은 의지의 자유를 갖고 있으며, 성령을 거역하거나 하나님이 베푸시는 은혜를 거부할 힘이 있으며 …… 마음 문을 두드리시는 그분께 마음 문을 열지 않을 힘도 있다. 또한 그들은 실제로 그렇게 행할 수 있다.

야코부스 아르미니우스는 펠라기우스주의를 반박하는 일에 열정적이었고, 아담의 타락과 관련하여 특히 그러했다. 타락은 인간을 죄에 지배받는 황폐한 상태에 처하게 했다. 아르미니우스는 이렇게 선언한다.

> 이 상태에서 "참된 선"을 향하는 인간의 자유의지는 상처를 받아 약해지고(아테누아템[*attenuatem*]) 왜곡되었을 뿐 아니라 속박되고(캅티바툼[*captivatum*]) 파괴되며 상실되었다. 또한 은혜의 도우심이 없다면 그 힘은 쇠약하고 무익할 뿐 아니라, 하나님의 은혜로 일깨워지는 힘 말고는 아무런 힘도 없다.[1]

오랜 논쟁으로 사이가 틀어진 칼빈주의와 아르미니우스주의는 서로 오해하는 경우가 잦았다. 그들은 가상 인물을 만들어놓고, 풍차를 향해 돌진하는 돈키호테처럼 서로에게 논쟁의 칼을 휘둘렀다.

칼빈주의자인 나는 칼빈주의 사상에 대한 비판을 자주 듣는데, 만일 그 비판들이 진정으로 칼빈주의를 대표한다면 나도 진심으로 동의했을 것이다. 확신하건대 아르미니우스의 제자들도 같은 상황으로 고통 받고 동일한 절망을 느꼈을 것이다. 아르미니우스는 칼빈주의적 사고에서 출발했고 칼빈주의 교의를 많이 수용하였다. 종종 그는 자신이 여러 모로 오해당하는 부분에 대해 부드러운 어투로 불평을 토로했다. 그는 아우구스티누스의 저서들을 좋아했고, 아우구스티누스의 견해를 옹호하기 위해 여러 모로 진지한 노력을 기울였다.

앞서 인용된 아르미니우스의 글은 그가 타락의 깊이를 얼마나 심각하게 고려하고 있는지를 보여준다. 그는 인간의 의지가 단순히 상처를 입었거나 약해졌다고 선언하는 데 만족하지 않는다. 의지가 "속박되고, 파괴되며, 상실되었다"고 주장한다. 아우구스티누스, 마르틴 루터, 존 칼빈이 표현한 강도 역시 아르미니우스와 거의 다르지 않다.

사실 아우구스티누스와 같은 견해임을 보여주기 위해 아르미니우스는 계속해서 이렇게 말한다.

그리스도께서는 "나를 떠나서는 너희가 아무것도 할 수 없음이라"(요 15:5)고 말씀하셨다.

아우구스티누스는 이 구절의 각 단어를 주의 깊게 상고하고 이렇게 말한다. "그리스도께서는 '나를 떠나서는 너희가 무엇을 거의 할 수 없다'거나 '나를 떠나서는 너희가 힘든 일을 전혀 할 수 없다'거나

'나를 떠나서는 너희가 그것을 힘겹게 해낼 것이다'라고 말씀하시지 않았다. '나를 떠나서는 너희가 아무것도 할 수 없다'고 하셨다. 또한 그분은 '나를 떠나서는 너희가 아무것도 완벽하게 할 수 없다'고 말씀하신 것이 아니라, '나를 떠나서는 너희가 아무것도 할 수 없다'고 하셨다."[2]

지금까지 살펴본 바에 따르면 분명 아르미니우스는 아우구스티누스, 루터, 칼빈 등과 같은 견해를 지닌 듯하다. 그는 의지가 황폐해지고 속박된 상태여서 하나님의 은혜가 아니고서는 아무런 소용이 없음을 확언한다. 그렇다면 칼빈주의와 아르미니우스주의의 논쟁은 쌍방 간의 심각한 오해에서 비롯한 것으로, 사소한 문제를 놓고 공연히 큰 소동을 벌인 것처럼 보인다. 그러나 은혜의 특성이 고려되면서, 그리고 어떻게 은혜로 말미암아 죄의 속박에서 자유로워지는지가 고려되면서 이후 핵심 문제가 대두되었다.

타락의 결과

아르미니우스는 인간의 타락을 마음(정신), 감정, 생명, 세 측면으로 구분한다. 마음에 관해 아르미니우스는 이렇게 말한다.

이 상태에서 인간의 마음은 어둡고 하나님을 아는 구원의 지식은 결여되어 있다. 또한 사도 바울에 따르면, 하나님의 성령께 속한 것들을 깨닫지 못한다. "육에 속한 사람은 하나님의 성령의 일들을 받지 아니하나니"(고전 2:14). 이 구절에서 인간은 "육에 속한" 것으로 언급되는데, 이는 육적인 몸의 차원이 아니라 인간의 가장 고상한 부분인 영혼의 차원에서 그러하다. 그 영혼은 무지의 구름에 매우 두텁게 에워싸여 "허망하고" "어리석다"고 묘사되어 있다. 그리고 그 마음이 어두워진 사람들 자신은 "어리석고" "우준하며" "어둠" 그 자체인 것으로 묘사되어 있다(롬 1:21, 22, 엡 4:17, 18, 딛 3:3, 엡 5:8).[3]

이러한 마음의 어두운 상태는 인간의 생각을 더욱 부패하게 만드는 감정에 의해 더 악화된다. "이같이 어두운 마음에 이어 부패한 감정이 뒤따르며, 이러한 감정은 진정으로 선하고 하나님을 기쁘시게 하는 것을 싫어하고 거역하게 만들고, 악한 것을 사랑하며 추구하게 만든다."[4]

아르미니우스는 죄의 결과에 대한 자신의 견해를 뒷받침하는 여러 성경 구절을 인용한다. 생각의 어둠과 마음의 부패성은 인간을 도덕적으로 무기력하게 만든다.

이처럼 생각이 어둡고 마음이 부패하면, 합당한 목적과 취지에서 진정으로 선한 것을 행하고 악한 것을 피할 모든 능력이 완전히 상실되기 마련이다. …… 이에 덧붙여 죄 아래 놓인 인간의 삶 전체를 고려해보자. 이에 대해 성경은 가장 명쾌한 설명을 제시한다. 이러한 상태에 처한 사람과 관련하여 가장 참된 사실은 그가 죄 안에서 완전히 죽은

상태라는 것이다(롬 3:10-19).[5]

아르미니우스는 의지의 속박을 확언할 뿐 아니라, 죄 가운데 죽은 자연인은 도덕적으로 무능하거나 무기력하다고 주장한다. 아우구스티누스주의자나 칼빈주의자가 신학자에게서 더 이상 무엇을 바랄 수 있겠는가? 또한 아르미니우스는 인간의 타락 상태를 위한 유일한 처방은 하나님의 성령의 은혜로우신 역사라고 선언한다. 인간의 의지는 하나님의 성령으로 말미암아 하나님의 아들에 의해 자유하게 되지 않는 한 어떤 선도 자유로이 행할 수 없다. 아르미니우스는 성령의 역사를 다음과 같이 묘사한다.

> 하나님과 그리스도에 관한 지식과 하나님의 뜻에 관한 새로운 빛이 그의 생각 속에 밝혀졌다. …… 하나님의 율법에 동조하는 감정과 성향과 움직임이 그의 마음속에 일깨워지고 그 안에서 새로운 힘이 생겨났다. …… 그리하여 어둠의 왕국에서 해방되어 이제 "주 안에서 빛"(엡 5:8)이 됨으로써 참되신 구원의 하나님을 깨닫게 된다. 그의 단단한 마음이 부드럽게 변화된 후에 …… 그는 선하고 의롭고 거룩한 것을 사랑하고 포용하게 된다. 또한 그리스도 안에서 능력을 얻고 이제 하나님과 더불어 협력함에 따라 그는 자신이 알고 사랑하는 선을 행하며, 스스로 그것을 실행하기 시작한다.
> 그러나 깨달음이나 거룩, 능력 등 그 무엇에 관한 것이든 그것은 모두 성령에 의해 그의 속에 생기는 것이다.[6]

여기서도 아르미니우스는 루터와 칼빈의 가르침을 단순히 반복하고 있는 듯하다. 그는 인간이 선으로 돌이키기 위해서는 반드시 은혜가 필요하다고 확언하며, 심지어 그는 이 모든 일을 완수하기 위해 인간 "안에서" 역사하시는 성령에 대해 말하고 있다.

그러고 나서 아르미니우스는 개혁주의 사상에서 갑작스럽게 이탈하는 듯한 언급을 한다. "이 중생과 조명의 사역은 한순간에 완수되는 것이 아니다. …… 그것은 시간이 지나면서 날마다 점진적으로 진전된다."[7] 이 점을 논할 때 아르미니우스는 중생을 통해 시작된 것이 일평생의 성화 과정에서 지속된다고 뜻하는 듯하다. 이를테면, 첫 회심 때 주어지는 하나님의 조명이 그리스도인의 순례 여정 전반에 걸쳐 지속된다는 것이다.

여기서 혼선을 보이는 내용은 중생이 한순간에 완성되지 않는다는 아르미니우스의 언급이다. 아마 이것은 중생의 "열매"가 진행되고 있다는 개념을 나타내려다 빚어진 단순한 실수일 것이다. 만일 그 말이 중생 사역 자체는 순간적이지 않고 점진적임을 뜻한다면, 그는 개혁주의 사상을 반박하는 셈일 것이다.

은혜 사역의 시작은 "앞선 은혜", 더 일반적인 표현으로는 "선행하는 은혜"로 불리며, 이것은 회심 이전에 오며 회심이 의존하는 은혜를 가리킨다. 아르미니우스는 먼저 아우구스티누스의 말을 인용하고 이어서 베르나르두스의 말을 인용한다.

뒤이은 또는 "뒤따르는" 은혜가 실제로 인간의 선한 의향을 돕는다.

그러나 만일 선행하는 또는 "앞선" 은혜가 없다면 이 선한 의도도 존재하지 않을 것이다. 비록 "선하다"고 지칭되는 인간의 바람이 처음에는 은혜의 도움을 받긴 할지라도, 그것은 은혜 없이 시작되는 것이 아니라 성령의 영감을 받아 시작된다. …… 당신은 "그렇다면 자유의지는 무슨 일을 하는가"라고 물을 것이다. 이 물음에 나는 "자유의지는 구원한다"고 간단히 대답한다. 자유의지가 없다면 구원받을 것이 하나도 남아 있지 않을 것이다. 은혜가 없다면 아무것도 구원의 근원으로 남아 있지 않을 것이다. 이 구원 사역이 유효해지려면 반드시 두 주체가 있어야 한다.

하나는 구원을 임하게 하는 원천의 주체이고, 또 하나는 그 안에서 그리고 그에게 구원이 작용하게 하는 주체다. 하나님은 구원의 조성자시며, 자유의지는 단지 구원받는 능력을 지닌다. 하나님 말고는 그 누구도 구원을 제공하지 못하며, 자유의지 말고는 그 무엇도 그것을 받아들일 수 없다.[8]

"앞선(preventing) 은혜"라는 용어는 오해의 소지가 있다. 현대 영어에서 "prevent"는 주로 "무엇이 일어나지 못하도록 막다"라는 뜻이다. 그런데 아르미니우스는 이런 뜻으로 사용하지 않았다. "prevent"는 "오다"라는 뜻인 라틴어 "베니오"(venio)에서 유래했다. 전치사 "pre"는 "앞"이라는 뜻이다. 따라서 "preventing"은 구원을 막는 것이 아니라 구원에 "앞서 오는" 것이다.

후에 아르미니우스는 개혁주의 신학에서 흔히 발견되는, 하나님의

"외적" 소명과 "내적" 소명의 구분을 다룬다. 외적 소명이란 사람들이 귀로 직접 듣는 복음의 선포를 가리킨다. 내적 소명은 인간 내면에 역사하시는 하나님의 성령의 사역을 가리키며, 이 사역을 통해 하나님이 그들을 내적으로 부르신다. 이것은 단순한 외적 촉구나 간청, 끌어당김이 아니다.

결정적 이탈점

아르미니우스는 "내적 소명은 그 부르심에 응하지 않는 사람들에게도 주어진다"고 선언한다.[9] 이 말에서 마침내 우리는 아르미니우스가 루터와 칼빈의 견해에서 결정적으로 이탈하는 것을 볼 수 있다. 개혁주의자들에게 내적 소명은 유효하다. 말하자면, 하나님께 내적 소명을 받는 사람은 모두 그 부르심에 응한다. 중생의 은혜가 거부될 수 있는가 아니면 불가항력적인가에 대한 논쟁이 여기서 대두되는 것이다. 아르미니우스는 이렇게 선언한다.

> 중생하지 못한 사람에게도 의지의 자유, 성령을 거역할 능력, 하나님에게서 제공된 은혜를 거부할 능력, 자신을 질책하시는 하나님의 충고를 멸시할 능력, 은혜의 복음을 거부할 능력, 마음 문을 두드리시는 그분께 그 문을 열지 않을 능력이 있다. 택함받은 자나 유기된 자의 차이에 상관없이 모두가 실제로 그렇게 할 수 있다.[10]

아르미니우스는 선행하는 은혜도 거부될 수 있다고 분명히 밝힌다. 이 은혜는 구원에 필수지만 구원을 보장해 주지는 않는다. 은혜는 구원을 위한 "필수조건"이지만 "충분조건"은 아닌 것이다. 아르미니우스는 충분한 은혜와 유효한 은혜를 구분한다.

> 반드시 충분한 은혜가 제공되어야 한다. 그러나 이 충분한 은혜도, 제공받는 사람의 결함으로 말미암아 항상 그 효력을 얻지는 못한다. 그렇지 않다면 믿지 않는 자들을 정죄하시는 하나님의 공의가 옹호될 수 없을 것이다.[11]

선행하는 은혜는 죄인의 구원에 필요한 모든 것을 제공한다는 점에서 "충분하다." 그 은혜 없이 죄인은 선을 행할 수가 없다. 여기서 우리는 아르미니우스의 주된 관심이 하나님의 공의를 옹호하는 것임을 볼 수 있다.

만일 불가항력적 은혜가 주어진다면 결국 하나님은 누가 구원받고 누가 구원받지 못할지를 결정하시는 셈이다. 만일 죄인이 불가항력적 은혜 없이는 복음에 반응하지 못한다면, 그리고 만일 이 은혜가 모든 사람에게 주어지지 않는다면 어떻게 하나님이 은혜를 베푸시지 않은 자들을 공의롭게 정죄하실 수 있겠는가?

아르미니우스는 계속해서 이렇게 말한다. "구원하시는 은혜의 유효성은, 인간의 마음속에서 내적으로 작용하사 자신을 부르시는 하나님께 복종할 수밖에 없게 하시는 그분의 전능하신 행위와 일치하지 않는다. 은혜는 불가항력적인 힘이 아니다."[12]

앞에서 아르미니우스는 선행하는 은혜란 충분하지만 유효하지는 않다고 했다. 그 은혜가 항상 효력을 발휘하는 것은 아니라는 뜻이다. 여기서 그는 잘못이 하나님께 있지 않고 인간에게 있음을 주지시키고자 한다. 이 충분한 은혜에 복종하지 못하는 것이 잘못이다. 아르미니우스는 선행하는 은혜에 순응하는 것이 공적(virtue)이라고 말하지는 않지만, 이 점을 강력히 암시한다. 순응하지 못하는 것이 결함이라면, 순응하는 것은 공적인 셈이다. 공적이 아니라고 하더라도, 적어도 결과에 결정적인 영향을 끼친다. 결국 좋은 결과는 그 사람이 행하느냐 행하지 않느냐에 달려 있게 된다.

아르미니우스의 중생관은 단독 사역적인가 신인 협력적인가? 이 물음에 답하기 위해 우리는 먼저 "중생"의 뜻을 이해해야 한다. 중생은 선행하는 은혜와 같은 것인가? 만일 선행하는 은혜가 항상 죄인으로 하여금 은혜에 순응할 수 있게 한다면, 이와 관련한 아르미니우스의 견해는 단독 사역적이다. 아르미니우스에게 선행하는 은혜는 죄인을 도덕적 속박이나 무기력 상태에서 유효하게 벗어나게 할 정도로 불가항력적인 듯이 보인다. 선행하는 은혜를 받기 전, 인간은 죽은 상태이며 전혀 선을 택할 수 없다. 이 은혜를 받은 후 죄인은 예전에 할 수 없던 것을 행할 수 있다. 이런 의미에서, 선행하는 은혜는 단독 사역적이며 불가항력적이다.

그러나 아르미니우스가 지칭하는 하나님의 내적 소명은 단독 사역적이기도 하고 신인 협력적이기도 하다. 그는 이렇게 말한다.

하나님의 소명에 순종하는 사람들은 자유로이 그 은혜에 동의한다. 그러나 그들은 이전에 이미 은혜에 자극되고, 일깨워졌으며, 이끌리고, 도움을 받았다. 그리고 실제로 순응하는 그 순간에, 그들은 순응하지 않을 힘도 지니고 있다.[13]

그렇다면 선행하는 은혜는 인간이 그리스도께 순응하도록 "할 수" 있지만 반드시 "기꺼이" 순응하도록 만들지는 않는다. 따라서 이제 죄인은 의지를 발휘할 수 있지만, 아직 기꺼이 그렇게 하지는 않는다. 의지를 발휘할 수 있는 능력은 성령의 단독 사역적이고 불가항력적인 사역의 결과이지만, 실제적인 의지 발휘는 하나님의 선행하는 은혜와 협력하는 죄인의 신인 협력적 사역이다. 은혜를 주시는 것은 오직 하나님의 사역이며, 그 은혜에 순응하는 것은 인간의 사역이다. 이제 그는 그 은혜에 협력하거나 협력하지 않을 힘을 지니고 있다.

아르미니우스의 견해는 아우구스티누스의 견해나 개혁주의적 견해와 예리한 차이를 보인다. 후자는 중생의 단독적 사역이 죄인으로 하여금 의지를 갖게 할 수 있을 뿐 아니라 기꺼이 그 의지를 발휘하게도 한다고 주장한다. 분명 의지를 발휘하는 이는 죄인이지만 그렇게 하는 것은 하나님이 그 마음의 성향을 변화시키셨기 때문이다. 반면 아르미니우스는 이렇게 말한다.

회심 시초에 인간은 순전히 수동적으로 행한다. 즉, 인간은 자신을 부르시는 은혜를 역동적인 행동(감정적인 반응)으로 받아들이지만, 그것을 받아들이고 느끼는 것 말고는 달리 할 수 있는 일이 없다. 그러나 자신의 생각과 마음을 움직이거나 이끄시는 은혜를 느낄 때, 그는 자유롭게 그것에 순응할 수 있고 동시에 순응하고자 하는 자신의 마음을 억누를 수도 있다.[14]

아르미니우스는 구원 사역의 시초에 인간이 수동적임을 분명히 밝힌다. 영혼을 일깨우는 은혜는 단독 사역적이다. 그러나 이 은혜에 인간이 자유롭게 동조할 수도 있고 거부할 수도 있다는 점에서 신인 협력적이다. 프랑시스 튀르탱은 아르미니우스가 주장하는 이 같은 구분에 주목한다.

"문제는 은혜가 지성이나 감정의 측면에서 거부될 수 있는지가 아니다. 아르미니우스주의자는 은혜를 자각하면서 인간의 지성이 불가항력적으로 밝아지고, 감정이 불가항력적으로 고무되며 감동된다고 고백하기 때문이다.

그들이 거부할 수 있다고 주장하는 것은 바로 의지의 움직임이다. 의지의 순응 여부는 항상 자유로운 상태다. 믿고 회심할 수 있는 힘은 사실 불가항력적으로 제공되지만, 믿고 회심하는 행위 자체는 인간의 의지에 좌우될 수 있다. 그들의 주장에 따르면, 인간의 의지 속에는 은혜를 받아들이거나 거부하는 일과 관련하여 본질적인 중립 상태가 자리 잡고 있기 때문이다. …… 따라서 우리는 이런 의미에서 유효한 은혜가 거부될 수도 있다는 것을 극구 거부한다. …… 그러나 우리의 주장은 유효한 은혜가 인간 속에서 역사하면 만약 그가 처음부터 거부하고자 하는 마음을 지녔다 할지라도, 끝내 회심 사역을 막을 정도로 거부할 수는 없다는 것이다."[15]

부자와 거지의 비유

자신의 견해에 반박하는 일련의 신학적 기사들에 답하면서, 아르미니우스는 자신이 몇 가지 점에서 오해받아왔다고 불만을 토로했다. 그는 믿음이 하나님의 순전한 은혜가 아니라 부분적으로는 은혜에, 그리고 부분적으로는 자유의지에 의존한다고 가르치는 것으로 비난받았다. 이에 대해 그는 자신이 믿음을 가리켜 하나님의 순전한 은혜가 아니라고 말한 적이 결코 없다고 답했으며, 이른바 다음과 같은 비유를 제시했다.

어느 부자가 가난하고 배고픈 거지에게 자선을 베풀어 그로 하여금 그 자신뿐 아니라 가족의 끼니를 얻을 수 있게 한다고 하자. 이때 그 거지가 자선금을 받기 위해 손을 내민다고 해서 그것이 순전한 선물이 되지 못한다고 할 수 있을까? "받는 자가 손을 내밀어 받지 않았다면 그것을 얻지 못했겠지만, 그 자선금이 부분적으로는 자선가의 '관대함'에, 또 부분적으로는 받는 자의 '자유'에 의존한다"고 말하는 것은 적절한가? "그 거지에게 항상 자선이 제공될 준비가 되어 있으니", "그는 자신이 바라는 대로 그 자선금을 받을 수도 있고 받지 않을 수도 있다"고 말하는 것은 과연 옳은가? 만일 자선금을 받는 거지에 대해 이 같은 확언이 적용될 수 없다면 믿음의 선물에는 더더욱 그렇지 않겠는가? 믿음의 선물을 받기 위해서는 훨씬 큰 하나님의 은혜의 역사가 필요하기 때문이다.[16]

아르미니우스의 비유에서 궁핍한 거지가 은혜로운 선물을 순순히 받아들이지 않는 모습을 상상하기란 힘들다. 그러나 그 자선금을 받기 위해 거지는 자신의 손을 내밀어야 한다. 동시에 그가 손을 내미는 것은 그렇게 하기를 원하기 때문이다.

칼빈주의의 견해에서도 믿음의 선물을 받아들이려면 죄인이 손을 내밀어야 한다. 그러나 그가 그렇게 하는 것은 오직 하나님이 그 마음의 성향을 변화시키셔서 그가 분명하게 자기 손을 내밀도록 해주셨기 때문이다. 불가항력적 은혜의 역사에 의해 그는 손을 내밀 수밖에 없을 것이다. 이는 그가 원치 않아도 자기 손을 내밀지 않을 수 없다는 뜻이 아니라, 자기 손을 내밀길 원치 않을 수 없다는 뜻이다.

아르미니우스의 비유에서는 거지가 자선금을 거절하기 위해 소란을 피울 수도 있을 것이다. 아우구스티누스주의의 견해에서는 이 같은 완고함이 불가항력적 은혜에 의해 효과적으로 극복된다. 칼빈의 견해에서 하나님의 은혜는 자선금뿐 아니라 손을 내미는 행위 자체까지 이른다. 반면 아르미니우스의 경우, 그 거지는 손을 내밀 수 있는 자연적인 힘을 지니고 있다.

아르미니우스가 처음에는 칼빈주의를 옹호하고자 노력하였으나 이러한 견해를 취하게 되었다는 것은 역사의 아이러니다. 그는 칼빈과 그의 저서들을 높게 평가했다.

> 내가 거듭 열심히 가르치는 성경 다음으로 숙독을 권하는 것은 칼빈
> 의 『주석』이다. 나는 그를 헬미히(네덜란드 신학자, 1551-1608)보다 높게
> 평가한다. 칼빈은 성경 해석에서 비교할 수 없을 정도로 탁월하며 그
> 의 주석이 교부들의 문헌보다 높게 평가되어야 한다고 확신하기 때문
> 이다. 나는 그가 다른 누구보다 탁월한 해석의 영을 지녔음을 인정한
> 다. 그의 『기독교강요』는 (하이델베르크) 교리문답 다음으로 깊이 연구
> 되어야 하지만, 다른 모든 사람의 저서와 마찬가지로 분별력이 필요
> 하다.[17]

아르미니우스는 1576년에서 1582년까지 네덜란드의 레이덴 대학
에서 교육을 받았다. 졸업 후 그는 학업을 더 쌓기 위해 제네바로 건
너갔고, 1588년에 암스테르담에서 목사 안수를 받았다. 1603년에 그
는 레이덴 대학 신학 교수로 임명되었다.

1589년에 아르미니우스는 델프트의 두 목회자에 대항하여 타락 전
예정론(인간의 창조와 죄의 전가 이전에 선택이 예정되어 있다는 이론_옮긴이)을 옹
호해 달라는 요청을 받았다. 그것을 준비하는 중에, 그는 타락 전 예
정론뿐 아니라 무조건적인 예정 교리 전체를 의심하기 시작했다. 이
극심한 혼란 속에서 인간의 자유에 관한 그의 견해가 정립되었다. 얼
마 후 아르미니우스와 타락 전 예정론을 지지하는 그의 동료 프란키
스쿠스 고마루스와 격렬한 논쟁을 벌였는데 이것은 네덜란드 전역에

걸쳐 정치적 분파로 이어져 국가적 논쟁으로 비화되었다. 1609년에 아르미니우스가 죽은 후, 그의 견해는 레이덴에서 인연을 맺은 제자이자 그의 승계자인 시몬 에피스코피우스에 의해 체계화되었다.[18]

항변파

1610년에 정치가 요한 반 올덴바르네벨트의 주도 아래 아르미니우스와 에피스코피우스의 지지자들이 "항변서"(The Remonstrance)라는 신앙 선언문을 작성했다. 여기서 "항변파"라는 명칭이 생기게 되었다.[19] 항변파는 다섯 가지 일련의 기사를 통해 자신의 견해를 표명하였으며, 그 기사들은 종종 "아르미니우스적인 또는 항변적인 기사들" (*Articuli Arminiani sive remonstrantia*)이라는 제목으로 실렸다. 로저 니콜은 이 다섯 기사를 다음과 같이 요약한다.

1. 하나님은 예견된 신앙과 불신에 기초하여 선택하거나 책망하신다.
2. 비록 믿는 자들만 구원받지만, 그리스도께서는 모든 사람을 위해 죽으셨다.
3. 인간은 몹시 부패하였으므로 믿음이나 선한 행실을 위해서는 하나님의 은혜가 필수적이다.
4. 이 은혜는 거부될 수 있다.
5. 진정으로 중생한 모든 사람이 끝까지 신앙을 보존할 것인지는

더 많은 연구가 요구된다.[20]

이 책의 주제와 관련하여 심각하게 고려해 보아야 하는 기사는 셋째와 넷째다.

3. …… 인간은 스스로 또는 자신의 자유의지를 통해 구원의 믿음을 지니지 못한다. 배도와 죄 가운데 있는 그는 스스로 진정 선한 것(특히 구원의 믿음과 같은 것)을 생각하거나 소원하거나 행할 수 없기 때문이다. 그러나 …… "나를 떠나서는 너희가 아무것도 할 수 없음이라"(요 15:5)는 그리스도의 말씀에 따라 그가 진정 선한 것을 올바로 깨닫고 숙고하며 소원하고 실행하기 위해서는 하나님에 의해 그리스도 안에서 성령으로 말미암아 거듭나야 하며 그 생각과 감정과 의지와 모든 힘이 새로워져야 한다.

4. …… 이 하나님의 은혜는 모든 선의 시작이자 과정이며 끝이다. 또한 선행하고, 도와주며, 각성시키고, 뒤따르며, 협력하는 이 은혜를 떠나서는 중생한 사람이 선한 것을 생각하거나 바라거나 행할 수 없으며 악한 유혹을 물리치지도 못한다. 따라서 자각될 수 있는 모든 선한 일이나 행위는 그리스도 안에서 하나님의 은혜 덕분으로 돌려져야 한다. 이 은혜의 양상과 관련하여 말하자면, 그것은 불가항력적이지 않다. 성령을 거역하는 많은 사례가 기록되어 있기 때문이다(사도행전 7장 51절 등).[21]

1611년에 네덜란드에서 열린 어느 회합에서 항변파는 그들을 반대하는 자들과 대화할 기회가 있었다. 그 반대자들은 "반항변서"(The Counter Remonstrance)를 제시했는데, 거기에는 논쟁 사항과 관련한 일곱 가지 기사가 수록되었다. 반항변서에는 다음과 같은 진술이 포함되어 있다.

3. …… 선택할 때 하나님은 택함받을 자의 믿음이나 회심, 은사의 올바른 활용을 선택의 근거로 기대하지 않으셨으며 …… 반대로 그분은 믿음과 경건한 견인을 베푸시기 위해, 그리고 선하고 기쁘신 뜻에 따라 구원하기로 택하신 자들을 구원하기 위해 자신의 영원하고 불변하는 계획 속에서 미리 정하셨다.

5. …… 게다가 같은 목적에서 여호와 하나님은 자신의 거룩한 복음이 증거되게 하셨고 …… 성령은 외적으로는 복음 증거를 통해, 내적으로는 특별한 은혜를 통해 하나님께 택함받은 자들의 심령 속에 강력하게 역사하셔서 그들의 생각을 밝히고 의지를 새롭게 변화시키며 돌과 같은 마음을 제거하고 부드러운 마음을 주신다. 이를 통해 그들은 회심하고 믿을 수 있는 능력을 받을 뿐 아니라 실제적이고 기꺼이 회개하고 믿게 된다.[22]

도르트 교회회의

논쟁이 계속되는 가운데 1618년 11월, 도르트에서 중요한 교회회의가 열렸다. 네덜란드의 참석자들은 물론이고 영국, 독일, 스위스 등지에서도 대표자들이 참석했다. 1619년 5월에 끝난 도르트 교회회의에서는 아르미니우스주의를 정죄했고 칼빈주의를 재확언하는 법규를 채택했다. 그때 "도르트 법규집"이 "하이델베르크 교리문답", "벨기에 신앙고백"과 함께 받아들여졌다.

그 교회회의에서 항변파는 타락 상태의 인간에게는 구원에 이르게 하는 선을 소원할 힘이나 자유가 결여되어 있다는, 그리고 사람들을 회심케 하는 은혜가 거역될 수 있다는 믿음을 재확언했다. 하나님의 은혜는 믿음과 회심을 위해 "충분하지만" 불가항력적으로 "유효하지는" 않다는 것이다. 그들은 이렇게 선언했다.

인간을 회심에 이르게 하는 유효한 은혜는 불가항력적이지 않다. 비록 하나님이 말씀과 성령의 내적 작용을 통해 의지에 영향을 끼치셔서 믿을 수 있는 힘이나 초자연적 권능을 주시며 또한 실제로 믿게 해주시지만, 그 사람 자신이 은혜를 멸시하고 믿지 않을 수도 있으며, 따라서 그 자신의 결함으로 말미암아 멸망당할 수 있다.

비록 가장 자유로우신 하나님의 의지에 따라 주어지는 그분의 은혜에는 큰 차이가 있지만, 그럼에도 성령께서는 선포되는 하나님 말씀을 듣는 사람들이 회심으로 나아가게 하기에 충분할 정도로 풍성한 은혜를 베푸시거나 베풀 준비를 갖추고 계신다. 그러므로 믿음과 회심을 위해 충분한 은혜는 하나님이 절대적인 선택의 섭리에 따라 구원할 뜻을 품으신 자들에게 주어질 뿐 아니라 실제적으로 회심하지 않는

자들에게도 주어진다.[23]

1619년 4월, 도르트 교회회의에서는 거부된 잘못들의 목록을 보여
주고, 개혁주의 교회들의 신앙을 밝히는 법규들을 채택하였다. "도
르트 법규집"은 반펠라기우스주의자 사이에 매우 흔한 "예지의 선택
관"을 단정적으로 거부했고, 이른바 "무조건적 선택"으로 불리는 견
해를 확언했다. 자유의지의 작용과 은혜의 유효성과 관련하여 그 교
회회의는 아르미니우스주의에 대해 많은 언급을 했다. 이 논쟁 사항
과 관련하여 그 법규집은 다음과 같이 진술한다.

복음에 의해 부르심 받은 사람들이 그 부르심에 순종하여 회심하는
것을 자유의지가 적절하게 행사했기 때문으로 이해해서는 안 된다.
이러한 자들은 (교만한 펠라기우스 이단이 주장하듯이) 신앙과 회심을 위해
충분한 은혜를 동일하게 제공받은 다른 사람들보다 자신이 우월한 존
재라고 생각한다. 그러나 그것은 전적으로 하나님께 돌려져야 한다.
그분은 영원부터 그리스도 안에서 자신의 소유된 자들을 택하셨듯이
적절한 시기에 그들을 유효하게 부르시며, 그들에게 믿음과 회개를
베푸시고, 그들을 어둠의 세력에서 구하시며, 자신의 아들의 나라로
이끄신다. 그래서 그들은 자신을 어둠에서 놀라운 빛 가운데로 불러
내신 그분을 찬양하며, 사도들의 증거에 따라 자신에게 영광을 돌리
지 않고 오직 주께만 영광을 돌린다.[24]

이 내용은 하나님의 단독 사역을 강조하며, 회심을 전적으로 그분 덕분으로 돌린다. 주목할 만한 사실은, 그 "법규집"이 이러한 단독설에 대한 거부를 펠라기우스 이단과 결부시킨다는 점이다. 도르트 법규집은 계속해서 이렇게 확언한다.

그러나 하나님이 택하신 자들 안에서 자신의 선하고 기쁘신 뜻을 이루실 때, 또는 그들 안에 참된 회심을 작용케 하실 때, 그분은 복음이 외적으로 그들에게 증거되게 하고 성령을 통해 그들의 마음을 강력하게 조명하사 그들로 하여금 하나님의 성령의 일들을 올바로 깨닫고 분별할 수 있게 하실 뿐만 아니라, 거듭나게 하시는 성령의 역사에 의해 인간의 깊은 내면에 임하신다. 그분은 닫힌 문을 여시고, 굳은 마음을 부드럽게 만드시며, 할례 받지 못한 것에 할례를 베푸신다. 또한 그의지 속에 새 특성을 주입하사 지금까지 죽어 있던 의지를 소생시키신다. 악하고 불순종하며 완고한 의지를 변화시켜 선하고 순종하며 유순한 의지로 만드신다. 또한 그것을 작동시키고 강화시키셔서 마치 좋은 나무처럼 선한 행실이라는 결과들을 맺게 하신다.

이것은 …… 하나님이 우리의 도움 없이 우리 속에 이루시는 중생이다. 이 중생은 단지 외적인 복음 증거나 도덕적 권고로 효력을 발휘하는 것이 아니다. 그렇다고 하나님이 자신의 역할을 수행하신 후에 중생하거나 중생하지 않는 것 또는 회심하거나 계속 회심하지 않은 상태로 남아 있는 것이 여전히 사람의 힘에 달려 있다는 방식으로 효력을 발휘하는 것도 결코 아니다. 그것은 분명 초자연적 사역이자, 매우

강력하고도 놀라우며 신비하고 신성하여, 그 유효성은 창조나 부활에
견줄 수 있다. …… 따라서 하나님이 이처럼 놀라운 방식으로 그 마음
속에서 역사하시는 모든 사람은 분명히 무오하고 유효하게 거듭나며
실제로 믿는다. 이렇게 하여 새로워진 의지는 하나님에 의해 작동하
며 영향을 받을 뿐 아니라, 이러한 영향의 결과 그 의지 자체가 활력을
발휘하게 된다. 그러므로 인간은 자신이 받은 은혜 덕분에 믿고 회개
한다고 말할 수 있다.[25]

이 법규집은 아르미니우스나 항변파의 견해와 고전적인 개혁주의
신학의 견해가 어떻게 다른지를 분명히 보여준다. 은혜의 유효성이
라는 문제는 결국 "솔라 그라티아"(오직 은혜)라는 개혁주의 원칙에서
핵심이다.

도르트 교의들을 확언하는 법규집에 덧붙여, 그 교회회의에서는
거부해야 할 잘못된 가르침들을 열거했다.

인간의 참된 회심에서 새 특성이나 능력, 은사가 하나님에 의해 의지
속에 주입될 수 없으며, 따라서 믿음(이를 통해 우리가 처음 회심하며 이것
때문에 우리가 그리스도인이라고 불린다)은 하나님에 의해 주입되는 특성이
나 선물이 아니라 단지 인간의 행위다. 따라서 그것 자체는 선물이 아
니고 다만 그 믿음에 이르게 하는 힘을 가리켜 선물이라 말할 수 있다
는 가르침.

우리를 하나님께 돌이키도록 하는 은혜란 단지 부드러운 권고일 뿐이

며, 이것은 인간의 회심에서 가장 고상하게 작용하는 방식이라 할 수 있고, 이 같은 권고의 방식은 인간의 성품과 매우 잘 조화하며, 이 권고하는 은혜만으로 자연인을 영적으로 만들기에는 충분하지 않다고 말할 이유가 전혀 없고, 또한 하나님이 이러한 권고가 아닌 방식으로는 달리 의지를 설복시키지 않으시며, 사탄의 역사를 초월하는 거룩한 역사의 힘은 사탄이 일시적인 선을 약속한 반면 하나님은 영원한 선을 약속하신다는 점에 있다는 가르침. 그러나 이것은 펠라기우스적이며 성경 전체의 가르침과 배치된다. ……

인간의 중생에서 하나님은 인간의 의지를 유효하고도 무오하게 믿음과 회심으로 이끄시는 것과 같은 전능하신 권능을 사용하지는 않으시며, 하나님이 인간을 회심시키기 위해 사용하시는 모든 은혜가 역사한 상태에서도 그래서 하나님이 인간의 중생을 계획하시고 그를 거듭나게 하고자 원하시는데도 인간이 하나님과 성령을 거부할 수 있고, 때로는 자신의 중생을 완전히 방해할 정도로 거부하며, 따라서 중생의 여부란 인간의 힘에 달린 것이라는 가르침. 이것은 우리의 회심에서 하나님의 은혜의 모든 유효성을 거부하는 것일 뿐이며, 전능하신 하나님의 사역을 인간의 의지에 종속시키는 것이다. 이것은 사도들의 가르침과 정면으로 배치된다.[26]

거듭해서 도르트 교회회의는 항변파를 가리켜 펠라기우스주의의 교리를 가르친다고 비난한다. 이 비난은 지나치게 심하거나 부당하지 않은가? 아르미니우스와 항변파는 모두 순수한 펠라기우스주의와 거리를 두고자 했다. 아르미니우스주의는 종종 반펠라기우스적이라고 언급되지만, 엄밀히 말해서 펠라기우스적이지는 않다. 도르트의 사제들이 염두에 둔 것은 아마 반펠라기우스주의와 펠라기우스주의의 연계성일 것이다. 즉, 반펠라기우스주의자는 펠라기우스주의의 근본적인 이론을 피할 수 없다는 것이다.

현대의 아르미니우스주의

도르트 교회회의가 아르미니우스주의 운동을 완전히 종식시킨 것은 아니다. 이것은 대륙 전역에 걸쳐, 그리고 후에는 식민지 시대의 아메리카로 퍼져나갔다. 이것은 오늘날에도 존속되고 있을 뿐 아니라 강력하게 부활하는 추세다. 1989년에 클라크 핀낙은 『하나님의 은혜, 인간의 의지』(The Grace of God, the Will of Man)라는 책을 편집했다. 이 책은 아르미니우스주의를 옹호하기 위한 것이다.

칼빈주의에서 아르미니우스주의로 개인적인 순례 여정을 서술하는 자신의 에세이에서 핀낙은 이렇게 언급한다. "다른 그리스도인뿐 아니라 복음주의자 사이에도 하나님의 원칙이나 구원과 관련해서나 지향하는 방향을 볼 때 '결정론'에서 하나님과 세상과 하나님의 피조물인 인간 사이의 '역동적이고 개인적인 관계'로 신학적 변화가 진행되고 있다. 이러한 경향이 시작된 것은 성경과 현대 문화의 대화를 고려하는 새롭고 진지한 방법으로 성경을 읽기 때문이라고 생각한다. 현대 문화는 자율성, 일시성, 역사적 변화 등을 강조한다."[27]

핀낙은 이런 경향을 환영하며 위대한 신학자들도 종종 자신의 생각을 바꾼다고 주장한다. 그는 칼 바르트를 예로 들면서 그를 "우리 시대의 가장 위대한 신학자"라고 지칭한다.[28] 복음주의 신학에서 이 같은 오늘날의 변화나 동향을 평가하면서 그는 이렇게 논한다.

"그러나 칼빈주의자들은 비록 우세가 약화되긴 했지만 복음주의 계열에서 여전히 주요 역할을 담당하고 있다. 그들은 큰 복음주의 신학교들에서 신학 교육을 성공적으로 주도하고 있다. 대형 출판사들의 소유권과 운영권을 쥐고 있는 사람들도 그들이다. 이는 지적인 리더십과 지적 자산의 영역에서 그들이 강력한 위치를 점하고 있다는 뜻이다. …… 비록 변증학, 선교학, 실천신학 등의 영역에서 아르미니우스주의 사상가가 많이 활약하고 있지만, 비아우구스티누스적 견해를 선뜻 지지할 복음주의 신학자는 드물다."[29]

나는 복음주의의 현 상태에 대해 핀낙보다 덜 낙관적이다. 아마 우리 둘 모두 "자기 자리에 만족하지 않고 다른 곳을 동경하는" 경향에 사로잡혀 편견을 갖고 이 상황을 평가하고 있는지도 모른다. 핀낙은 『하나님의 은혜, 인간의 의지』를 쓴 목적 가운데 하나가 "침묵하고 있는 대부분 아르미니우스주의 복음주의자의 목소리를 높이기 위함"이라고 말한다.[30] 여기서 그는 수많은 복음주의자가 그들을 붙들어 온 아우구스티누스 사상에서 이탈하고 있다고 단언한다. "그 모든 세세한 내용에 있어, 칼빈과 루터의 견해를 포함한 개혁주의 신학을 기꺼이 옹호하려는 칼빈주의 신학자를 찾기란 힘들다. 고든 클라크가 더 이상 우리와 함께 있지 않고 존 거스너는 은퇴한 까닭에 더욱 그러하다. 논리적으로 순수하게 칼빈주의 신학을 받아들이는 이들은 극히 드물다."[31]

이 글이 기록된 후, 거스너 박사는 세상을 떠났다. 그래서 루터와 칼빈을 엄격하게 옹호할 칼빈주의 신학자를 찾자면 우리에게는 디오게네스의 등불이 필요할 것이다. 그러나 칼빈주의의 소멸이라는 말은 조금 과장되었다. 쇠붙이를 녹일 정도의 신학적 위장(胃腸)을 지닌 자가 아직 많이 남아 있기 때문이다.

신학적 여정 중에 핀낙은 하나님의 전지성과 예지에 의문을 제기하게 되었다. 그는 하나님의 이러한 성품과 선택, 자유의지 교리의 중추적인 관계를 이해하고 있다.

마침내 나는 하나님의 전지성을 다시 생각해야 했고, 우리는 이것을 가리켜 장차 일어날 모든 일을 철저히 미리 아시는 것으로 생각해야 (심지어 대부분의 아르미니우스주의자도 이렇게 생각한다) 하는지에 대해 마지 못해 물음을 던져야 했다. 필시 이처럼 총체적인 전지성은 우리가 장차 선택할 모든 일이 이미 하나님의 지식 속에 포함되어 있음을 의미할 것이라는 직감을 나는 떨쳐버릴 수가 없었으며, 그 결과 우리가 진정 의미 있는 선택을 한다는 신념은 그릇될 것이라는 생각이 들었다. 나는 철저한 예지란 예정과 같은 것이라는 칼빈주의 주장을 알고 있다. 그것은 만사가 "영원 전"부터 이미 고정되어 있음을 나타내기 때문이다. 나는 그 논리적인 힘을 떨쳐버릴 수 없었다.[32]

하나님의 예지에 관한 핀낙의 새로운 개념은 그 자신이 나타내듯이 대부분의 아르미니우스주의자들의 것을 넘어선 것이다. 또한 그것은 스페인의 예수회 수사인 루이스 몰리나가 개발한 중립-지식 개념에서 비롯된 견해도 넘어선 듯하다. 이 개념은 『하나님의 은혜, 인간의 의지』에서 윌리엄 크레이그가 상세히 잘 설명하였고,[33] 앨빈 플랜팅가가 발전시켰다. 핀낙은 고전적인 개혁주의 신학의 철저한 예지 "논리"에서 벗어나고자 시도한다.

> 따라서 나는 하나님은 알려질 수 있는 모든 일을 다 알고 계시지만 자유로운 선택들은 아직 실제로 나타나지 않은 까닭에 심지어 하나님도 아실 수 없다는 주장이 성경적으로 가능한지 자문해야 했다. …… 하나님은 우리가 선택할 일들을 상당 부분 예측하실 수 있지만 모두 예측하시지는 못한다. 그 일부는 인간의 자유라는 신비 속에 감추어져 있기 때문이다.
>
> …… 물론 성경은 장차 일어날 일과 당신이 행하실 일을 상세히 알고 계시는 하나님을 찬양한다. …… 성경의 하나님은 전통적 개념의 전지성으로는 적용할 수 없는, 미래에 대한 개방성을 드러내 보이신다. …… 우리에게는 "자유의지" 유신론이 필요하다. 이것은 하나님의 초월성을 강조하는 "고전적인 유신론"과 철저한 임재를 강조하는 "과정 유신론"의 중도를 걷는 교리다.[34]

이 내용은 핀낙이 지닌 중대한 사상의 일부를 표현하고 있다. 그는 이 사상을 『하나님의 개방성』(The Openness of God)이라는 책에서 더 충분히 발전시키고 있다. 여기서 주목할 만한 사실은 핀낙 자신이 고전적인 칼빈주의뿐 아니라 고전적인 유신론 자체에 도전하고 있음을 분명히 자각하고 있다는 것이다. 그는 고전적인 유신론과 과정 신학 사이의 어느 지점에 위치한 신학을 재건하고자 시도한다.

그는 이것을 "자유의지 유신론"이라 부른다. 인간의 자유의지에 관한 아르미니우스적 견해를 유지하고자 하는 관심사가 바로 하나님에 관한 이 새로운 교리의 이면에 숨어 있는 추진력이기 때문이다. 『하나님의 개방성』에서 핀낙은 고전적 유신론의 전지성에 관한 교리를 또다시 비판하며, 불변성이나 전능성과 같은 고전적 유신론의 다른 교리에도 의문을 제기한다.[35]

표면상 하나님에 관한 교리를 이같이 재건할 때, 핀낙이 바라는 개방성을 얻으려면 값비싼 대가를 지불해야 할 듯이 보인다. 실제적 차원에서 우리는 어떻게 하나님이 개인적으로 행하실 의도를 갖지 않고서도(그분이 인간의 결정에 따라 반응하신다면 그 의도 자체가 변화 쪽으로 개방되어 있는 셈이다) 미래를 아실 수 있을지 의아해한다. 만일 역사가 인간의 결정에 영향을 받는다면, 그리고 하나님의 지식 속에 인간의 장래 결정들이 들어 있지 않다면, 어떻게 하나님이 앞으로 다가올 이 세상의 역사를 아실 수 있는가? 미래의 운명이 인간 손에 놓여 있다면 하나님이 자기 백성을 위해 약속하신 미래 속에서 우리가 어떻게 위안을 찾을 수 있는가?

그렇다면 우리 영혼의 닻은 그 정박지에서 떠내려 온 셈이다. 우리는 미래에 관한 하나님의 약속을 도무지 신뢰할 이유가 없다. 모든 생물의 최상의 계획이 무산될 수 있을 뿐만 아니라 모든 생물의 창조주의 계획마저 무산될 수 있다.

하나님의 개방성이 지닌 이러한 상상은 칼빈주의나 고전적인 유신론에 대한 공격일 뿐 아니라 기독교 자체에 대한 공격이기도 하다.

아르미니우스 관련 문헌

Certain Articles to Be Diligently Examined and Weighed. In *The Works of James Arminius: The London Edition*. 3 vols. Grand Rapids: Baker, 1986. 2:706-54.

The Public Disputations of James Arminius. In *The Works of James Arminius: The London Edition*. 3 vols. Grand Rapids: Baker, 1986. 2:72-264.

Bangs, Carl. *Arminius: A Study in the Dutch Reformation*. 1971. 2d ed. Grand Rapids: Asbury/Zondervan, 1985.

Bangs, Carl. "Introduction." In James Arminius, *The Works of James Arminius: The London Edition*. 3 vols. Grand Rapids: Baker, 1986. 1:vii-xxix.

Muller, Richard A. *God, Creation, and Providence in the Thought of Jacob Arminius: Sources and Directions of Scholastic Protestantism in the Era of Early Orthodoxy*. Grand Rapids: Baker, 1991.

7장

우리는 죄를 짓는 경향이 있다

조나단 에드워즈

모든 인류가 …… 본성상 전적 파멸 상태에 놓여 있다면, 의심할 여지 없이 치유책이 질병의 정도와 관련 있듯이 그리스도를 통한 위대한 구원은 바로 이 파멸 상태와 직접적인 관련이 있다.

『진노한 하나님의 손에 붙들린 죄인들』(Sinners in the Hands of an Angry God, 생명의말씀사)이라는 유명한 설교 말고도 조나단 에드워즈는 『신앙 감정론』(Religious Affections), 『의지의 자유』(Freedom of the Will)라는 두 권의 책으로 잘 알려져 있다. 그에 비해 덜 알려진 그의 저서 가운데 하나는 원죄를 다룬 것으로, 그의 사후에 출간된 중요한 작품이다.

『원죄에 관한 중요한 기독교 교리를 옹호하여』(The Great Christian Doctrine of Original Sin Defended)에서 에드워즈는 특정 저자에게 대응하고 있지는 않지만, 이 중요한 교리를 "일반적으로 옹호"하기 위해 이책을 썼다. 그는 서문에서 이 점을 밝힌다.

나는 이 교리를 매우 중요하게 여긴다. 이것이 사실이라면 분명 모든 사람이 이 사실을 자백할 것이다. 모든 인류가 도덕적인 죄악을 범하고, 그 죄악 때문에 고통 받는다는 점에서 본성상 전적 파멸 상태에 놓여 있다면, 의심할 여지 없이 치유책이 질병의 정도와 관련 있듯이 그리스도를 통한 위대한 구원은 바로 이 파멸 상태와 직접적인 관련이 있다. 전체 복음 또는 구원 교리도 이 점을 전제로 삼아야 한다. 그리고 모든 참된 신앙이나 복음에 대한 참된 개념이 이것을 바탕으로 세워져야 한다.[1]

인간의 자유의지에 관한 논쟁 중 많은 부분이 인간의 자유와 하나님의 지식 간, 또는 인간의 자유와 선택 및 유기 간의 관계에 대한 이론적인 논쟁 도중에 제기된다. 에드워즈에게 자유의지에 관한 핵심 문제는 인간의 타락한 본성, 궁극적으로는 복음을 통한 구속에 대한 자유의지의 관계를 다룬 (펠라기우스와 아우구스티누스의 논쟁과 같은) 고대의 논쟁에 뿌리를 두고 있다. 한마디로 에드워즈는 성경적 구속 또는 복음이라는 더 넓은 문제에 초점을 맞춘다.

이와 같은 이유에서 마르틴 루터는 에라스무스와 논쟁을 벌인 것이다. 이것은 곧 "솔라 그라티아"에 견고하게 뿌리를 둔 "솔라 피데"를 보고자 하는 관심이었다. 에드워즈에게 복음의 위대성은 타락으로 인해 우리가 빠져든 파멸 상태의 심각성이라는 배경에 비추어볼 때에만 여실히 드러난다. 질병이 심각할수록 위대한 치유책이 필요하기 때문이다.

원죄의 증거

타락과 원죄에 관한 고전적인 견해를 옹호하려는 에드워즈의 시도에서 한 가지 흥미로운 사실은, 비록 성경이 그 문제에 침묵하고 있지만 자연적인 이성이 이 교리를 입증한다는 것을 보이고자 한다는 것이다. 인간 역사에 나타난 현상들은 죄가 보편적 실재임을 입증한다. 따라서 우리는 이 실체에 대한 설명을 모색해야 한다. 이것을 간단하게 요약하자면 이렇게 물을 수 있다. "왜 모든 사람이 죄를 짓는가?"

원죄 교리를 부인하는 자들은 대부분 타락한 사회의 부패한 영향력을 지적하여 이 물음에 답하고자 한다. 인간은 죄 없는 상태로 태어나지만 사회의 부도덕한 영향 때문에 더럽혀진다는 것이다. 이 개념은 다음과 같은 물음을 야기한다. "그렇다면 사회는 어떻게 타락했는가? 모든 사람이 죄 없는 상태 또는 적어도 도덕적 중립 상태로서 죄악으로 향하는 성향이 전혀 없이 태어난다면, 최소한 통계적인 평균치인 50% 정도는 무죄한 상태로 남아 있어야 하지 않는가? 악덕보다는 미덕이 압도적인 영향을 끼치는 사회가 전혀 존재하지 않는 이유는 무엇인가? 사회가 우리의 자연적 무죄 상태를 유지하도록 영향을 끼치지 않는 이유는 무엇인가?"

인간성과 관련한 가장 낙천적인 비평가들, 즉 인간은 기본적으로 선하다고 주장하는 자들조차 "아무도 완전하지 않다"라는 자명한 불변의 금언을 되뇐다. 어째서 아무도 완전하지 않은가? 만일 인간의 마음 중심이 선하고, 악이란 말초적이거나 핵심에서 벗어나 있거나 우발적인 것이라면 중심적인 것이 말초적인 것을, 또는 본질적인 것이 우발적인 것을 제압하지 못하는 이유는 무엇인가? 심지어 우리가 살아가고 있는 오늘날의 사회, 즉 많은 영역에서 도덕적 절대 기준이 거부되는 이 사회에서도 사람들은 아무도 완전하지 않다는 주장을 여전히 쉽게 받아들인다. 도덕적 절대 기준이 거부되면서 "완전하다"는 개념은 상실되었다. 그러나 성경에 계시된 것보다 낮은 기준이나 표준에 비추어 완전을 고려하더라도 우리는 이 "표준"조차 만족시키지 못함을 자각한다. 이마누엘 칸트의 단언적 명령과 같은 윤리학의 최소 공통분모를 고려하더라도 우리는 여전히 그 수준에 도달하지 못해 낙담한다.

우리는 윤리적 기준을 낮게 잡아 실제적으로는 완전한 수준 이하로 낮추지만, 그래도 여전히 그 기준을 만족시키지 못한다. 사람들은 도덕적 상대주의를 주장하지만 누군가가 우리의 지갑을 훔친다면 우리는 "나쁘다"고 외친다. 다른 사람의 "일"이 내 "일"과 충돌할 때 "모든 사람은 자신이 하고 싶을 일을 할 권리가 있다"는 신조는 갑자기 도전을 받게 된다.

에드워즈는 죄의 보편적 실재에서 죄를 향한 보편적 **성향**을 나타내는 다양한 증거를 보았다. 에드워즈는 이러한 증거에 대한 반대 견해들을 먼저 언급한 후, 그 반대 견해들에 답한다.

누군가가 비록 일반적인 일들에서 모든 인류는 완전하게 순종하지 못하고 죄를 범하며 영원한 파멸을 야기하는 성향이 있고, 또한 이 성향은 특정인이나 연령에 국한되지 않지만 "인간의 본성" 탓이 아니라 "이 세상"의 전반적인 특성과 구조 탓이라고 말한다면, 비록 인간의 본성은 그 속에 악한 성향이 전혀 존재하지 않고 선할 수도 있지만 이 세상의 특성과 보편적 상태는 매우 강하고 많은 유혹으로 가득하기 때문에 또한 연약한 육체로 거하는 인간과 같은 피조물에게는 매우 강력한 영향을 끼치기 때문에 "그런 상태에서는" 모든 인류가 죄와 영원한 파멸로 향하는 강력하고 확실한 경향을 보이기 마련이라고 말한다면,[2]

에드워즈는 이 가정에 다음과 같이 답한다.

나는 이렇게 답할 것이다. 그런 식으로 둘러대더라도 이 논쟁에서 내가 반대하는 사람들의 목적에는 아무런 도움이 되지 않을 것이다. 그것은 "인간은 자신의 현재 상태에서 범죄 성향으로 말미암아 타락하고 파멸될 수 있는가"라는 물음에 대한 답을 달라지게 하지 않는다. 어떤 피조물이 적절한 곳에서도 또는 하나님이 우주 안에 정해 주신 상황 가운데서도 죄악 됨을 입증할 정도의 본성을 지니고 있다면 그것은 악한 본성에 속한다. 우주의 한 부분인 그것은 선하지 않으며, 우주에서 차지하는 위치도 선하지 않다. 우주의 일부인 그것에 내재하는 특성, 곧 그 위치도 선하지 않고 부패한 특성은 내재적인 악한 특성으로 간주되는 것이 옳다. 그런 성향은 어떤 존재의 본성에 속하는 것 또는 그것에 내재하는 것으로 생각할 수 있다. 그 성향이 선하든 악하든, 존재의 우주적 체계 속에서 그것의 적절한 상황과 함께 고려할 때 그것은 필시 그 본성에 따른 결과다.[3]

에드워즈는 자신의 관점을 예시하기 위해 자연에서 비유를 든다. "무거운 것은 돌의 특징이다. 그러나 만일 돌을 지구에서 멀리 떨어진 곳에 둔다면 전혀 무겁지 않을 수도 있을 것이다. 그러나 돌 자체는 그런 특성을 지닌 까닭에, 하나님이 만드신 지구 위 적절한 곳에서는 그런 특질이나 성향을 나타낼 것이다. 이것을 돌의 특성에 속한 성향으로 간주하는 것은 적절하다. …… 그러므로 하나님이 지으셔서 인류를 두신 이 세상에서 만일 인류가 그런 본성을 지니고 있어 죄와 파멸로 향하는 보편적인 성향을 갖고 있다면 이것은 그들의 본성에 속한 치명적인 성향으로 간주되어야 한다."[4]

에드워즈는 인간의 본성에는 죄로 향하는 성향이 있다고 결론짓는다. 이 성향은 인간에게 내재되어 있거나 인간을 이루는 본성의 일부다. 그것은 타락한 인류에게 자연스러운 것이다. 성경이 말하는 "자연인"은 원래 피조된 당시의 인간이 아니라 타락 이후의 인간을 가리킨다. 그 타락은 실제적이며, 창조 당시의 상태를 유지하지 않는다.

존 칼빈은 인간이 비록 타락한 상태지만 의로워 보이는 일을 행한다는 점을 인정했다. 그 일들을 가리켜 그는 "세상의 의"라고 지칭했다. 아우구스티누스가 "근사한 악덕"이라고 부른 "덕성"은 외적으로 하나님의 율법에 들어맞을 수 있지만, 하나님을 기쁘시게 해드리고자 하는 마음이나 하나님을 사랑하는 마음에서 나온 것이 아니다. 성경적 범주에서 선한 일이나 덕스러운 일은 외적으로 하나님의 율법 법규에 들어맞아야 할 뿐 아니라 하나님을 향한 사랑에 뿌리를 둔 내적 성향이나 동기에서 비롯되어야 한다. 진정한 의미에서, 온 마음으로 하나님을 사랑하라는 대명(大命)이 모든 인간의 행위에 대한 도덕적 판단의 기준이다.

선한 행위를 압도하는 악한 행위와 관련하여 에드워즈는 이렇게 말한다. "정직하고 선한 행위를 아무리 많이 생각해 봐야 별 소용이 없다. 추측하건대, 그 어떤 선한 행위의 결과나 효력마저 철저히 압도할 수 있을 만큼 심각한 도덕적 사악함으로 향하는 성향이 존재한다."[5]

계속해서 에드워즈는 하나님을 대적하는 한 가지 죄 속에 포함된 사악함과 가증스러움의 정도를 지적한다. 그런 행위는 몹시 사악할 것이다. 그것은 매우 거룩하신 분께 저지르는 죄로, 그 모든 덕성을 압도할 것이기 때문이다. 에드워즈는 이렇게 말한다. "어떤 측면에서나 어떤 정도로나 하나님의 율법을 범하는 자는 사악한 사람이며, 율법의 관점에서 볼 때 전적으로 사악하다. 그의 사악함을 고려할 때, 그의 모든 선은 아무것도 아닌 것으로 평가된다."[6]

여기서 에드워즈는 율법 하나를 범하는 것은 곧 율법 전체를 범하는 것이라는 야고보의 말을 떠올리게 한다(약 2:10, 11). 이것이 율법을 주신 분께 죄를 범하는 일임은 물론이다. 마찬가지로 에드워즈는 엄밀히 말해서 순종 행위가 불순종을 능가하지 못한다고 말한다. 우리가 순종할 때, 우리는 단지 하나님이 우리에게 요구하시는 일을 하고 있을 뿐이다. 여기서 우리는 무익한 종 그 이상일 수가 없다.

도덕적으로 실제적인 죄를 범할 수 있자마자 곧장 죄를 범한 인간의 성향 속에서 에드워즈는 타락한 본성에 대한 증거를 본다. 인간이 지속적이고도 점진적으로 죄를 범한다는 사실에서, 그리고 가장 성화된 사람들 속에도 그런 성향이 남아 있다는 사실에서 그는 타락한 본성에 대한 증거를 본다. 또한 에드워즈는 "신앙 문제와 관련하여 엄청난 어리석음과 우둔함"을 발견한다.[7]

　인간 역사를 대충 훑어보면서 에드워즈는 인류에 의해 그리고 인류에게 임한 재난과 불행의 목록을 제시한다. 역사를 가장 신물 나게 고찰하는 사람마저도 세상일이 올바르게 돌아가고 있지 않다는 점을 인정해야 한다. 그러고 나서 에드워즈는 죄의 보편성에 대한 증거로 죽음의 보편성을 든다. 성경의 관점에서 보면, 죽음은 죄를 통해 그리고 죄 때문에 세상에 들어왔다. 이것은 인간의 사악함에 대한 하나님의 심판을, 그리고 유아일 때 죽는 아기들에게도 임하는 심판을 나타낸다. 에드워즈의 설명을 들어보자. "성경에서 죽음은 으뜸가는 불행으로, 이 세상의 자연적인 재난 가운데 가장 치명적이고 끔찍한 것으로 언급된다."[8]

성경이 말하는 원죄

　이어서 에드워즈는 원죄 교리에 대한 성경의 근거로 관심을 돌린다. 특히 그는 에베소서 2장에 기록된 바울의 가르침에 유의한다.

　로마서 5장에서 고찰해 온 것과 같은 목적을 담은 또 다른 구절은 에베소서 2장 3절이다. "다른 이들과 같이 본질상 진노의 자녀이었더

니." 이것을 곡해하고 오용하기 위한 온갖 수단에도, 이른바 정통파 그리스도인으로 불리는 사람들이 채택한 바와 같이 이것은 원죄 교리에 대한 자명한 증거로 남아 있다. 문맥에 비추어 이 구절을 받아들이면 이 교리는 자명하고도 온전하게 드러난다. 그 문맥이란, 그리스도인들이 예전에는 죄 가운데서 죽은 상태였으나 거저 주시는 풍성하신 은혜와 사랑 안에서 그리고 하나님의 위대하신 권능 안에서 소생하게 하심과 일으키심을 받았다는 것이다.[9]

성경의 일관된 가르침과 관련하여 에드워즈는 이렇게 결론짓는다.

아담에게서 유래한 본성의 부패성에 관한 교리와 아담의 첫 번째 죄의 전가에 관한 교리 모두 그 속에서 분명히 가르치고 있다. 아담의 범죄의 전가는 사실 매우 직접적으로 자주 확언되고 있다. 여기서는 "한 사람의 죄로 말미암아 모든 사람에게 사망이 임했다"고 확언한다. …… 또한 "한 사람의 범죄로 인해" "한 사람의 불순종으로 말미암아" "한 범죄로 인해" "모든 사람이 정죄를 당하고" "많은 사람이 죽었고" "많은 사람이 죄인이 되었다"는 사실이 거듭 반복된다.[10]

마침내 에드워즈는 구속의 적용과 관련된 성경의 가르침을 통해 원죄 교리를 입증한다. 중생에서 성령의 사역은 예전의 부패한 상태를 바로잡기 위한 필수적인 해결책이다. "이것은 구원에서 필수 사항으로, 참된 덕성과 거룩성을 얻게 하는 변화이자 참된 성도의 특징으로 매우 분명히 언급되고 있다. 이는 중생이나 회심 등에서 고찰되는 변화와 동일하다. …… 따라서 이 모든 구절은 '새로운 심령'을 지니는 것과 '새로워진 영'을 분명히 시사한다."[11]

에드워즈의 『의지의 자유』 서문에서 폴 램지는 이렇게 밝힌다. "그는 뉴잉글랜드의 발견 이래로 교리의 쇠퇴가 신앙과 도덕의 퇴락으로 이어졌다는 확신과 아울러 자신의 지적 통찰력을 모조리 이 책의 저술에 쏟아 부었다. 쓸데없는 넋두리는 종교적인 문제의 바닥으로 가라앉혀버리는 것이 더 낫다고 그는 믿었다. 그토록 솔직한 삶과 높은 사고, 축적된 경험과 역동적인 열정의 산물이 바로 여기서 탐구되고 있는 내용이다. 이를 통해 에드워즈는 우연성과 자결권(自決權)을 타파하고자 했으며, 중립의 자유에 대해 가장 철저하고 절대적으로 파괴적인 비판을 가했다. 에드워즈가 반박한 견해들 가운데 어떤 유형은 지금까지도 존속되고 있지만, 이 점은 반드시 언급되어야 할 것이다. 이 책은 그 저자에게 위대한 철학자이자 신학자라는 찬사를 돌리기에 충분하다."[12]

『의지의 자유』 머리말에서 에드워즈는 여러 신학 사상 학파가 내세우는 표어들을 상세히 규명하려는 위험성과 그런 표어들에 대해 쓸데없이 악의를 표하는 위험성을 언급한다. 그러나 그는 말 그대로 유연함을 위해 포괄적인 개념을 파악할 것을 요청한다. 작가는 여러 사상 체계의 특징을 간략하게 구분할 수 있어야 한다. 비록 자신은 모든 면에서 칼빈의 견해에 동의하지 않지만, 에드워즈는 자신이 "칼빈주의자"로 분류되어도 화를 내지 않는다. 그 자신이 칼빈주의 전통에 서 있기 때문이다.

그의 주된 관심사는 독자가 다양한 신학 관점의 중요성을 이해하는 것이다. 그는 루터가 에라스무스와 벌인 논쟁에서 보여준 것과 같은 진지한 열정으로 인간의 자유에 관한 문제를 깊이 생각한다. 에드워즈는 그것을 분리되고 말초적이며 사색적인 문제로 여기지 않고 매우 중요한 문제라고 생각한다.

이 주제는 굉장히 철저한 숙고와 주의가 필요할 만큼 중요하다. 우리가 얻을 수 있는 모든 종류의 지식 가운데 하나님에 관한 지식과 우리 자신에 관한 지식이 가장 중요하다. 신앙이란 위대한 일이며, 우리는 이 일을 위해 창조되었고, 우리의 행복도 거기에 달려 있다. 신앙은 우리 자신과 우리를 지으신 분과 나누는 교제로 이루어진다.

마찬가지로 신앙의 기초는 하나님의 성품과 우리의 성품, 하나님과 우리가 서로 맺고 있는 관계에 놓여 있다. 따라서 하나님과 우리 자신에 관한 참된 지식은 참된 신앙을 위해 반드시 필요하다. 그러나 우리 자신에 관한 지식은 "분별력"과 "의지"라는 두 역량을 올바르게 이해하느냐에 주로 달려 있다. 이 두 가지 모두 매우 중요하지만, 후자가 더 중요하게 간주되어야 한다. 모든 덕성과 신앙이 더 직접적으로 자리 잡는 곳이 바로 의지이며, 이 역량이 얼마나 올바로 발휘되느냐가 신앙을 좌우한다. 의지에 관한 연구에서 핵심은 의지의 자유와 관련된 물음이다. 그러므로 이 주제의 중요성은 그리스도인, 특히 성직자의 관심이 필요하다.[13]

왜 그것을 선택하는가

에드워즈는 의지를 가리켜 "선택하는 마음"이라고 규정하면서 탐구를 시작한다. "(어떠한 형이상적 정의도 달지 않은) 의지란, 그것을 통해 마음이 무언가를 선택하는 것"이라고 그는 설명한다. "의지의 역량이란 선택할 수 있는 마음의 역량이나 능력, 원칙이다. 의지의 행위는 선택 행위와 같다."[14]

심지어 어떤 사람이 주어진 대상들 가운데 하나를 선택하지 않을 때에도 그 마음은 "거기 없는 것"을 선택한 것이다.[15] 에드워즈는 이같은 선택을 가리켜 자발적인 또는 "선택적인" 행위라고 부른다.

존 로크는 "의지는 욕구와 완전히 구분된다"고 확언했다. 반면 에드워즈의 주장에 따르면 의지와 욕구는 "서로 거스른다고 말할 수 있을 정도로 완전히 구별되는 것이 아니다. 인간은 어떤 순간에든 자신의 욕구와 반하는 것에 대한 의지를 갖지 않으며, 자신의 의지와 반대되는 것을 바라지도 않는다."[16]

이 간략한 확언은 에드워즈의 의지관을 이해하는 데 매우 중요하다. 그의 주장에 따르면 인간은 결코 자신의 욕구에 상반되는 것을 선택하지 않는다. 이것은 인간이 늘 자신의 욕구에 따라 행동함을 의미한다. 에드워즈는 모든 선택에서 결정적인 요소는 바로 그 순간의 "가장 강한 동기"라고 설명한다. 요약하자면, 늘 우리는 그 순간의 가장 강력한 동기나 욕구에 따라 선택한다.

사람들은 자신이 진정 원하지 않은 것을 선택한 순간들을 떠올리면서 이 문제를 놓고 에드워즈와 논쟁을 벌일 수도 있다. 에드워즈의 개념을 이해하려면 우리는 선택하는 행위에 수반되는 복합적인 것들을 고려해야 한다. 우리의 욕구들은 종종 복합적이며 심지어 서로 충돌을 일으키기도 한다. 사도 바울마저 욕구가 서로 충돌하는 것을 경험했으며, 자신이 하고 싶어하는 것을 하지 못하고 자신이 원하지 않는 일을 실제로 행했다고 탄식하였다(롬 7:15 참조).

이러한 사도의 견해에 비추어볼 때, 에드워즈의 견해는 잘못된 것인가? 나는 그렇게 생각하지 않는다. 바울은 자신의 욕구들이 서로 싸우고 있다고 표현한다. 그가 "원하지 않는" 것을 선택한다고 하는 것은 내가 "모든 것이 동등한 상태"라고 부르는 차원을 경험하고 있는 것이다.

예를 들면, 모든 그리스도인은 자신의 마음이 올바르게 여기는 어떤 욕구를 지니고 있다. 모든 것이 동등한 상태에서 우리는 항상 올바르기를 원한다. 그러나 내면에서는 싸움이 일어난다. 이것은 우리가 줄곧 악한 욕구도 지니고 있기 때문이다. 옳은 행위보다 악한 쪽을 선택할 때, 바로 그 순간 우리는 하나님께 대한 순종보다는 죄를 바라는 것이다. 이 사실은 바울뿐 아니라 우리에게도 똑같이 적용된다. 죄를 지을 때마다 우리는 그리스도께 순종하기를 바라기보다 죄를 짓기를 바란다. 그렇지 않다면 우리는 죄를 짓지 않을 것이다.

욕구들은 획일적이지 않을 뿐 아니라 그 힘이나 성향이 일관되지도 않다. 우리 욕구의 수위는 순간순간 오르내린다. 이를테면 다이어트를 하는 사람은 체중 감소를 원한다. 충분히 먹은 후에는 맛있는 음식을 거부하기가 쉽다. 식욕이 채워지고 더 많은 음식을 먹고 싶은 욕구가 감소한다. 그러나 시간이 지나면서, 자기 절제는 배고픔을 더욱 증가시키고 음식에 대한 욕구는 더 강렬해진다. 체중을 줄이고 싶은 욕구는 남아 있다. 그러나 배불리 먹고 싶은 욕구가 체중을 줄이고 싶은 욕구보다 강해지면 그의 결심이 약해지고 그는 유혹에 굴복하고 만다. 모든 욕구는 죽 동일한 것이 아니다.

또 다른 예는 강도 만난 사람의 경우다. 강도가 권총을 겨누고 "돈 내놔! 그렇지 않으면 총으로 쏴버릴 거야!"라고 말한다. 권총이 겨누어진 상황에서 강탈당하는 것은 외적인 강제를 경험하는 것이다.

이 강제는 강도 만난 사람의 선택을 두 가지로 압축시킨다. 그 사람에게는 지갑 속의 돈을 강도에게 주고 싶은 욕구가 전혀 없다. 그러나 그 순간에는 오직 두 가지 선택을 놓고 가장 강력한 동기에 따라 반응할 것이다. 그는 자신이 지갑을 넘겨주지 않으면 강도가 그를 죽이고 돈도 빼앗아갈 것이라는 결론을 내릴 수 있다. 사람들은 대부분 지갑을 지키려는 욕구보다는 더 살고 싶은 욕구가 강하기 때문에 지갑을 넘겨주는 쪽을 택할 것이다. 그러나 어떤 사람은 무장 강도에 대한 반감이 매우 강해서 "자발적으로" 지갑을 넘겨주기보다는 차라리 죽고자 할 수도 있다.

이 상황은 강제적인 차원을 내포하고 있기 때문에, 나는 "자발적으로"라는 말에 일부러 따옴표를 붙였다. 우리는 과연 이런 상황에서 그 행위가 진정 자발적인지 물어보아야 한다. 단 두 가지 선택이라는 정황에서 본다면 그것은 자발적이다. 외적인 강제가 아무리 심해도,

선택은 여전히 남아 있다. 에드워즈는 심지어 여기서도 그 사람이 더 강한 동기에 따라 한 쪽을 선택할 것이라고 말할 것이다.

우리가 철저하게 헤아리지도 않고 날마다 내리는 다양한 결정을 고려할 때 "가장 강력한 동기"라는 개념은 희미해질 수도 있다. 우리는 빈 좌석이 많은 교실에 들어가서 앉거나 공원의 빈 벤치에 가서 앉는다. 우리가 좌석이나 벤치를 고르기 전에 구태여 찬반양론을 따지는 경우는 거의 없다. 이런 선택은 표면상 완전히 독단적으로 보인다. 우리는 생각 없이 선택한다. 그렇다면 의지란 "선택하는 마음"이라는 에드워즈의 이론은 잘못일 것이다.

무심결에 이루어진 것처럼 보이지만 그런 선택을 세밀하게 분석해 보면 미미하긴 해도 어떤 선호 심리나 동기가 작용하고 있다는 사실이 발견될 것이다. 그 동기 요인은 우리가 간파하기 힘들 정도로 매우 미미하다. 공원 벤치의 빈자리를 고르는 데에는 경험이 작용한다. 늘 벤치 중간에 앉는 사람들이 있다. 어떤 사람은 사람들과 함께 어울리기를 좋아하고 사교적이어서 누군가가 와서 곁에 앉을 것이라는 기대감에 벤치 중간 자리를 택한다. 그런가 하면 고독을 선호하기 때문에 다른 누구도 그 벤치에 앉지 않기를 바라는 마음에서 중간에 앉는 사람들도 있다.

마찬가지로 사람들이 교실 앞좌석이나 뒷좌석을 선호하는 데에도 여러 이유가 있다. 특정한 좌석을 선택하는 결정은 심장의 맥박과 같은 무의식의 행동이 아니다. 그것은 자발적인 행동이다. 아무리 미미하거나 애매하다 해도 어떤 동기에서 비롯되는 것이다. 한마디로, 우리가 어떤 좌석을 선택하는 데에는 이유가 있다.

무엇이 선택을 결정하는가

선택을 분석하면서 에드워즈는 의지의 결정에 관해 논한다. "'의지의 결정'이란 의지의 행위나 선택이 특정한 목표에 고정됨을 의미한다. 어떤 행동이나 영향의 결과로 의지의 선택이 어떤 특정한 목표로 향하고 그 목표에 고정될 때, 그 의지는 결정되는 것이라고 할 수 있다."[17]

에드워즈는 흔히 말하는 "결정론"을 이야기하는 것이 아니다. 결정론이란 인간의 행위가 운명이나 확연한 숙명과 같은 어떤 외적인 강제에 의해 결정된다는 이론이다. 여기서 그는 오히려 인간의 의지력의 본질인 자결권을 언급하고 있는 것이다.

에드워즈는 "중립적인 의지"가 선택을 이끈다는 개념을 전적으로 비합리적이라고 여긴다.

의지의 결정에 관한 언급은 반드시 원인이 있는 결과를 전제로 한다. 의지가 결정된다면 결정하는 주체가 있기 마련이다. 의지가 그 자체를 결정한다고 말하는 사람들 역시 이 사실을 시사하고 있는 것으로 보아야 한다. 이런 경우에는 의지가 결정의 주체이자 객체인 셈이다. 그것은 그 자체에 작용하고 결과를 야기하는 원인이면서 그 자체의 작용과 영향을 받는 대상이다.[18]

여기서 에드워즈는 원인과 결과라는 관점에서 주장을 편다. 그의 논지 전반에 걸쳐 인과 관계가 전제로 깔려 있다. 인과 법칙에 따르면 모든 결과에는 선행하는 원인이 있다. 모든 결과에는 원인이 있고, 어느 원인이든 원인이 되려면 결과를 낳아야 한다. 인과 관계의 법칙은 비합리성을 수용하지 않는 한 부인할 수 없는 형식적 원칙이다. 데이비드 흄의 유명한 "인과 관계 비판"은 그 법칙을 부인하는 것이 아니라 특정한 인과 관계를 자각하는 우리의 능력을 부인하는 것이다.

에드워즈가 활용하는 인과 관계의 법칙은 그 자체 속에는 구체적인 내용이 없고 분석 차원에서 옳다는 점에서 "형식적"이다. 말하자면 그것은 그 용어의 분석 차원에서나 "정의상으로" 옳다는 것이다. 이와 관련하여 인과 관계의 법칙은 단지 비모순의 법칙을 확대한 것이다. 정의상으로 결과는 선행하는 원인을 지니게 된다. 원인이 없다면 그것은 결과가 아니다. 마찬가지로 정의상 원인은 결과를 낳는다. 결과를 낳지 않는 것은 원인이 아니다.

한때 어느 학자가 한 잡지 기사에서 이렇게 불평하면서 나를 비판했다. "스프로울의 문제는 그가 원인 없는 결과를 허용하지 않는다는 것이다." 그 비난에 대해 나는 잘못이 없다고 주장한다. 나는 내견해를 악덕보다는 미덕으로 여긴다. 원인 없는 결과를 허용하는 사람들은 비합리적이고 터무니없는 진술을 옳다고 허용하는 셈이다. 이 점에서 내가 잘못이라면 에드워즈는 더 잘못이 크다. 사실 이 세상의 복잡한 인과 관계에 대한 비판적인 분석에서는 에드워즈가 나보다 더 설득력이 있다.

의지는 결정되는 것임과 아울러 결정하는 주체라는 에드워즈의 언급은 모순이 아니다. 의지가 동시에 그리고 동일한 관계에서 결정의 객체이자 주체라는 것은 아니다. 그것은 한 의미에서는 결정의 주체이지만 또 다른 의미에서는 결정의 객체다. 의지는 실제적인 선택이라는 결과를 낳는다는 점에서 결정의 주체다. 반면에 그 선택들이 선택 순간의 가장 강력한 동기에 의해 야기된다는 점에서 의지는 결정의 객체다.

이 시대의 가장 위대한 에드워즈 전문가인 존 거스너는 이렇게 설명한다. "에드워즈는 영혼이 지성과 의지라는 두 부분으로 이루어져 있다고 이해한다. 『의지의 자유』는 이 같은 이분법을 근거로 하고 있을 뿐 아니라 『신앙감정론』에도 이 이분법이 깔려 있다. ……

에드워즈는 생각이 먼저이고 마음이나 의지는 그 다음이라고 여긴다는 점에서 영국 청교도인 존 프레스턴과 같은 입장이다. '인간의 특성이 이러하므로 지성의 문을 통하지 않고서는 그 어떤 대상도 마음에 다가갈 수 없다.' 에덴동산에서 아담은 하나님께 불순종하게끔 의지를 움직이는 생각의 유혹을 거부할 수도 있었을 것이다. 아르미니우스주의자와 펠라기우스주의자는 다르게 생각하지만 타락 후 그는 그렇게 할 수 없었다. '의지의 자유'에 관한 그들의 개념에 따르면 의지는 생각이 제시하는 것을 언제나 거부할 수 있다.

에드워즈가 쓴 『원죄』에 따르면, 이러한 그릇된 개념은 '펠라기우스주의자와 아르미니우스주의자, 그리고 그런 특성을 지닌 모든 신학자가 정통파와의 논쟁에서 매우 중요시하는 사항인 듯하다.' 에드워즈에게 의지의 작용은 원인이 있어서 일어난 것이 아니라는 의미에서는 자유롭지 않다."[19]

에드워즈에게 동기란 "지성이나 자각 역량의 이해력 속에 들어 있는 것이다."[20]

먼저 자각되거나 어떤 식으로든 생각 속에 먼저 자리 잡지 않은 것은 그 생각으로 하여금 무엇에 대한 의지를 갖게 하거나 작용하게 하지 못한다. 전혀 자각되지 않고 생각으로 분별되지도 않는 것은 그 생각에 아무런 영향을 끼칠 수가 없기 때문이다.

…… 행위자로 하여금 자각하고 의지를 갖게 하는 모든 동기나 자극은 어떠한 성향을 갖고 있거나, 결과나 작용되는 의지의 작용에 선행하여 그 의지를 움직이거나 자극하는 동인을 갖고 있다. 이처럼 선행하는 동기의 성향을 가리켜 나는 동기의 "힘"이라고 부른다. …… 가장 마음을 움직이는, 그리고 선행하는 성향 중에서 가장 선택을 자극하는 것을 가리켜 나는 "가장 강한 동기"라 부른다. 이런 의미에서 나는 의지가 항상 가장 강력한 동기에 의해 결정된다고 생각한다.[21]

나아가 에드워즈는 가장 강한 동기란 그 마음에 가장 "선하거나" "기쁜" 듯이 보이는 것이라고 주장한다. 여기서 그는 "선하다"는 말을 도덕적 의미에서 사용하고 있지 않다. 우리는 도덕적으로 선하지 않은 것을 행하는 것으로 가장 기뻐할 수도 있기 때문이다. 의지력은 그 사람에게 가장 흡족하게 여겨지는 것에 따라 작용한다. 가장 기쁘게 여겨지는 것이 즐거움으로 생각될 수 있다. 타락한 인간을 죄로 유혹하는 것은 자각되는 쾌락을 향한 욕구다.

이어서 에드워즈는 "필연"과 "우연"이라는 용어에 관심을 돌린다. 그는 "어떤 일이 달리 되어질 수 없고 반드시 그렇게 되어야 할 때 그것을 가리켜 필연적이라고 말한다"고 한다.[22] 그는 "필연"이라는 단어의 일반적인 용례를 넘어 철학적인 용례로 나아간다.

> 철학적 필연이란 어떤 것을 사실이라고 단언하는 명제의 주부와 술부에 의해 지시되는 것 사이의 온전하고 고정된 연관성 말고 아무것도 아니다. 이런 연관성이 있을 때 그 명제에서 확언되는 것은 (어떤 반대나 반박 노력이 전제되거나 전제될 수 있다 하더라도) 철학적 의미에서 필연적이다. 물질이든 특성이든 행위든 어떤 상황이든, 그 대상의 존재를 확언하는 명제의 주부와 술부가 온전하고 분명한 연관성을 맺고 있을 때 그 존재는 철학적 의미에서 필연적이라고 할 수 있다. 내가 다음 강론에서 필연이 자유와 모순되지 않는다는 점을 증거하고자 노력하는 가운데 "필연"이라는 단어를 사용하는 것은 이런 의미에서다.[23]

에드워즈는 여러 유형의 필연적인 연관성을 논의한다. 그는 그 연관성의 한 가지 유형을 "결과적" 필연성으로 이해한다. "필연적인 다른 일들과 완벽하게 연관되는 어떤 일들은 필연적인 결과에 의해 그 자체가 필연적이다."[24] 이것은 만일 A가 필연적이고 B가 완벽하게 A

와 연관되어 있으면 B 또한 필연적이라는 말과 같다. 에드워즈가 미래의 필연들에 대해 말하는 것은 다만 이런 결과의 필연성과 관련된 것이다. 이러한 미래의 필연성은 이런 방식으로만 "필연적이다."

에드워즈는 "우연"이라는 용어도 비슷하게 다룬다. 일반적인 언어에서 그 단어가 사용되는 방식과 철학적 강론에서 그것이 지니는 기능은 다르다.

> 원인이나 전례 사이에 이미 확립된 경로에 따른 연관성이 분간되지 않는 일을 가리켜 원래적인 의미에서 우연적이라거나 우발적으로 발생했다고 말한다. 우리에게는 그런 일을 예측할 방법이 없다. 또한 어떤 일이 우리가 예견하지 못하는 상황에서 우리의 계획과 시야를 넘어 발생할 때, 특히 그것을 우연적이라거나 우발적이라고 말한다. 그러나 "우연적"이라는 말은 매우 다양한 의미로 사용된다. 일련의 일들과 더불어 우리가 분간할 수 없고 예견할 수도 없는 연관성을 맺고 있는 일뿐 아니라 고정되고 분명한 연관성을 맺을 만한 예전의 근거나 이유가 전혀 없는 일에도 사용된다.[25]

일반적인 용례상으로 우리는 뜻밖의 결과를 가리켜 우연적이라거나 우발적이라고 말한다. 그러나 전문적인 의미에서 우연히 일어나는 일은 하나도 없다. 우연이란 존재성을 갖지 않으며 아무런 힘도 행사할 수 없기 때문이다. "우연적"이라는 용어가 근거나 이유가 전혀 없는 결과를 가리킬 때 그것은 원인 없는 결과가 있다는 확언을 반복하는 것일 뿐이다. 주어진 결과를 야기한 것이 무엇인지 모른다는 말과 아무것도 그 결과를 야기하지 않았다는 말은 전혀 별개다. 아무것도 아닌 것은 아무것도 할 수 없다. 그것은 아무것도 아니기 때문이다.[26]

도덕적 무능

에드워즈가 제시한 가장 중요한 구분들 가운데 하나는 자연적 능력과 도덕적 능력의 구분이다. 또한 그는 자연적 필연과 도덕적 필연을 서로 구분한다. "자연적 필연"은 자연력을 통해 발생하는 일들을 가리킨다. "도덕적 필연"은 성향이나 동기의 힘과 같은 도덕적 원인에서 야기되는 결과들을 가리킨다. 그는 이 같은 구분을 도덕적 "무능"이라는 주제에 적용한다.

우리가 어떤 일을 바라는데도 할 수 없을 때 우리는 그 일을 "자연적으로" 할 수가 없다고 말한다. 가장 흔히 자연이라고 지칭되는 것이 …… 그것을 허용치 않기 때문이다. 또는 이성이나 신체 구조의 역량에서 그 의지 외부에 어떤 심각한 결함이나 장애가 있기 때문이다. 그러나 "도덕적" 무능은 이런 것들에 기인하지 않는다. 성향의 부족이나 반대되는 성향의 힘, 또는 의지의 작용을 고무시키는 충분한 동기의 결핍이나 그 반대로 향하게 하는 명백한 동기들의 힘이 도덕적 무능을 일으킨다. 또는 이 두 가지 모두가 하나로 결집될 수도 있다. 한마

디로 도덕적 무능은 성향의 결핍이나 그 반대에 기인한다고 말할 수도 있다.[27]

인간은 자연에 의한 한계 때문에 할 수 없는 것을 하고 싶어할 수도 있다. 슈퍼맨이 되거나, 높은 빌딩을 단숨에 뛰어넘을 수 있거나, 기관차보다 강해지거나, 총알보다 빨라지기를 원할 수도 있다. 그러나 우리가 엄청난 초능력자가 되지 않는 한 그처럼 엄청난 묘기를 부릴 수는 없을 것이다. 자연은 기계 장치의 도움 없이도 새가 공중을 날고, 물고기가 물속에서 살 수 있게 한다. 이것들은 자연적으로 그렇게 할 수 있도록 창조되었다. 그러나 우리에게는 날개와 깃털, 또는 아가미와 지느러미가 없다. 이들은 자연에 의해 부과된 한계들이다. 이것들은 필수적인 역량이나 준비의 결핍을 보여준다.

도덕적 무능 역시 결핍, 즉 충분한 동기나 성향의 결핍과 관련이 있다. 에드워즈는 도덕적 무능의 여러 사례를 인용한다.

도덕적 무능 상태에서 의지는 자유할 수 없다. 의지는 항상 자유롭게 그 순간의 가장 강력한 동기나 성향에 따라 작용한다. 에드워즈에게 이것이 바로 자유의 본질이다. 자신이 바라는 바를 선택할 수 있다는 의미에서 자유로운 것이다. 의지가 자유로울 수 없다는 말은 의지가 자체의 가장 강력한 성향에 반하는 선택을 이끌 수 없다는 뜻이다. 의지는 의지 자체가 선택하기를 원치 않는 것을 선택할 수 없다. 에드워즈는 "자유"의 일반적 의미를 언급한다. "어떤 사람이 자신이 바라는 대로 또는 자신의 선택에 따라 행할 수 있는 힘과 기회다." 이

말은 "그러한 선택의 원인이나 기원"에 대해서는 아무 말도 하지 않는다.[28]

에드워즈는 아르미니우스주의자와 펠라기우스주의자가 "자유"라는 용어를 다른 의미로 이해한다는 점을 지적한다. 그는 그들이 제시한 정의의 몇 가지 측면을 열거한다.

1. 자유는 자결력 또는 스스로 결정을 내리는 의지 자체의 특정한 주권에 달려 있다.
2. 중립 상태는 결단 행위 이전의 자유에 속한다.
3. 우연은 자유에 속하며 자유와 관련하여 본질적인 것이다. 의지가 이런 의미에서 자유롭지 않다면, 그것은 전혀 자유롭지 않은 것이라 할 수 있다.[29]

이어서 에드워즈는 펠라기우스적 개념이 비합리적이며 결정론으로 역행하게 한다고 지적한다.

만일 의지가 의지를 결정한다면 선택이 선택을 지시하고 결정하게 된다. 선택 행위들이 그 결정에 복속하고 다른 선택 행위들을 따르게 된다. 따라서 의지가 그 자체의 모든 자유로운 행위를 결정한다면 자유로운 모든 선택 행위는 예전의 선택 행위에 의해 결정된다. 또한 만일 그 선행하는 의지나 선택의 행위 또한 자유로운 행위라면 이 행위 속에서도 그러한 원칙에 따라 그 의지는 스스로 결정된다.

말하자면, 이것 또한 마찬가지로 영혼이 자발적으로 선택하는 행위다. …… 이는 우리를 곧바로 모순에 빠뜨린다. 그것은 연속되는 전체 행위들 중 첫 번째 행위에 선행하는, 나머지 행위들을 지시하고 결정하는 의지의 작용을, 또는 의지의 첫 번째 자유로운 행위 이전의 의지의 자유로운 행위를 전제하고 있기 때문이다. 또는 우리는 마침내 이어지는 행위들을 결정짓는 의지의 첫 행위에 도달해야 하며 그 행위 속에서는 의지가 자결적이지 않으므로 그것은 자유로운 행위가 아니다. …… 그러나 만일 그 일련의 행위들 중 첫 번째 행위가 자유롭지 않다면 그 행위들 중 어느 것도 자유로울 수 없다.

…… 만일 첫 번째가 의지에 의해 결정되지 않고 그래서 자유롭지 않다면 그들 중 진정으로 의지에 의해 결정되는 것은 하나도 없는 것이다.[30]

에드워즈는 의지가 중립 상태라는 개념은 터무니없다고 말한다. 첫째, 만일 의지가 중립의 관점에서 작용하고 어떠한 동기나 성향이 없다면 어떻게 그 선택이 도덕적일 수 있는가? 결정들이 전적으로 독단적일 뿐 그 어떤 이유나 동기에 의해 내려지는 것이 아니라면 그것들이 어떻게 비자발적인 행위와 다르며 식물이나 짐승, 낙하하는 물체와 다르겠는가?

둘째, 의지가 중립적이라면 어떻게 선택이 존재할 수 있는가? 동기나 성향이 전혀 없다면 어떻게 선택할 수 있는가? 그것은 원인 없는 결과를 요구하는 것과 같다. 이 때문에 에드워즈는 영혼의 작용을 통해 원인 없는 결단이 내려질 수 있는지에 대한 물음을 제기한다.

에드워즈에게 "아무것도 아닌 것은 아무런 선택을 하지 않는다"는 것은 자명한 사실이다.[31] "선택이란 그 자체 이전에 존재할 수 없는 것이다. 그것은 그 자체의 기초가 될 수 없고 그 자체의 결실이나 결과도 될 수 없다."[32]

여기서 에드워즈는 비모순의 법칙을 자유의지에 대한 펠라기우스적 견해와 아르미니우스적 견해에 적용시키며, 그것이 터무니없음을 보여준다. 중립 상태는 선택을 조성하는 것이 아니라 다만 그것을 보류시킬 수 있을 뿐이다. 중립 상태에서 선택한다는 것은 물질적인 원인뿐 아니라 충분하거나 유효한 원인도 없는 상태에서 무로부터 작용하는 것을 의미할 것이다.

그 다음에 에드워즈는 아우구스티누스의 견해에 대해 몇 가지 반대 사항들을 다루지만 여기서는 생략하기로 하겠다. 다만 에드워즈의 원죄관을 요약하면서 끝맺고자 한다.

하나님이 인간 영혼의 성향을 변화시키시지 않는 한, 또는 그렇게 하시기 전까지, 인간은 도덕적으로 하나님께 속한 것을 선택할 수 없다. 인간의 도덕적 무능은 결정적인 결핍과 결함, 즉 하나님께 속한 것들을 향한 욕구나 동기의 결핍 탓이다. 결코 인간 스스로 그리스도를 선택하지는 못할 것이다. 그의 타락한 상태로는 그렇게 할 성향을 전혀 갖지 못한다. 그는 자신의 가장 강한 성향을 거슬러 행동할 수 없기 때문에, 하나님이 직접적이고 초자연적인 중생의 사역을 통해 그의 영혼의 성향을 먼저 변화시키시지 않는 한, 인간은 결코 그리스도를 선택하지 않을 것이다. 자신의 악한 성향에 속박된 상태에서 그 죄인을 해방시키실 수 있는 분은 오직 하나님뿐이다.

아우구스티누스, 루터, 칼빈 등과 마찬가지로 에드워즈는 인간은 자신이 바라거나 선택하고자 하는 것을 선택할 수 있고 또 선택한다는 점에서 자유롭다고 말한다. 그러나 하나님이 사람의 영혼 속에 이것들을 향한 적극적인 성향을 조성하시기 전까지 그 사람은 그리스도를 향한 욕구를 결여한 상태인 것이다.

▰에드워즈 관련 문헌

The Great Christian Doctrine of Original Sin Defended: Evidences of Its Truth Produced, and Arguments to the Contrary Answered. In *The Works of Jonathan Edwards, A. M.* 10th ed. 2 vols. 1865. Reprint. Edinburgh/Carlisle, Penn.: Banner of Truth, 1979. 1:143–233.

Freedom of the Will. Edited by Paul Ramsey. *The Works of Jonathan Edwards,* edited by Perry Miller, vol. 1. New Haven and London: Yale University, 1957.

A Jonathan Edwards Reader. Edited by John E. Smith, Harry S. Stout, and Kenneth P. Minkema. New Haven: Yale University, 1995.

Gerstner, John H. *The Rational Biblical Theology of Jonathan Edwards.* 3 vols. Powhatan, Va.: Berea/Orlando: Ligonier, 1991–93.

Gerstner, John H. *Jonathan Edwards: A Mini-Theology.* Wheaton: Tyndale, 1987.

Lang, J. Stephen, ed. *Jonathan Edwards and the Great Awakening. Christian History* 4, 4(1985).

Murray, Iain H. *Jonathan Edwards: A New Biography.* Edinburgh and Carlisle, Penn.: Banner of Truth, 1987. 『조나단 에드워즈 삶과 신앙』. 이레서원.

8장

우리의 본성은 부패하지 않았다

찰스 피니

그 행위가 필연적으로 악할 수밖에 없다는 의미에서 본성이 악하다면 악한 행위
는 불행한 상태로 간주되어야 할 뿐 범죄가 아니다. …… 이것이 범죄일 수 없는
이유는 의지가 전혀 관련되어 있지 않기 때문이다.

찰스 피니는 현대 복음주의 진영의 영웅이다. 피니의 『조직신학』[1] 1994년판 앞표지에는 그를 "미국의 가장 위대한 부흥사"로 소개하고 있다. 뒤표지에는 직간접적으로 약 50만 명을 회심에 이르게 한 인물이라고 소개되어 있다. 또한 찰스 화이트는 키스 하드먼의 1987년판 피니 자서전을 개관하면서 그를 가리켜 "19세기의 으뜸가는 복음전도자"로 칭송하고 있다.[2]

피니가 차세대 복음전도자들에게 지대한 영향을 끼쳤다는 것은 매우 자명한 사실이다. 그의 자서전 서문에서 하드먼은 이렇게 쓰고 있다. "많은 질문이 찰스 피니에 대한 연구를 둘러싸고 있다. 종종 그는 현대 대중 복음전도의 창시자로 여겨져 왔다. 그는 더 많은 사람을 회심시키기 위한 혁신적인 방법과 청중에게 증거하는 새로운 설교 방식을 개발하였고, 이로 말미암아 복음전도를 대하는 태도 전체가 변화되었다. 어떤 사람은 현대 대규모 복음전도의 모든 기법과 태도는 찰스 피니에게서 비롯되었다고 주장한다. 드와이트 무디, J. 윌버

채프만, 빌리 선데이, 빌리 그레이엄 등은 이러한 방법들을 가감 없이 그대로 받아들였으며 훗날 필요에 따라 그 기법들을 조금 수정했을 뿐이다."[3]

피니가 받은 존경과 존중만큼 19세기에는 그를 비판하는 사람도 적지 않았다. 아마 그 비판자들 중 대표적인 인물은 프린스턴의 신학자 찰스 하지일 것이다. 『피니의 조직신학』에는 앤도버의 조지 라이트가 쓴 부록이 포함되어 있으며, 여기서 라이트는 하지가 피니를 크게 오해하고 곡해했다고 불평을 토로한다.

아마 피니에 대한 비판을 떠맡는 일은 복음주의 진영의 반발을 불러일으킬 것이며 기껏해야 쓸데없는 심부름으로 여겨질 것이다. 그러나 이 길을 과감히 걷는 사람들이 있었다. 『현대의 종교개혁』 (Modern Reformation)에 수록된 에세이에서 캘리포니아 주 에스컨디도에 위치한 웨스트민스터 신학교 학장인 로버트 고드프리는 이렇게 설명한다. "피니의 놀라운 점은 명쾌함이다. 나는 신학생들에게 피니의 두터운 책자를 다 읽어보게 한다. 내가 그의 책을 요약하여 제시하면 그들은 내가 공평하다는 것을 믿지 않을 것이기 때문이다. 교회사 전반에 걸쳐 피니만큼 펠라기우스적인 신학자도 없을 것이다. 피니는 펠라기우스가 좋게 보이도록 시도한다. 『찰스 피니의 부흥론』(Revival of Religion, 생명의말씀사)에서 보여준 피니의 심오한 통찰력에 따르면 회심은 자유의지의 작용을 통해 야기된다."[4]

같은 기사에서 고드프리는 이같이 말한다. "한번은 B. B. 워필드가 찰스 피니의 신학에 대해 '그 특성을 본질적으로 바꾸지 않는 한 하나님이 그 속에서 배제되실 수도 있다'고 말했다. 현대 신학에 대해서도 그같이 말할 수 있다. 우리는 더 예리한 분석과 논박을 해야만 한다."[5] 고드프리가 역사가로서 교회사 전체에 걸쳐 "피니만큼 펠라기우스적인 신학자도 없을 것"이라고 비판한 말은 워필드의 비판보다 조금 더 심할 뿐이다.

『피니의 조직신학』 서문에서 파크허스트는 피니를 가리켜 이렇게 말한다. "그는 당대의 어떤 신학 체계나 그룹에 집착하기보다는 성경적이기 위해 노력했다. 어떤 경우에는 그가 칼빈주의와 아르미니우스주의의 중간 견해를 취하는 듯이 보이며, 이로 인해 그의 신학의 특정 부분에 대해 각 그룹이 제각기 비판을 가한다."[6]

앞서 말한 파크허스트의 말을 들어보자. "건전한 신학에 대한 지식이 부족한 사람들은 피니의 신학이 정통적이지 않다거나 그의 복음이 바울의 복음에 따른 것이 아니라는 그릇된 생각을 다른 사람들에게 주입시켜왔다."[7]

나로서는 피니가 칼빈주의와 아르미니우스주의 사이에 자리 잡고 있다는 말이 이해하기 힘들다. 이 두 학파의 논쟁은 아우구스티누스주의와 반펠라기우스주의의 논쟁을 상기시키는 듯하다. (고드프리가 확언하듯이) 만일 피니가 펠라기우스적이라면 그는 칼빈주의와 아르미니우스주의 모두의 범위를 벗어나 있는 것이다. 파크허스트는 피니의 정통성에 의문을 제기하는 사람들을 가리켜 건전한 신학에 대한 지식이 부족하다고 말한다. 아마 그 말은 하지, 워필드, 고드프리 등에게 해당할 것이며 내게도 해당할 것이다. 그러나 피니에게서 신학적 정통성을 찾아보기란 매우 힘들다.

먼저 우리는 피니가 복음주의적이었는지 물어보아야 한다. 어떤 의미에서는 이 물음에 대답하기가 쉽지만, 또 어떤 의미에서는 매우 대답하기 힘들다. 그 어려움은 복음주의적이라는 용어의 정의 때문이다. 누군가가 복음주의적인지 여부를 평가하기 전에 우리는 그 말이 무슨 뜻인지를 먼저 이해해야 한다.

모든 단어, 특히 표제어는 뉘앙스와 의미가 변화한다. 사전 편찬자들은 단어의 최초 어원에서 현대 용법에 이르기까지 의미 변화에 유의한다. 우리는 "근본주의자"(fundamentalist)라는 용어에서 이러한 변화를 분명하게 볼 수 있다. 이 단어는 원래 기독교의 근본 교리에 관한 학구적 논쟁 과정에서 만들어졌다. 오늘날 이것은 반지성적이고 도덕주의적인 믿음을 가진 사람들에게 종종 적용된다. 이와 비슷하게 "복음주의적"이라는 용어의 의미도 애매모호한 부분이 있다.

역사적으로 이 단어는 "프로테스탄트"와 동의어였다. 이것은 프로테스탄트 종교개혁과 결부되어 있었고, 특별히 "오직 믿음을 통해서만 의롭다 함을 받는다"는 솔라 피데 교리를 지칭했다. 담대한 종교개혁자들은 이 교리가 성경적인 복음을 로마 가톨릭의 곡해에서 구출해냈다고 믿었다. 수세기 동안, 비록 수많은 신학적 논점으로 나뉘어 있긴 하지만 복음주의는 솔라 피데를 공통분모로 삼아왔다.

주권-구원 논쟁에서 복음의 성격을 놓고 벌어진 논란이 입증하듯이 오늘날에는 이 점에 대해서도 급속하게 의견이 분열되고 있다. 로마 가톨릭교도와 복음주의자 사이에 줄곧 진행되고 있는 대화에서도

"복음주의적"이라는 용어의 의미에 관한 물음을 제기해 왔다. 예를 들어 로마 가톨릭교도인 키스 푸르니에는 자신을 가리켜 "가톨릭 복음주의자"라고 묘사한다. 그는 자신이 프로테스탄트식 솔라 피데 교리를 받아들이는 것이 아니라 역사적 로마 가톨릭 사상에 의해 정의된 복음을 받아들이는 것이라고 설명한다.

현대의 용례상으로 "복음주의적"이라는 용어는 복음전도 방법론이라는 면에서 또는 사람들이 개인적으로 그리스도께 회심해야 한다는 개념에 따라 정의되는 경향이 있다. 만일 이 용어가 후자의 의미에서 사용된다면 찰스 피니야말로 가장 복음주의적이다. 분명 그는 사람들이 그리스도께 회심하는 것을 보려는 열정을 지니고 있었다.

그러나 우리가 이 용어를 고전적인 의미로 사용한다면, 그래서 종교개혁자가 정립한 것처럼 "오직 믿음을 통한 칭의" 교리를 받아들이는 사람을 지칭하는 말로 이해한다면, 피니는 결코 복음주의적이지 않다. **솔라 피데**에 대한 피니의 견해를 간략히 살펴보자.

칭의_ 법정적인 것이 아니다

법을 공부한 피니는 법률적으로 칭의란 통치 행위라고 말했다. 이것은 정부의 입법부와 행정부가 실행할 수 있는 것이다. 사법부에서 실행하는 것이 아니다. 사법부는 결코 죄인을 "의롭다"고 간주할 수 없다. 이렇게 하는 것은 법 그 자체를 위반하거나 부인하는 일이 될 것이다.

복음의 칭의는 죄인에 대한 칭의다. 따라서 죄인이나 법을 어긴 사람에 대한 칭의가 법정적인 또는 사법적인 칭의라고 확언하는 것은 당연히 불가능하며 매우 명백한 모순이다. …… 죄인이 법의 눈에 비추어 의롭다고 선언될 수 있다고, 그리고 그가 법의 행위에 의해서나 법에 의해 의롭다 함을 받을 수 있다고 확언하는 것은 분명 말도 안 되는 것이다. 법은 죄인을 정죄한다. 사법적으로나 법정적으로 의롭다 함을 받는 것은 법의 심판 안에서 의롭다고 선언받는 것을 뜻한다. 이런 일은 죄인에게 불가능하다.[8]

피니는 단순히 궤변을 늘어놓고 있는 것이 아니다. 그는 종교개혁자들이 말한 법정적 칭의란 그리스도의 의가 그리스도인에게 전가되는 것에 의존한다는 점을 분명히 이해하고 있다. 그리스도인은 오직 "그리스도 안에" 거하는 것으로 의롭다고 선언되거나 인정받는다.

나중에 피니는 이 전가 문제를 제기한다. 따라서 여기서 우리는 그가 그 문제를 자각하고 있었다는 사실만 언급하고 넘어가기로 한다. 아울러 주지해야 할 사항은, 종교개혁자들은 죄인이 율법에 의해 의롭다 함을 받는다고 믿은 것이 아니라, 율법 수여자이자 온 땅과 우주의 심판관이 바로 법정적 심판의 근원이시라고 믿었다는 것이다.

피니는 죄인이 통치상으로 의롭게 간주된다는 점에는 동의한다. 그러나 이것은 마르틴 루터가 주장했듯이 "외래적인 의"(alien righteousness)의 전가가 아니라 단지 용서나 사면 명령에 기인하는 것이다. 그는 "죄인들이 다른 어떤 의미에서는 의로워질 수 없다"고 말한다.[9] 그는 칭의란 그리스도인에 대한 그리스도의 의의 전가에 기초하고 있다는 개념을 예리하게 비판한다.

전가된 의의 교리, 또는 율법에 대한 그리스도의 순종이 우리의 순종으로 간주된다는 교리는 매우 그릇되고 터무니없는 가정에 기초한 것이다. 더 정확히 말해서 이 교리에 따르면 그리스도께서는 개인적으로 율법에 순종할 의무가 없으셨고, 따라서 그분의 순종은 모두 공적(功績)의 사역으로 우리 자신의 순종을 대신할 것이며, 또한 그분 자신은 순종하실 필요가 없었으므로 그 공적이 우리 몫으로 넘겨질 수 있다.[10]

피니는 엄청나게 큰 허수아비를 세워 온 셈이다. 내가 알기로는 그리스도께서 개인 자격으로는 순종하실 필요가 없다고 가르친 종교개혁자는 단 한 명도 없다. 피니의 주장에 따르면, 예수님은 모든 면에서 율법에 순종하셔야 했기 때문에 그분의 완전하신 순종은 그러한 공적을 결여한 다른 사람들에게 주어질 수 있는 여분의 공적을 마련하지 못했다. 이와 관련해서는 심지어 예수님마저도 "무익한 종"이셨다는 것이다. 피니는 어떤 존재가 공적을 대신 쌓아주는 것은 불가능하다고 주장한다. 예수님이 완전한 순종을 통해 의롭게 하실 수 있었던 유일한 대상은 바로 그분 자신이셨다는 것이다.

이 같은 가르침만으로도 피니가 프로테스탄트의 솔라 피데 교리를 받아들이지 않았음을 보여주기에 충분하다. 또한 그리스도인에게 끼치는 그리스도의 의의 전가를 부인하여 역사적 복음주의와 큰 거리를 둔 셈이다.

그러나 피니가 신학적인 뒷받침 없이 전가를 거부한 것은 아니다. 그것은 그의 속죄 교리와 떼려야 뗄 수 없는 관계를 맺고 있다. 이것과 관련하여 그는 칭의를 속죄와 결부시키는 종교개혁자들과 어느 정도 공통점을 보인다.

전통적인 복음주의에서 말하는 칭의의 기초는 그리스도의 완전하고 능동적이신 순종과 십자가에서의 수동적인 순종에 있다. 여기서 두 가지 전가가 발생한다. 자기 백성의 죄가 그리스도께 전가되어 십자가 위에서 그분에게 지워진다. 그리고 그리스도의 의가 자기 백성에게 전가된다. 피니는 전가의 이 두 가지 측면을 모두 거부하며 대속적이고 충족스러운 그리스도의 속죄에 이의를 제기한다.

속죄_ 대속적인 것이 아니다

피니의 신학 가운데 기독교 정통에서 이탈된 모습을 가장 쉽게 드러내 보이는 부분은 바로 그의 속죄관이다. 피니는 이른바 속죄에 관한 "통치적" 또는 "도덕적 감화"(moral influence) 이론을 옹호한다. 이것은 복음주의 정통보다는 이단인 소키누스주의와 더 많은 공통점을 보인다.

피니는 하나님의 보응적 공의를 만족시키는 일은 그 누구도, 심지어 그리스도마저도 해낼 수 없다고 생각한다. "보응적 공의란 충족을 요구하므로 그 일은 당연히 불가능하다. 엄밀히 말하자면 범죄자는 자신이 마땅히 받아야 하는 정도와 기간의 징벌을 받아야 한다는 의미에서 보응적 공의는 결코 만족될 수 없다. 이것은 그가 무죄 상태가 되기까지 줄곧 징벌을 받아야 함을 뜻하기 때문이다. …… 그러므로 그리스도께서 모든 선택받은 자들을 대신하여 고난을 당하셨다고 가정하는 것은, 그분이 그 모든 사람 때문에 영원한 징벌을 당하셨다고 생각하는 것이다.”[11]

설령 피니의 신학에서 하나님이 완전히 제거된다고 해도 그 성격에는 본질적인 변화가 전혀 없을 것이라고 한 B. B. 워필드의 말이 여기서 분명히 입증되기 시작한다. 아마 워필드는 마치 율법이 율법 수여자에게서 분리되어 존재할 수 있기라도 하듯이 율법에 대한 이론적 언급이 반복되는 것을 감지했을 것이다.

속죄를 충족시키는 것으로 이해하는 견해는 충족되는 것이 율법 그 자체가 아니라 그 율법의 수여자이신 아버지시라고 본다. 공의로 우심과 아울러 공의롭게 하는 분은 바로 하나님이다. 그분의 공의가 그리스도에 의해 충족되었고, 그분의 요구들이 만족되었다.

피니가 충족이라는 요소를 완전히 부인하는 것은 아니다. 그는 “그리스도의 속죄란 공적 공의를 충족시키고자 의도된 것”이라고 선언했다.[12] 그는 이 개념을 자연 신학에 의거하여 설명하고자 한다. 자연에서 배울 수 있는 것이 몇 가지 있다. 자연은 인류가 타락한 상태이며 하나님은 자애로우시고 또한 하나님의 성품 중 하나가 자비임을 가르쳐준다. 피니는 다음과 같이 이를 확대하여 설명한다.

또한 자연은 도덕적 통치 아래 자비를 행사하는 데에는 실제적이고도 큰 위험이 따르며 하나님의 통치와 같이 방대하고 영속적인 통치 아래에서는 매우 큰 위험이 따른다는 점을 가르칠 수 있다. 즉, 그런 통치 아래에서는 위험성이 크기 때문에 자비의 행사는 죄를 범하고서도 벌을 받지 않는다는 마음을 고무시키는 것으로 이해될 것이다.[13]

피니의 저서들 속에 두루 표현되어 있는 그의 주된 관심사들 가운데 하나는 도덕률 폐기론에 대한 위협이다. 그는 속죄의 신학이 방탕함을 자극하는 것이 되는 데서 지켜내고자 한다. 그는 속죄가 필요한 몇 가지 이유를 다음과 같이 열거하고 있다.

- 속죄는 우주 속에서 하나님의 영광과 영향력을 증진시키기 위해 필요했다.
- 속죄는 회개할 강력한 동기를 제시하기 위해 필요했다.
- 속죄는 용서를 제시하는 것이 죄를 묵인하는 것처럼 보이지 않게 하기 위해 필요했다.
- 속죄는 법규 제정에서 하나님의 신실성을 드러내기 위해 필요했다.
- 속죄는 용서를 제시하고 약속하는 일을 안전하게 하기 위해 필요했다.[14]

이 문제와 관련한 피니의 추가 설명은 그리스도의 속죄가 공적 공의를 위한 요구를 만족시키기 위해 계획되었다는 사실을 보여준다.

자연 신학은 하나님이 자신의 율법을 실행하심에 있어 그 율법 실행을 통해 배우게 될 교훈을 감명 깊고도 충분히 계시할 만한 대리자를 제시하지 않고서는 자신의 지혜와 성품, 우주에 대해 공의로우실 수 없었을 것이라는 사실을 보여주기에 충분하다.

형벌의 의도는 예방에 있으며 형 집행의 의도 역시 마찬가지다. 모든 정부의 수장은 법의 권위를 존속시킬 것을 맹세하며, 그는 법에 의한 형 집행을 통하는 것만큼이나 법의 권위를 효과적으로 뒷받침한다는 조건이 갖추어지지 않는 한, 어떤 경우에도 용서를 베풀 권리가 없다. 법을 어긴 자들에게 보편적으로 용서를 제시하는 것은 어떤 정부에서든 결코 안전하지 않고 심지어 가능하지도 않았다. 앞에서 제시된 바와 같은 명백한 이유 때문에 그것은 법 전체를 폐기하는 격이 될 것이기 때문이다. 세상의 모든 형 집행관에게 구속력을 발휘하고 있는 공적인 의는, 상응하는 그 무엇이 정부에 넘겨지지 않는 한, 즉 형 집행을 충분히 대체할 무슨 일이 시행되지 않는 한 그 어떤 범죄자에게도 자비가 허용되지 않도록 엄중하고도 단호하게 금한다.[15]

예수님이 공적인 의(public justice)를 "충족시키신다"는 것은 바로 이런 의미에서다. 그분의 속죄는 사람들로 하여금 하나님의 용서나 사면에서 그릇된 가정을 끌어내지 못하도록 방지한다. 속죄는 덕스러운 행실로 박차를 가하게 하며, 우리를 더 큰 범죄에 빠지지 않도록 막아준다. 이런 점에서 그리스도는 죄를 지어도 벌을 받지 않는다고 생각할 수도 있는 악인에게 하나의 견본 역할을 하신다. 그리스도의 희생은 어떤 개인의 죄를 대속하기 위한 것이 아니다. 그것은 율법과 도덕적 덕성에 대한 하나님의 열심을 보여준다.

피니는 속죄를 온 우주와 그 속에 있는 모든 사람의 유익을 위해 의도된 것으로 보았다. 그것은 "예전 그 어느 때에 얻은 것보다 더 높은, 그리고 다른 어떤 방법으로 얻을 수 있는 것보다 더 높은 하나님에 관한 지식"을 사람들에게 제공한다.[16] 이 유익은 주로 계시적인 특성에서 발견된다. 그 속죄는 모든 인류가 만일 올바르게 그것의 영향을 받고서 회개에 이르면 용서받을 수 있다는 점을 가르친다.

우리는 "솔라 피데"라는 종교개혁 교리를 피니가 거부한 것이 그의 속죄관과 결부되어 있다는 점을 살펴보았다. "대신하시는"(앞서 설명된 의미에서 "대신하시는") 속죄는 우리의 칭의 조건이다. 회개와 믿음은 다른 조건들에 포함되어 있다. 믿음에 대해 그는 이렇게 언급한다.

이 주제에 관한 여러 개념에서 참으로 많은 오류가 나타났다. 그들은 이신칭의에 대해 마치 하나님의 독단적인 지시 때문에 믿음이 칭의의 유일한 조건으로 제시되기라도 하듯이 말했다. 이것은 도덕률 폐기론적 견해처럼 보인다. 그들은 이신칭의를 언급하면서 마치 회개한 죄인이 의롭게 되는 것은 믿음을 통해, 즉 그리스도에 의해서가 아니라 믿음에 의해서인 듯이 말했으며, 또한 그리스도가 아니라 믿음이 우리를 의롭게 하는 듯이 말했다.

그들은 믿음을 칭의의 자연적 조건으로 여기는 것이 아니라 칭의의 신비한 조건으로 여기는 듯하다. 즉, 그것이 우리를 그리스도와의 신비한 관계와 언약 속으로 들어가게 하여 그 결과 그분의 의와 개인적인 순종으로 하여금 우리에게 전가되게 한다는 식이다. 칭의의 조건인 믿음은 사랑으로 역사하는 믿음이라는 사실이 결코 망각되어서는 안 된다.[17]

여기서 피니가 무엇을 염두에 두고 있는지를 분간해내기란 조금 힘들다. 첫 부분에서 우리는 그가 누구의 칭의관을 논박하고 있는지 분명히 알아내기가 어렵다. 종교개혁자들은 믿음을 가리켜 하나님의 "독단적" 지시라고 확언하지 않았을 것이다. 또한 그들은 칭의가 "그리스도를 통한 믿음"이 아닌 그냥 "믿음"에 의해서 이루어진다고도 말하지 않았을 것이다.

피니가 여기서 논박하는 내용은 종교개혁자들도 논박했을 것이며, 그런 견해가 도덕률 폐기론적이라는 점에는 모두 동감했을 것이다. 그러나 이 내용 마지막 부분은 피니가 종교개혁자들의 견해를 염두에 두고 있음이 분명하다. 그리스도의 의가 그리스도인에게 전가된다는 견해에 대한 그의 반발이 다시금 분명해지고 거세어진다.

성화_ 칭의의 조건이다

피니는 성화를 칭의의 또 다른 조건으로 제시한다.

어떤 신학자들은 성화를 칭의의 조건으로 여기는 대신 칭의를 성화의 조건으로 여겼다. 그러나 이것은 …… 잘못된 견해다. …… 자신의 마음과 삶을 현재 하나님과 그분을 섬기는 일에 온전히 헌신하는 것은 과거의 죄를 현재 용서받기 위한, 그리고 현재 하나님께 받아들여질 수 있기 위한 불변의 조건이다.[18]

이 마지막 문장은 예수 그리스도의 복음에 치명타가 된다. 마음과 삶을 온전히 하나님께 헌신하는 것이 죄를 용서받는 불변의 조건이라면, 누가 죄를 용서받을 수 있겠는가? 이것은 복음이 아니라 가장 나쁜 소식이다. 우리의 칭의가 온전한 성화에 의존한다면 모든 사람 가운데 우리가 가장 비참하다. 피니는 자신이 논박하고 있는 사항을 분명히 밝힌다.

전가된 의에 의한 칭의가 법정적인 과정이라고 주장하는 사람들은 최종적인 또는 궁극적인 칭의라는 견해를 취한다. 그들에게 믿음은 전가된 의, 그리고 사법적 칭의를 받아들인다. 그와 더불어 첫 번째 믿음의 행위가 죄인으로 하여금 이 같은 관계에 들어가게 하며, 영속적인 칭의를 얻게 한다.

그들은 이 첫 번째 믿음의 행위 후에 죄인이 정죄에 빠질 수는 없다고 주장한다. 한 번 의롭다 함을 받으면 향후에 무슨 일을 하든 항상 의롭다고 인정받는다고, 과거의 죄에 관한 한 범죄를 멈추겠다는 조건으로는 결코 은혜로 의롭다 함을 받을 수 없다고, 그리스도의 의가 칭의의 근거라고, 그리고 그 자신의 현재적 순종이 칭의의 조건이 되지 않는다고 주장한다. 따라서 사실 하나님의 율법에 대한 자신의 현재나 미래의 순종은 어떤 경우에도, 어떤 의미에서도 현재적인 또는 궁극적인 칭의와 아무런 관련이 없는 셈이다.

이것은 내가 거듭 주지시키려는 것과 다른 복음이다. 단지 사색적이거나 이론적인 견지에서의 차이가 아니다. 이것은 복음과 구원에서 근본적인 사항이다.[19]

솔라 피데에 관한 종교개혁자들의 견해를 피니가 파악하고 있다는 생각이 들었을 때, 나는 그의 명료한 표현에 놀라움을 느꼈다.

그의 표현에 따르면, 자신이 거부하는 견해는 일단 죄인이 의롭다 함을 받으면 그 죄인은 "향후에 무슨 일을 하든 항상" 의롭다 여김을 받는다고 가르친다. 이 표현은 어떤 의미에서 개혁주의 견해를 나타낸다고 할 수 있지만, 오도할 위험이 있다.

"그가 무슨 일을 하든"이라는 말은 의롭다 함을 받은 죄인이 성화의 열매를 전혀 맺지 않고 즐거이 계속 죄를 범하면서도 여전히 의롭다고 여겨질 수 있음을 뜻할 수도 있다. 종교개혁자들은 비록 칭의가 오직 믿음으로만 가능하지만 칭의의 도구적 원인인 믿음은 그 자체만으로 존재하는 것이 아님을 강조했다. 사실 성화의 열매가 칭의의 근거는 아니지만 구원하는 믿음은 필시 성화의 열매를 맺는다.

여기서 전문적인 측면이 언급되어야 한다. "어떤 경우, 어떤 의미에서도 (순종이) 칭의의 필수 조건이 아니라"는 피니의 말에 우리는 공감할 수도 있다. 전문적인 측면은 이러하다. 개혁주의 관점은 좁은 의미에서 순종을 칭의의 "조건"(그러나 결코 그 근거는 아니다)으로 본다. 이것은 죄인이 의롭다고 선언될 수 있기 전에 충족되어야 한다는 의미가 아니라 진정한 믿음의 필연적 결실이라는 의미의 조건이다. 진정 필수적인 조건은 참된 믿음의 실재이며, 그것은 반드시 순종의 열매를 맺는다. 아무런 순종도 따르지 않는다면 참된 믿음도 전혀 실재하지 않은 셈이다.

노력이나 순종이 없는 믿음이 도덕률 폐기론적이라는 피니의 확언은 옳다. 그러나 종교개혁자들은 믿음의 고백만을 통한 칭의가 아니라 믿음의 소유(*fides viva*, 살아 있는 믿음)를 통한 칭의를 가르쳤다. 이어서 피니는 솔라 피데를 논박하는 일에 열중한다.

내가 반박하는 칭의관이 옳다면, 일단 믿은 사람이 죄 사함을 간구한다는 것은 터무니없는 일이다. 그것은 하나님께 대한 모독이자 그리스도께 대한 반역이다. ⋯⋯

내가 이해한 바에 따르면, "웨스트민스터 신앙고백" 기안자들은 칭의를 하나님의 자녀가 된 자의 관계에서 비롯되는 상태라고 간주했다. 이 상태는 오직 믿음에 의해서만 들어갈 수 있다.

또한 그들은 칭의가 구체적인 순종에 좌우되지 않으며, 이 상태에 있는 사람은 날마다 심지어 지속적으로 죄를 지을 수 있지만 그 때문에 율법의 정죄를 받지는 않고 다만 하나님 아버지의 진노를 야기하며, 따라서 반드시 회개해야 한다.

이 회개는 죄 사함이나 궁극적 구원의 조건이 아니라 하나님의 은혜를 받기 위한 조건이다. 죄가 그리스도께 전가되고 그리스도의 의가 하나님의 자녀에게 전가되면서 첫 번째 믿음의 행위 이후로는 하나님의 자녀가 전적으로 의롭게 여겨진다는 의미에서 그들은 하나님의 자녀가 더 이상 도덕적 통치 아래 있지 않다고 생각하는 것 같다.

이것이 도덕률 폐기론이 아니면 무엇인가? 그들의 주장에 따르면 일단 믿은 사람은 분명히 구원받을 것이고, 마지막까지 거룩한 순종으로 인내하는 그들의 견인이 어떤 경우에도 칭의의 최종적 조건은 아니며, 칭의란 단지 첫 번째 믿음의 행위에 따라 좌우되기 때문이다.[20]

나는 피니가 "웨스트민스터 신앙고백"를 이해한 바를 그대로 인정하고 싶지 않다. 그는 도덕률 폐기론적 결함을 찾으려는 의도로 그것을 읽기로 결심한 듯하다. 그는 "신앙고백"에 표명된 칭의에 관한 기본적인 견해를 거부할 정도로 그것을 되는 대로 해석했다.

나는 두 가지 이유에서 피니의 칭의관을 연구했다. 하나는 피니가 역사적인 의미에서 "복음주의적"이지 않음을 보여주기 위해서고, 또 하나는 칭의와 속죄에 관한 그의 견해 이면에는 인간과 그 의지에 관한 펠라기우스적 견해가 근본적으로 자리 잡고 있음을 드러내기 위해서다. 피니는 칭의에 대한 논의를 결론지으면서 이렇게 말한다.

전통적인 칭의관과 그들의 타락관의 관계는 자명하다. 그들은 …… 모든 역량과 부분이 본질적으로 악하다고 주장한다. 물론 그들에게는 율법에 전적으로 순응한다는 의미에서 개인적이고 현재적인 거룩성을 회복하는 것이 칭의의 조건일 수는 없다. 그들은 적어도 어느 정도의 죄 가운데서도 칭의를 지니고 있어야 한다. 이것은 전가된 의로 말미암아야 한다. 지성은 죄 가운데서의 칭의에 반발한다. 따라서 율법과 율법 수여자의 눈을 죄인에게서 돌려 그를 대신하여 완벽하게 율법에 순종하신 분께 향하기 위해 한 가지 묘책이 고안되었다. …… 일단 본질적인 타락과 죄성이 가정되면 개인적으로 죄를 지으면서도 물리적인 중생, 물리적인 성화, 물리적인 신성한 영향력, 전가된 의, 칭의 등의 개념이 뒤따르는 것은 물론이다.[21]

도덕적 타락_ 사악한 본성이 아니다

피니는 도덕적 타락에 대한 논의에서 죄에 대한 자신의 견해를 진전시킨다. 그는 도덕적 타락과 물리적 타락을 구분하면서 시작한다. 그가 "물리적"(physical)이라는 단어를 사용하는 맥락이 현대인에게는 어색할 수도 있다. 그는 신체적인 것이나 육체적인 것만 언급하는 것이 아니기 때문이다. 그는 이 용어를 "피지스"(physis, 자연)에서 유래한 것임을 뜻하는 방식으로 사용하는 듯하다.

물리적 타락은 체질(substance)이나 본질의 타락으로, 자유로운 도덕적 행위의 타락과 구분된다. 그것은 몸의 속성이나 마음의 속성을 나타낼 수 있다. 몸의 속성을 나타낼 때 물리적 타락이란 흔히 질병으로 지칭된다. …… 마음의 속성을 나타낼 때는 마음이 몸과 연관되고 몸에 의존된 결과로, 또는 마음의 본질이 질병에 걸리고 타락하고 변질된 상태여서 건강한 기능을 유지하지 못하고 있음을 뜻한다.

자유의지 작용의 타락 상태와 상반되는 체질의 타락을 가리키는 물리적 타락은 도덕적 특성을 지닐 수 없다. …… 물리적 타락은 몸에 대해서든 마음에 대해서든, 그 자체로는 도덕적 특성을 지니지 않는다. 그것은 비고의적이며, 성격상 질병일 뿐 죄가 아니기 때문이다. 이 점을 기억하자.[22]

피니가 물리적 타락에 관한 자신의 언급을 기억하라고 당부한 것은 자신이 이 점을 중요하게 여긴다는 표현이다.

이어서 피니는 도덕법 위반에 대해서만 도덕적 타락이라는 개념을 사용할 수 있다고 규정한다. 도덕적 타락은 죄이며, "죄는 선택에 따른 것이어야 한다."[23] 도덕적 타락은 악한 본성이 아니라 악한 마음이다. 피니는 모든 사람이 물리적으로나 도덕적으로 타락했다는 것을 인정한다. 인간은 물리적으로 타락한 본성을 지니고 있지만 이것이 악한 본성인 것은 아니다. 그는 "본성이나 체질 자체를 악하다고 규정하는 식으로 도덕적 타락을 설명해서는 안 된다"고 결론짓는다.[24] 그는 이렇게 말한다. "그러나 도덕적 타락에 관한 글을 쓰는 이들은 도덕적 타락이 실제적 범죄와 구분되는 죄의 원인이라고 가정했다. 이것을 가리켜 그들은 원죄, 내주하는 죄, 악한 본성, 죄의 성향, 인간 본성의 속성 등으로 부른다."[25]

피니는 아마 "원죄"와 "실제적인 죄"의 전통적 구분을 자각하고 있었던 것 같다. 이 구분은 범죄 행위와 악한 행위를 야기하는, 도덕적으로 타락한 본성 간의 차이를 묘사한다. 또한 이 구분은 부패한 열매와 그 열매를 맺게 하는 부패한 나무를 구분하신 예수님의 구분과 어떤 면에서 비슷하다.

피니가 이런 견해를 반박한 데에는 여러 이유가 있다. 아마 주된 이유는 인간이 죄를 짓지 않을 수 없다는, 그래서 인간의 죄가 변명될 수 있다는 결론을 피하기 위함이었을 것이다. 그는 원죄에 대한 몇 가지 반론을 제기한다.

> 모든 죄를 원래적이며 실제적인 것으로 여기게 만들며 범죄가 아니라 단지 불행한 상태로 여기게 만드는, 본질적 죄성에 관한 교리에 나는 반대한다. …… 만일 "신앙고백"의 교리에서 가르치듯이 그 행위가 필연적으로 악할 수밖에 없다는 의미에서 본성이 악하다면 악한 행위는 불행한 상태로 간주되어야 할 뿐 범죄가 아니다. 이것은 악한 본성의 필연적 결과다. 이것이 범죄일 수 없는 이유는 의지가 전혀 관련되어 있지 않기 때문이다.[26]

피니가 언급하는 "신앙고백"에 따르면 의지는 모든 것과 관련 있다는 사실은 잠시 무시해도 될 것이다. 피니는 아담의 죄가 향후 세대에 부정적인 영향력을 끼쳤다는 점을 인정하지만, 그 영향력이 유전적인 악한 본성이라는 사실은 거부한다. "본질적인 도덕적 타락에 관한 교리는 필연화된 의지에 관한 교리의 일부다. 이것은 크게 잘못

되었으며, 이교적인 철학의 한 분파다. 그것을 기독교 교리의 한 기준으로 삼고, 신앙의 필수적인 항목으로 여기며, 또한 그 터무니없는 가르침을 받아들이지 않는 모든 사람을 이단으로 정죄한다는 것은 매우 위험하고 부당하다!"[27]

피니 신학의 중심에는 인간에게 자유의지가 있다는 확신이 자리 잡고 있다. "인간은 선택할 수 있는 자연적인 능력뿐 아니라 적절하게 선택할 수 있는 도덕적 능력도 갖고 있다." 그는 도덕적 무능에 관한 조나단 에드워즈의 견해를 단정적으로 거부하며, 자유의지와 자유에 대한 아우구스티누스의 구분 역시 넌지시 거부한다.

인간의 의지는 자유롭다. 따라서 사람들은 자신의 모든 의무를 이행할 힘이나 능력을 갖고 있다. 하나님의 도덕적 통치는 어디서나 인간 의지의 자유를, 그리고 하나님께 순종할 수 있는 인간의 자연적 능력을 시사한다. 성경의 모든 명령과 위협, 모든 충고와 경고가 이 점을 보여준다.[28]

피니는 에드워즈가 『의지의 자유』라는 책에서 제시한 자연적 능력과 도덕적 능력의 구분을 거세게 반대하며, 사실상 그 두 가지는 아무런 차이가 없다고 생각한다. "에드워즈식 자연적 능력이란 전혀 능력이 아니며, 단지 공허한 명칭이자 형이상학적, 신학적 허구일 뿐이라는 인상을 준다."[29]

모든 선택이 앞선 성향이나 동기에 의해 결정된다는 에드워즈의 주장을 피니는 좋아하지 않는다. 피니는 이 주장을 행위자의 주권적인 힘을 거부하는 것으로 보며, 의지가 아니라 동기에 의해 선택이 좌우된다는 점을 보여준다고 본다. 피니에 따르면 의지가 동기에 속박되어 있고 그 자체의 동기를 자유롭게 결정할 힘이 없는 상태라면, 인간은 자연적인 능력도, 도덕적인 능력도 지니고 있지 않은 것이다.

에드워즈가 말하는 자연적인 능력은 선택하고자 하는 동기나 성향에 따른 것을 선택하는 능력에 국한된다. 인간의 도덕적 무능은 자신의 부패한 동기나 성향, 즉 그의 본질적 본성의 일부인 부패성에 예속된 상태에서 비롯한다. 이 같은 부패성은 원죄에서 비롯되고, 원죄와 결부되어 있다.

피니는 단정적으로 원죄를 거부했는데, 그것은 그로 하여금 죄에 대한 속박의 개념을 모조리 거부하게 했다. 피니는 사람이 도덕적으로 하나님께 순종하지 못한다면 그에게는 자유도, 의무도 없다고 주장한다.

> 의지를 발휘하는 자연적 능력과 자연적 자유는 동일한 것이어야 한다. 이를 특별히 기억해야 하는 것은 많은 사람이 하나님께 순종하는 자연적 능력에 관한 교리를 무시해 왔기 때문이다. 그러나 오히려 하나님은 의지의 자유를 크게 강조하셨다. 이런 점에서 그들은 심한 모순에 빠져 있다. 이 능력은 자연적 능력으로 불린다. 그 능력 없이는 인간이 명령이나 상급, 징벌의 적합한 주체일 수 없다는 의미에서, 그것은 도덕적 행위자로서의 인간에게 속한 것이기 때문이다. 이 자유

나 능력 없이는 그가 도덕적 행위자일 수 없으며 도덕적 통치의 적합한 주체일 수도 없을 것이다.[30]

피니의 주장은 펠라기우스의 그것과 밀접한 연관성을 보여준다. 둘 다 의무와 책임이라는 전제에서 도덕적 능력을 추론한다. 그들의 지배적인 가설은, 하나님이 피조물에게 무언가를 요구하신다면 그 피조물은 그 요구를 만족시킬 능력을 지니고 있어야 한다는 것이다. 도덕적 의무는 도덕적 능력을 요구한다는 것이다.

피니는, 에드워즈는 도덕적 행위자들이 그들 자신의 행위에 대한 원인이 아니라며 부인했고 또한 그런 행위들이 동기들에 의해 야기되는 것으로 확언했다고 지적하면서 에드워즈의 견해에 반대하였다. 그러나 피니의 반대는 에드워즈의 논점을 완전히 오인한 것이다. 에드워즈는 동기를 지닌 행위자와 그 동기를 분리시키지 않았다. 동기에 따라 행동하는 것을 통해 행위자는 여전히 의지를 나타내며 자기 결정에 따라 행동하고 있는 것이다. 에드워즈는 자아가 선택을 결정하며 죄 된 동기에 예속되어 있다고 확언했다.

중생_ 우리의 결정에 의존한다

피니가 중생에 관한 주제로 방향을 돌릴 때 우리는 신인 협력설을 매우 뚜렷이 볼 수 있다. 피니는 중생과 회심을 구분한다.

회심이 주체의 활동과 전환임을 암시하고 표현하고 있듯이, 그것은 하나님의 개입을 포함하거나 시사하지 않는다. 따라서 그것은 중생에 의해 의도된 바를 암시하거나 표현하지 않는다. 죄인의 중생과 회심에는 실제적으로 두 행위자가 개입되어 있으므로 이 사실을 분명히 설명해 줄 용어, 하나님의 작용과 피조물의 작용을 분명히 구분해 줄 용어를 채택해야 한다.[31]

피니에 따르면 중생은 의지의 태도 변화 또는 의지의 궁극적 선택이나 성향, 취향의 변화에 달려 있다. 이 변화에서 피조물은 수동적이면서 능동적이다.

성령이 제시하시는 진리를 자각하는 일에서 인간은 수동적이다. 나는 이 자각이 중생의 일부가 아님을 알고 있다. 그것은 중생과 더불어 동시적으로 생기는 것이다. 그것은 중생을 야기한다. 그것은 중생의 조건이자 근거다. 그러므로 중생하는 순간과 그 과정에서 중생의 주체는 성령이 제시하시는 진리를 수동적으로 받아들이거나 지각(知覺)해야 한다. 성령께서는 진리를 통해 또는 진리에 의해 그에게 역사하신다. 여기까지 그는 수동적이다. 그는 그 진리에 응한다. 여기까지는 능동적이다. …… 만일 그가 돌이키지 않으려 한다면 하나님이나 다른 어떤 존재도 그를 중생시키지 못한다. 만일 그가 자신의 선택을 바꾸려 하지 않는다면 그것은 결코 바뀔 수 없다. …… 그것은 선택의 변화 또는 성향의 변화다.[32]

피니는 중생이 오직 성령의 영향을 통해서만 일어나는 죄인의 본성의 변화를 수반한다는 개념을 거부한다. 오히려 "중생은 자신의 궁극적 선택이나 성향, 취향을 바꾸는 죄인의 변화에 달려 있다."[33]

피니에게 중생은 죄인의 결단이나 선택에 달려 있고 또 그것에 의존한다. 중생은 인간의 결단에서 비롯된다. 이 점에서 피니 신학은 현대 복음전도에 지대한 영향을 끼쳐왔다. 현대 복음전도에서는 "결단"을 중생의 필수요건으로 삼는다. 종종 현대 복음전도자들은 거듭나는 선택을 하도록 또는 중생하기 위한 결단을 내리도록 죄인들에게 요청한다. 이때는 믿음이 중생에 앞서며, 중생과 (또는) 회심의 필수 조건이다. 솔라 피데 교리가 심각한 타격을 입는 것이 바로 이 점에서다. 펠라기우스주의가 오늘날 복음주의 교회의 성장을 저해하는 것도 바로 이 점에서다.

피니 관련 문헌

Systematic Theology. 3d ed. 1878. Reprint. Edited by Dennis Carroll, Bill Nicely, and
 L. G. Parkhurst Jr. Minneapolis: Bethany, 1994.

The Memoirs of Charles G. Finney: The Complete Restored Text. Edited by Garth M.
 Rosell and Richard A. G. Dupuis. Grand Rapids: Academie/Zondervan, 1989.

Hardman, Keith J. *Charles Grandison Finney, 1792–1875: Revivalist and
 Reformer*. 1987. Reprint. Grand Rapids: Baker, 1990.

*Charles Grandison Finney: 19th Century Giant of American Revivalism(1792–
 1875)*. *Christian History*, 7, 4(1988). The entire issue(no. 20) id devoted to
 Finney.

Warfield, Benjamin Breckinridge. "The Theology of Charles G. Finney." In Benjamin Breckinridge Warfield. *Perfectionism*. Edited by Ethelbert D. Warfield et al. 2 vols. 1931-32. Reprint. Grand Rapids: Baker, 1981. 2:166-215. Also in Benjamin Breckinridge Warfield. *Perfectionism*. Edited by Samuel G. Craig. Philadelphia: Presbyterian and Reformed, 1958. pp. 166-215.

9장

우리는 믿을 수 있다

루이스 체이퍼

비록 하나님의 설득력은 무한하지만 그것은 여전히 설득으로만 남아 있을 뿐이다. 따라서 개인이 그리스도를 위해 확고한 결단을 내릴 때 그는 강제와 전혀 상관없이 자신의 의지를 행사하게 된다.

체이퍼의 생애

1871	오하이오 주 록크리크에서 출생
1877	그리스도께 회심
1888	오벌린 대학 입학
1896	엘라 케이스와 결혼
1900	뉴욕 주 버팔로에서 목사 안수 받음
1902	노스필드 협의회에서 활동
1911	스코필드 성경 학교 간사로 참여
1924	복음주의 신학교(後에 댈러스 신학교로 바뀜) 학장이자 교수가 됨
1947-48	『조직신학』(Systematic Theology) 출간
1952	워싱턴 주 시애틀에서 사망

복음주의적인 기독교 내부에 세대주의가 폭넓게 확산되어왔다. 많은 사람이 세대주의를 단지 종말론에 대한 특정 접근법으로 여긴다. 그러나 역사적으로 세대주의는 구원에 관해서도 많은 것을 제시하는 포괄적인 신학 체계를 갖추고 있다.

오늘날 세대주의는 강조점이나 교리에 있어서 변화하고 있는 듯하다. 세대주의 진영에서 시작되었다가 더 넓은 복음주의 세계로 확산된 주권-구원 논쟁에 비추어, 세대주의자들은 관련 문제들에 대한 교리적 견해를 분명히 하는 작업에 착수해 왔다. 특히 댈러스 신학교에서 명시한 바와 같은 세대주의 사상의 내부적 발전은, 고전적인 개혁주의 신학의 옹호자들을 격려하고 있다.

세대주의는 유동 상태이기 때문에 세대주의 신학을 (특히 구원론과 관련하여) 획일적인 것으로 간주하는 것은 위험할 뿐 아니라 혼동을 일으킬 수 있다. 9장에서는 루이스 체이퍼가 제시한 신학 체계에 초점을 맞추고자 한다. 그는 세대주의 사상에 지대한 영향을 끼쳐왔다.

우리의 주된 관심사는 세대주의, 칼빈주의, 아우구스티누스주의의 관계다. 세대주의는 그 핵심이 아우구스티누스적인가 아니면 반펠라기우스적인가? 대부분까지는 아니어도 많은 세대주의자가 이 질문에 아우구스티누스주의를 분명히 지지하고 반펠라기우스주의를 회피한다고 답할 것이다. 세대주의자들은 흔히 자신을 가리켜 "4개항 칼빈주의자"라고 주장한다. 즉, 그들은 전적 타락, 무조건적 선택, 불가항력적 은혜, 성도의 견인은 지지하지만 제한 속죄는 거부한다.

『진리의 말씀을 잘못 나누다』(Wrongly Dividing the Word of Truth)라는 책에서 존 거스너는 세대주의를 "사이비 칼빈주의"라고 결론 내렸다.[1] 그러자 세대주의 진영의 많은 사람이 이에 반발하며 거스너가 세대주의를 오해한 것이라고 주장했다. 이러한 항변은 세대주의가 진정 4개 항 칼빈주의임을 강력하게 재확인한 사실과 관련된다.

세대주의적 사상가들과 토론하면서 나는 그들의 4개 항 칼빈주의를 자세히 연구하게 되었다. 그 결과 나는 어떻게 4개 항을 지지하면서 나머지 하나는 거부할 수 있는지를 이해하기 어려웠다. 이러한 토론 중에 나는 그들이 4개 항은 오해하고 나머지 하나는 정확히 이해하고 있다는 사실을 발견했다. 그들은 역사적으로 칼빈주의에서 이해한 4개 항을 받아들인 것이 아니었다. 그런가 하면 그러한 대화중에 나는 4개 항을 분명히 지지하면서도 제한 속죄를 오해하는 말을 듣기도 했다. 또한 역사적인 의미의 4개 항을 받아들이는 듯하지만 역사적인 의미의 제한 속죄는 거부하는 부류도 있었다.

내 경험만으로는 오늘날의 세대주의에 대해 최종적인 결론을 내릴 만한 충분한 근거를 제공하지 못한다. 그러나 이 문제와 관련하여 적지 않은 혼란이 존재한다는 사실만큼은 분명히 지적할 수 있다.

전적 타락?

루이스 체이퍼의 신학으로 관심을 돌리면서 먼저 원죄에 대한 그의 견해를 살펴보고자 한다. 원죄는 5개 항 중 첫 번째인 전적 타락과 주로 관련이 있다. 체이퍼는 원죄란 "죄성"을 내포한다고 말한다.

> 죄성이 무엇인지 더 구체적으로 분석하려면 죄성이란 하나님의 원래적 창조(original creation)가 타락한 상태며, 이런 의미에서 비정상이라는 사실을 기억해야 한다. 인간의 모든 역량은 타락으로 손상되었고, 그 내면의 혼란 상태에서 선을 행하지 못하는 무능함과 악으로 향하는 성향이 야기된다.[2]

체이퍼가 이야기하는 "선을 행하지 못하는 무능함"은 아우구스티누스의 "도덕적 무능"과 들어맞는다. 인간은 부패한 상태로 태어나며, 실제적인 죄는 바로 이 부패한 본성에서 비롯된다는 것이 체이퍼의 핵심 개념이다.

> 모든 결과에는 원인이 있듯이 개인적인 죄가 보편적이라는 사실에도 원인이나 근거가 있다. 그 원인이 바로 죄성이며, 때로 이것은 "아담

적인 본성", "선천적인 죄", "원죄", "옛사람" 등으로 지칭되기도 한다. 어떤 용어로 지칭되든, 그것은 아담과 더불어 시작되었고 아담에게서 모든 인류에게 전해져 온 실재를 가리킨다. 첫 번째 죄가 아담에게 끼친 결과는 타락이었다.[3]

여기서 체이퍼는 원죄를 아담에게서 그의 후손에게 전해지는 상태로 본다. 이 점에서 체이퍼는 아우구스티누스와 완벽하게 일치하며 펠라기우스와는 예리한 차이를 보인다. 그는 이렇게 선언한다. "첫 번째 죄의 직접적인 결과로 아담은 하나님이 창조하신 것과 다른 존재가 되었고, 모든 생물은 반드시 '그 종류를 따라' 번식하는 생식 법칙이 그대로 적용되었다."[4] 아담이 "다른 존재"가 되었다는 말은 아담이 "인간"이기를 멈추었다는 뜻이 아니다. 그보다는 타락 전 아담의 존재와 타락 후 존재의 도덕적 차이를 말하는 것이다. 인간의 죄성을 설명하면서 체이퍼는 W. G. T. 쉐드의 말을 장황하게 인용하고 있다.

타락한 본성의 영향을 받는 이성이나 의지의 상태와 관련하여 철저히 언급한 후에 쉐드 박사는 타락한 본성과 그 죄책이라는 물음에 대해 동일한 열정으로 설명한다. 두 학파(칼빈주의와 아르미니우스주의)의 견해로 나뉘게 한 이 문제를 쉐드 박사는 칼빈주의적 견해를 옹호하는 가운데 분명히 진술했다. 뿐만 아니라 그가 쓴 내용은 아르미니우스적 개념이 제시하는 얄팍한 이성주의를 드러내는 데에도 기여한다.[5]

체이퍼는 아르미니우스주의적 타락관과 거리를 두고, 역사적 칼빈주의 편에 서고자 한다. 그는 인간이 영적 사망 상태로 태어나며 구원과 관련하여 영적으로 선한 일을 전혀 행할 수 없다고 주장한다.

자유의지를 둘러싼 역사적 논쟁이 원죄 교리와 떼려야 뗄 수 없는 관계라는 사실을 우리는 살펴왔다. 이 점을 염두에 두고 이제는 자유의지에 관한 체이퍼의 견해를 살펴보고자 한다. 그는 이 주제를 하나님의 섭리와 연관시켜 다룬다. "하나님이 주권적이시고 오직 그분의 섭리 속에서 결정된 일들만 일어난다면, 피조물이 자유의지를 행사할 수 있는 영역이 남아 있을까?"[6] 그는 이렇게 답한다.

> 악한 것에 대한 선택과 마찬가지로 선한 것에 대한 인간의 선택은 개인의 결단을 통해 "내부에서" 말미암으며, 개인은 자신에게 부과된 어떤 필연성도 자각하고 있지 않다는 의미에서 "자유롭다." 인간의 모든 행위는 이 개념에 포함되어 있다. 인간의 행위는 도덕적 권고나 감정에 의해서만 통제되는 듯이 보이기 때문에 인간의 의지가 어느 정도까지 자유로운지에 관한 물음이 제기된다.[7]

체이퍼에게 자유의지란 욕구에 따라 행동할 수 있는 능력을 가리킨다. 이 견해는 아우구스티누스의 개념을 따른 것이다. 이 자유는 하나님의 주권이라는 더 넓은 범위에서 작용한다. 인간의 자유의지는 하나님이 자신의 주권적인 계획을 펼치기 위해 사용하시는 도구인 것이다.

인간은 의지를 행사할 때 오직 자기 행위의 자유만 자각한다. 그는 상황에 따라 자신의 경로를 결정한다. 그러나 그 상황을 조성하는 분은 하나님이다. 인간은 감정에 이끌리지만, 하나님은 인간의 모든 감정을 일으키며 조절하실 수 있다. …… 하나님은 자신의 영원한 목적이 실현되기까지 부차적인 모든 원인을 조성하고 지시하실 것이다.[8]

체이퍼는 인간 자유의 본성을 깊이 분석하지 않는다. 단지 존 딕으로 하여금 자신의 견해를 대변하게 하는 것으로 만족한다. "자유는 지배적인 성향에 따라 또는 마음속에 가장 강력하게 일어나는 동기에 따라 작용하는 힘에 달려 있다. 결단의 결과인 행위들은 자유롭다. 결단으로 일어나는 마음 상태가 어떤 방식으로 생겨나든, 행위자의 자유는 그 마음 상태보다 크지도 작지도 않다. …… 자유는 행동하거나 행동하지 않는 힘 자체에 달린 것이 아니라 선택을 통한 행동에 달려 있다. 그 선택은 마음 자체 속에 있는 무엇에 의해 또는 그 마음에 영향을 끼치는 외적인 무엇에 의해 결정된다. 그러나 그 원인이 무엇이든 행위를 자유롭게 하는 것은 선택이며, 행위자를 책임 있는 존재이게 하는 것도 선택이다."[9]

자유에 대한 체이퍼의 견해와 딕의 견해에는 어느 정도 애매한 점이 있다. 표면적으로는 둘 다 에드워즈의 견해를 받아들이는 듯하다. 그러나 체이퍼의 접근법은 간략하며 의지의 작용을 자세히 분석하지 못하고 있다. 중생에서 의지의 작용을 체이퍼가 어떻게 이해하는지 살펴보기 전까지 우리는 판단을 보류해야 한다.

조건적 중생

체이퍼(그리고 역사적 세대주의)의 중생관에서 우리는 세대주의와 개혁주의 신학의 가장 핵심적인 논쟁에 초점을 맞추게 된다. 여기서 세대주의의 4개 항 칼빈주의에 대한 물음이 예리하게 제기된다.

개혁주의 신학의 "구원의 서정"(ordo salutis)에서는 중생이 믿음에 선행한다는 점을 기억하라. 이것은 "시간적 우선"을 말하는 것이 아니라 "논리적 우선"을 의미한다. 개혁주의 신학에서는 중생케 하시는 하나님의 행위와 그리스도인의 믿는 행위가 시간과 관련하여 분리된 것이 아니라 동시적임을 인정한다. 구원의 서정은 논리적 의존성을 가리킨다. 논리적으로 믿음은 중생에 의존한다. 논리적으로 중생이 믿음에 의존하는 것이 아니다. 또한 "우선" 순위도 시간적이 아니라 논리적이다. 중생은 믿음의 필수 조건이다. 믿음이 중생의 필수 조건이나 중생을 위한 필수 조건인 것이 아니다.

개혁주의 신학에서 중생의 논리적 우선은 전적 타락 또는 도덕적 무능에 관한 교리를 기반으로 한다. 타락한 인간은 믿음을 통해 자신을 도덕적으로 하나님께 향하게 할 수 없기 때문에 중생은 믿음이 일어나게 하는 논리적 필수 요건이다. 믿음이 중생에 선행한다고 가정하면, 우리는 중생하지 못한 사람들이 그 상태에서도 믿음을 행사할 수 있는 도덕적 능력을 지녔다고 가정하는 셈이다. 중생하지 못한 사람이 믿음을 행사할 수 있다면 고전적인 아우구스티누스 신학이나 개혁주의 신학의 주장과 달리, 그는 도덕적 무능 정도까지 타락한 상태는 아니라는 사실이 분명해진다. 이는 아르미니우스적인 또는 반펠라기우스적인 타락관을 포함한다.

개혁주의 신학에서는 중생을 타락한 인간의 본성 속에 일어나는 변화로 이해한다는 점을 주목하는 것이 중요하다. 말하자면, 인간 본성 그 자체가 본질적으로 변화한다는 것이다. 그렇다면 우리는 다음과 같이 물어볼 수 있다. "체이퍼와 세대주의는 자신의 주장처럼 칼빈주의적인가?"『조직신학』에서 체이퍼는 이렇게 선언한다. "중생은 그리스도를 믿는 개인의 믿음에 대한 하나님의 응답이 하나님의 능력에 의해 그가 하나님께 거듭나 결국 그분의 실제적인 자녀가 된다는 식으로 주어짐을 의미한다."[10]

이 내용은 (여기서 체이퍼가 논의하는 주제인) 거듭남이 인간의 믿음에 "응답하시는" 하나님에게서 말미암는다는 점을 분명히 하고 있다. 하나님이 "응답하시기" 전에 믿음이 일어난다는 것이다.

어쩌면 이 내용은 단순한 "오기"(誤記)일지도 모르며 이를 상쇄할 만한 다른 언급을 발견할 수도 있다. 그러나 체이퍼의 다른 언급을 하나 더 살펴보면 그의 신학 체계에서 믿음과 중생의 순서에 관한 모든 의혹이 사라진다. "인간 측에서는 중생이 단지 믿음에 좌우된다."[11]

이 언급에 비추어 우리는 체이퍼의 견해를 "조건적 중생"이라고 부를 수 있다. 이것은 일단 한 사람이 거듭난 뒤, 거듭난 상태로 존속되기 위해서는 특정 조건들을 만족시켜야 한다는 뜻이 아니다. 즉, "일시적인" 또는 "잠정적인" 중생을 언급하는 것이 아니다. 체이퍼가 언급하는 "조건"이란 중생이 이루어지기 전에 만족되어야 하는 것이다. 그 조건이 바로 "믿음"이다. 중생이 믿음에 좌우된다면 논리적 우선순위에서 중생은 믿음에 앞설 수 없다.

아우구스티누스주의와 반펠라기우스주의의 역사적 논쟁은 종종 단독설과 신인 협력설을 둘러싼 논쟁으로 묘사되어왔다. 반펠라기우스주의는 중생에서 인간의 협력을 필수요소로 본다. 이 점에서 체이퍼는 신인 협력설을 강하게 거부하고 단독설을 지지한다. 그는 존 월부드의 말에 동조하며 그의 말을 인용한다.

펠라기우스주의 신학자와 아르미니우스주의 신학자는 인간 의지의 협력과, 일반 은총이나 자연적인 능력을 통한 의지의 부분적 역량을 인정하며, 중생의 작용에서 몇몇 방편이 어느 정도 개입한다고 생각한다. 인간의 전적 무능을 인정하고 "유효한 은혜" 교리를 받아들인다면, 자연히 중생은 어느 방편과도 상관없이 완수되는 것이 된다.

개혁주의 신학은 "유효한 은혜" 교리에 맞추어 인간 의지 자체로는 영혼 구원에 수반되는 어떤 변화도 효과적으로 일으키지 못한다고 주장해 왔다. 믿음과 관련하여 인간 의지는 유효한 은혜를 통해 작용할 수 있다. 복음을 듣는 데에는 인간 의지가 유효한 은혜와 별도로 작용할 수 있다.

그러나 중생의 작용에서 인간 의지는 전적으로 수동적이다. 그 어떤 협력도 가능하지 않다. 중생 사역의 특성상 인간의 조력을 금한다. …… 물론 거듭남에서 인간의 의지는 중생을 거부하지 않으며 하나님의 은혜로 말미암아 믿고자 소원을 나타낸다. 그러나 이 행위 자체가 중생을 야기하지는 않는다. …… 중생 사역에서 인간의 의지는 전적으로 수동적이다. …… 중생은 믿는 심령 속에 역사하시는 전적인 하나님의 사역이다.[12]

이 내용은 중생의 단독 사역적 특징을 매우 분명하게 확언하고 있다. 체이퍼와 월부드는 아르미니우스주의와 펠라기우스주의를 삼가는 반면, 인간의 전적 무능과 하나님의 유효한 은혜를 함께 지지한다. 인간은 중생에서 수동적이며, 중생은 오로지 하나님의 사역이다.

이것은 이들이 분명 개혁주의 신학 편에 서서 단독설을 지지하는 것을 뜻하지 않는가? 얼핏 보기에 그럴 수도 있지만 안타깝게도 사실은 전혀 그렇지 않다. 우리가 여기서 보는 것은 "주의를 딴 데로 돌리게 하는" 전형적인 방식일 뿐이다. 단독설과 신인 협력설에 대한 논쟁은 중생케 하는 자가 누구인가 하는 문제를 둘러싼 것이 아니다. 오직 하나님만 중생 사역을 적절하게 해내실 수 있다는 데는 사실상 누구나 동의한다.

그보다 그 논쟁은 중생하지 못한 사람이 하나님의 중생 사역을 야기하기 위해 할 수 있는 일이 무엇인지에 초점을 맞춘다. 신인 협력설은 인간이 중생 이전에 "그리스도를 선택"하거나 "그리스도를 믿을" 수 있다고 주장한다. 선택 또는 믿음의 행위가 중생을 위한 조건이다. 바로 이 점에서 신인 협력적이다. 중생의 은혜가 제시되지만 중생의 "유효한" 은혜는 먼저 그 제의를 받아들이거나 그것을 받고자 믿음으로 행동하는 자들에게만 주어진다.

월부드는 "중생은 믿는 심령 속에 역사하시는 전적인 하나님의 사역이다"라고 말한다. 이 언급은 조금 애매하다. 분명 이것은 중생이 전적으로 하나님의 사역이며 인간의 사역이 결코 아님을 확언하고자 한다. 그러나 "믿는 심령 속에"라는 말은 무슨 뜻인가? 그 마음이 이미 믿고 있는 것인가, 아니면 거듭났기 때문에 믿는 것인가?

이 물음에 대한 답이 칼빈주의와 반펠라기우스주의의 차이를 밝혀 준다. 보통 칼빈주의자라면 중생은 믿지 않는 심령 속에 역사하시는 하나님의 사역이며, 이 사역을 통해 믿지 않는 심령이 믿는 심령으로 변화된다고 말할 것이다.

유사한 방식으로 체이퍼는 다른 곳에서 이렇게 선언한다. "그리스도인은 거듭나서 새로운 피조물이라고 규정되는 새로운 신분, 새 존재, 새로운 관계 속으로 들어간다."[13] 이 문장의 문법에 비추어볼 때 중생과 들어감은 비그리스도인이 아닌 그리스도인에게 주어진다. 이 표현은 애매한데, 체이퍼가 단지 "비그리스도인이 거듭나서……"라고만 말했어도 이 애매함은 완전히 사라졌을 것이다. 존 거스너는 세대주의를 비판하며 이렇게 썼다.

"모든 세대주의 신학자는 은혜로 말미암는 구원을 전하며 예수 그리스도의 속죄의 보혈 말고는 어느 누구도 죄의 상태에서 구원받을 수 없음을 인정하는 듯하다. ……

그런데도 세대주의적 견해가 보여주는 전적으로 타락한 인간이란, 결국 전적으로 타락하지는 않은 인간이다. 그들이 말하는 전적으로 타락한 인간은 전적으로 무능한 사람이 아니다. 개혁주의 교리에 따르면 전적으로 타락한 인간은 도덕적으로 선한 선택을 하지 못한다. 어느 정도까지는 세대주의도 이 개념과 보조를 맞추는 듯하지만, 그럼에도 '전적으로 타락한' 인간은 믿음을 가질 수 있다고 본다. 그의 믿음은 중생에 앞서거나 최소한 중생과 동시에 일어난다(믿음이 중생에 기초하는 것이 아니다).

이 교리가 주장되는 한 전적 타락의 핵심 개념은 무너지게 된다. 전적 타락 상태인 인간은 전적으로 무능하다. 그는 은혜의 제의에 적절히 반응할 수 없기 때문이다. 인간이 복음에 '도덕적' 반응을 보일 수 있다고 주장한다면, 결국 세대주의는 인간이 전적으로 타락했음을 믿지 않는 셈이다."[14]

하나님의 성품을 받다

체이퍼가 중생을 설명할 때 우리는 중생에 대한 그의 이해와 개혁주의 신학의 이해가 뚜렷하게 다르다는 것을 볼 수 있다. 체이퍼에게 중생은 하나님이 자신의 성품을 그리스도인에게 주시는 것이다.

하나님의 생명 자체를 주시는 것은 진행되는 전체 변화에서 가장 중요한 특징 중 하나다. 하나님의 성품을 받는다는 것은 이렇게 축복을 받은 개인이 하나님에게서 태어났음을 의미한다. …… 이것은 매우 철저하고 완벽한 변화여서 존재 신분상의 변화를 수반한다. 결과적으로 이 큰 변화 때문에 아담적인 본성은 사라질 것이며, 분리된 실체로서의 자아는 하나님의 자녀로 화한다는, 그리고 하나님 가족의 합당한 구성원이 된다는 놀라운 사실을 나타내게 될 것이다. …… 성령에 의한 중생을 가리켜 막연하게 개인의 현재적 삶에 선한 영향력을 끼치는 것으로 보는 개념은 신약성경에 제시된 개념과는 상당한 거리가 있다. 성경에서는 만물의 창조주와 더불어 그 자녀가 되는 불변의 관계가 맺어져 새롭고도 영원한 신분을 갖게 된다고 가르친다.[15]

후에 체이퍼는 같은 확언을 반복한다. "영생의 선물은 하나님이 성품을 주시는 것과 긴밀하게 연관되어 있다. …… 인간의 성품을 얻는 것과 하나님의 성품을 얻는 것은 비교조차 할 수 없다."[16]

체이퍼는 월부드의 말을 빌려 자신의 견해를 주장한다. "창조의 특징은 중생이 성격상 창조적이며 근본적으로 개인을 변화시킨다는 점과, 새로운 역량과 함께 새로운 성품을 더한다는 점을 시사한다."[17]

물론 개혁주의 신학은 중생이 창조적이며 개인의 근본적인 변화를 야기한다는 점에 동의한다. 그러나 이 새 성품은 "인간의" 새 성품이지 하나님의 성품이 아니다. 또한 개혁주의 신학은 중생과 더불어 성령의 내주하시는 은총이 더해진다는 점을 확언한다. 그러나 이 내주하심이 중생 자체의 작용인 것은 아니다.

중생이 일종의 신격화를 수반한다는 개념은 교회사에서 전례가 없던 것이 아니다. 예를 들면, 이것은 아타나시우스나 다른 교부들의 사상에서도 발견된다. 우리 시대에는 폴 크라우치와 같은 사람들이 그렇게 가르친다. 폴 크라우치는 거듭난 그리스도인은 예수님과 같

은 정도로 하나님의 성육신이 된다고 반복해서 주장해 왔다.[18]

거스너는 역사적 칼빈주의와 세대주의의 핵심적인 차이를 간명하게 보여주는 목록을 제시한다. 성도의 견인이라는 제목 아래 그는 세대주의를 이렇게 요약한다. "'거듭난' 신령한 새 성품은 결코 죄를 짓거나 멸해질 수 없는 반면, 옛 성품은 새 성품에 영향을 받지 않고 죽음을 통해 멸해지기까지 중생 이전처럼 줄곧 악하게 작용한다."[19]

이 같은 중생 개념은 현대 세대주의자들이 흔히 이른바 "육적" 그리스도인을 설명하는 내용을 상기시킨다. 육적 그리스도인은 예수를 구주로 받아들였지만 아직 그분께 복종하지는 않는다. 그의 성향은 근본적으로 여전히 육적이지만 의로워진 "신분"을 누린다. 그는 아직 성령으로 충만하지 않은 상태다.

이 견해는 유명한 소책자 『사영리』에 의해 널리 보급되어왔다. 세 개의 원이 그려져 있고 각 원 중앙에 의자가 있다. 첫 번째 원에는 자아가 왕좌에 앉아 있다. 그리스도를 상징하는 그림은 원 밖에 있다. 이 원은 중생하지 못한 비그리스도인을 나타낸다. 두 번째 원에서도 자아가 왕좌에 앉아 있지만, 그리스도를 상징하는 그림이 원 안에 자리 잡고 있다. 이 원은 은혜를 입고 "구원받았지만" 내주하시는 성령과 연합하지 않은 육적 그리스도인을 나타낸다. 성령 충만한 삶을 묘사하는 세 번째 원에서는 그리스도께서 왕좌에 앉아 계신다.

이 삽화는 몇 가지를 시사한다. 첫째, 중생이 그리스도인의 본질적 성품을 반드시 변화시키는 것은 아니다. 거듭나고서도 그 삶이 여전히 자아나 아담적인 옛 성품에 지배받을 수 있다. 하나님의 성령이 그 안에 거하시고 신령한 새 성품을 지니고는 있지만, 아직 삶이 변화되도록 그 성품과 연합하지는 않았다. 옛사람이 내주하시는 성령과 연합할 때에만 성령 충만한 삶이 나타난다. 둘째, 그리스도인에 의해 실행되는 의는 인간의 성품 자체가 아닌 성령에 의해 실행된다.

이 점과 관련하여 J. F. 스트롬벡의 사상을 분석하면서 거스너는 이렇게 언급한다. "회심한 사람 속에는 두 가지 성품이 존재할 것이다. 그중 옛 성품은 전적으로 악하며 오직 목재와 건초와 그루터기만 만들어낼 뿐이다. 반면 새 성품은 전적으로 신령하며 금과 은과 보석만 만들어낸다. 달리 말해서 인간의 성품이란 불에 타버릴 무익한 작품만 만들어낸다는 것이다. '성도' 속에 거하시는 하나님은 절대적으로 탁월하며 하나님께 인정받는 작품만 만들어내신다. 이것은 …… 그들이 생각하는 것이 악한 사람의 작품 대 회심한 사람의 작품이 아니라 인간의 작품 대 하나님의 작품임을 분명히 보여준다."[20]

불가항력적 은혜?

주지하다시피 체이퍼는 중생이 믿음에 의존한다고 보기 때문에 그의 견해는 전적 타락에 관한 개혁주의 개념과 일치하지 않는다. 그렇다면 그는 "3개 항 칼빈주의자"였을까? 이제 불가항력적 은혜에 관한 그의 견해를 살펴보자. 체이퍼는 하나님의 "유효한 부르심"에 대한 견해를 분명히 밝힌다. 분명 그는 유효한 부르심에 관한 개혁주의 교리를 되풀이하려는 의도를 보여준다. 그것은 불가항력적 은혜에 관한 교리에 표현되어 있다.

구원으로의 유효한 부르심은 그 누구도 끝내 거부할 수 없다(롬 8:30 참조). 하나님은 자신이 예정한 모든 사람을 부르시며 자신이 부른 모든 사람을 의롭다 하시고 영화롭게 하신다. …… 하나님이 사람들의 심령 속에 조성하시는 비전과 행하시는 설득은 부르심을 받은 모든 사람으로 하여금 우호적인 반응을 보이게 하며, 그 반응은 절대적으로 확실한 것이다.

이 속에서 고찰되는 중요한 진리는, 비록 하나님의 설득력이 무한하지만 그것은 여전히 설득으로 남아 있을 뿐이며, 따라서 개인이 그리스도를 위해 확고한 결단을 내릴 때 그는 강제와 전혀 상관없이 자신의 의지를 행사하게 된다는 것이다. "누구든지 원하는 자는 나아올 수 있다"는 하나님의 초청은 여전한 사실이다. 그러나 하나님의 부르심 없이는 누구도 나아오지 않을 것이라는 점, 그 부르심이 오직 택하심을 받은 자들에게만 임할 것이라는 점도 사실이다.[21]

체이퍼는 오직 택하신 자들에게만 제공되는 하나님의 부르심은 유효하지만 그것이 원래 불가항력적인 것은 아니라고 말하는 듯하다. 그것이 유효한 것은 설득력이 매우 강하기 때문이라는 것이다. 그러나 여전히 그 유효성은 강제되지 않은 인간 의지에 달려 있다. 하나님의 부르심은 구원에 필수 조건이지만, 죄인의 반응 역시 그러하다.

개혁주의 신학은 하나님의 내적 부르심에 대한 우리의 반응이, 주체가 자유로이 선택한다는 점에서 자유롭다는 데 동의한다. 그러나 개혁주의 신학은 중생의 작용이 영혼의 성향을 변화시켜 자발적인 의지를 갖게 한다고 확언한다. 이것은 체이퍼의 견해와 다르다. 따라서 체이퍼의 견해는 불가항력적 은혜와 조화하지 못한다.

불가항력적 은혜에 대한 세대주의적 견해를 비판하면서 존 거스너는 가장 유명한 세대주의자인 빌리 그레이엄을 지적한다. 거스너는 『기꺼이 거듭나는 삶』(21세기북스)이라는 빌리 그레이엄의 책을 인용한다. "그레이엄은 **중생이란 인간이 기꺼이 하나님께 복종하고자 할 때** 하나님이 하시는 것이라고 말한다. 그리고 '예수 그리스도를 자신의 개인적 구주와 주님으로 기꺼이 믿고자 하는 자는 누구나 지금 거듭날 수 있다'고 말한다. 의미심장하게도 그는 또 이렇게 말한다. '하나님이 돕지 않으시면 어느 누구도 하나님께 돌이켜 회개하거나 믿을 수 없다. 하나님이 돌이키게 해주셔야 한다.'

이는 그레이엄이 펠라기우스적이지 않고 아르미니우스적임을 보여준다. 대부분의 세대주의자들 역시 그러하다. 즉, 하나님이 '도우셔야' 하지만 하나님의 중생케 하심이 필요하지는 않다는 것이다. 인간은 도우심 없이 믿을 수 없으며, 믿음 없이는 거듭날 수 없다는 것이다. 이것은 복음주의적 아르미니우스식 순서다. 즉 하나님의 도우심, 인간의 믿음, 그 다음에 중생이 따른다는 것이다."[22]

거스너는 계속해서 그레이엄을 분석한다. "그레이엄은 계속해서 자신의 아르미니우스적 사고를 매우 분명히 피력한다. '도우심'이 아무리 필수적이라고 해도 그것이 중생케 하지는 않는다. '성령은 당신을 불안하게 하고 끌어당기며 당신을 사랑하기 위해 가능한 모든 일을 다 하실 것이다. 그러나 결국 그것은 당신의 개인적 결단에 달려 있다. …… 지금 결단을 내리라.' 빌리 그레이엄은 전문적인 신학자가 아니지만 그가 어떤 신학자들을 따르는지는 명백하다. 체이퍼와 월부드는 이렇게 말한다. '전적으로 그것은 **인간의 믿음에 따른** 하나님의 초자연적 역사다.'"[23]

무조건적 선택?

자유의지를 둘러싼 논쟁은 상당 부분 선택 교리와 결부되어 있다. 체이퍼가 개혁주의 예정관을 채택했다고 주장하므로 이제 그의 주장을 살펴보고자 한다. 체이퍼는 무조건적 선택을 강력히 지지하는 듯하다.

하나님의 섭리는 절대적으로 "무조건적"이다. 그 섭리의 실행은 갖춰져 있을 수도 있고 그렇지 않을 수도 있는 조건들에 좌우되는 것이 전혀 아니다. 인간의 의지는 전능자를 거부할 수 있다는 점에서 주권적이라는 아르미니우스적 개념은 배격되어야 한다. 하나님이 인간을 다루시는 방법을 보여주는 모든 역사가 그것을 반박하고 있기 때문이다. 하나님이 인간의 의지를 압도적이게 하실 수도 있지만 그렇게 하실 필요가 없다. 그분은 모든 의지로 하여금 자신의 선하고 기뻐하시는 바를 행하게 할 힘을 지니고 계신다.[24]

체이퍼는 아르미니우스주의와 거리를 두기 원하며, 인간 의지가 하나님의 섭리를 거부할 주권적인 힘을 지녔다는 아르미니우스적 개념을 배격한다. 이미 우리는 체이퍼가 말하는 불가항력적 은혜란 설득의 은혜, 곧 아무도 거부하지 않을 정도의 강력한 설득의 은혜라는 사실을 살펴보았다. 그런데도 체이퍼는 믿음을 중생을 위한 조건으로 여긴다는 사실을 상기하는 것이 중요하다. 이 조건은 믿음에 이르게 하고 그리하여 중생에 이르게 하는 하나님의 설득 결과, 만족되는 것이다.

믿음이라는 조건이 선택된 자에 의해 만족되도록 하나님이 보증하신다는 점에서 체이퍼는 개혁주의 신학에 동의한다. 그러나 그 조건이 어떻게 만족되는지는 개혁주의 신학과 예리한 차이를 보인다. 개혁주의 신학에서는 믿음이라는 조건이 선택된 자 안에서 중생의 결과로 만족된다. 이것은 하나님의 설득 그 이상을 내포한다.

또한 체이퍼는 예지적 선택관과도 거리를 두고자 한다. 예지적 선택관에 따르면 하나님은 미리 아시는 믿음에 근거하여 선택하신다. 체이퍼는 이렇게 말한다.

이 개념은 하나님의 섭리란 조건적이며 어떤 이들이 영생으로 선택되는 것은 그들의 믿음과 순종에 대한 하나님의 예지에 근거한다고 주장하는 사람들이 펼치는 것이다. 이 이론이 사실이라면, 결국 인간은 그들 자신의 공적과 가치에 근거하여 구원받는다는 완전히 비성경적인 개념을 지지하게 될 것이다. 이 주장은 오직 은혜로 말미암는 구원의 교리를 반박할 뿐 아니라, 하나님이 죄의 조성자이신지에 대한 물음에 답하지 않은 채 남겨두며, 또한 하나님을 자신의 피조물에게 의존하는 무가치한 자리로 전락시킨다.[25]

후에 체이퍼는 이렇게 결론짓는다. "하나님의 섭리에 대한 교리를 누락하거나 그것을 반대하는 신학 체계는 비난받아 마땅하다."[26]

다른 세대주의자들

존 거스너는 무조건적 선택에 관한 세대주의자들의 논지가 기껏해야 불확실할 정도라는 점을 탄식한다. 많은 세대주의자가 이 교리에서 갈라져 나갔음을 보여주기 위해 그는 다른 저자들을 인용한다. 거스너는 『스코필드 관주 성경』(Scofield Reference Bible)의 베드로전서 1장 2절 주해를 지적한다. 그 주해는 "선택은 하나님의 예지에 따른 것이며, 인간의 공적과 무관한 전적 은혜로 말미암는다"고 설명한다.[27]

거스너의 설명을 들어보자. "따라서 우리는 무조건적 선택이 무슨 뜻인지 알 수 있다. 세대주의자들이 말하는 것은 무조건적 '칭의' 다. 이 내용에 따르면, 『스코필드』 편집자들은 하나님을 죄인이 회개할 것임을 미리 아시는 분으로 본다. 하나님은 죄인의 이 같은 회개와 믿음을 미리 아시기 때문에 공적으로 내세울 만한 조건이 그 죄인에게 전혀 없어도 그를 영생으로 선택해 주신다는 것이다. 말하자면, 하나님은 선택받을 만한 '미덕의 조건'을 전혀 갖추지 않은 죄인을 선택하시는 것이다."[28]

이것은 무조건적 선택에 관한 개혁주의적 견해가 아님을 우리에게 상기시키면서 거스너는 해리 A. 아이언사이드, 찰스 C. 라이리, 노먼 L. 가이슬러 등의 저술에 나타나 있는 유사한 개념들을 지적한다. 노먼 가이슬러에 대해 그는 이렇게 말한다. "노먼 가이슬러의 견해를 보면 세대주의에 암시되어 있는 아르미니우스주의가 명백하게 드러난다. 댈러스 신학교 교수였던 그는 …… 구원에서 하나님의 목적을 전적으로 인간의 선택에 분명히 의존하는 것으로 만든다. 가이슬러는 이렇게 논한다. '하나님은 자신이 그렇게 하실 수 있었다면 모든 사람을 구원하셨을 것이다. …… 하나님은 되도록 가장 많은 수의 사람을 천국에 들어가게 하실 것이다.'

하나님의 의지의 한계는 인간의 의지다. 하나님은 '그들의 자유로운 선택을 침해하지 않는 범위에서' 되도록 많은 사람을 구원하실 것이다. 하나님의 선택은 죄인의 '자유로운 선택'에 분명히 의존한다. 세대주의적 칼빈주의자임을 자칭하는 이 사람보다 칼빈주의 교리를 더 구체적으로 거부한 아르미니우스주의자는 이제껏 없었다. 가이슬러는 '불가항력적 은혜'뿐 아니라 무조건적 선택도 거부한다. 그는 하나님의 선택이 타락한 인간의 '자유의지'의 결과임을 열정적으로 주장하기 때문이다."[29]

하나님이 모든 사람을 구원하실 수는 없다는 가이슬러의 말은 정확히 무슨 뜻인가? 나는 하나님이 타락한 죄인의 의지의 기질을 변화시켜 그로 하여금 믿게 하실 수 있는 힘을 지니고 계시다는 데 가이슬러가 동의한다고 본다. 나는 "하실 수 없다"는 가이슬러의 표현이 사실은 "허용하시지 않는다"는 뜻임을 확신한다.

　말하자면 그는 중생과 유효한 부르심에 관한 개혁주의 견해가 죄인의 자유의지를 침해한다고 보는 것이다. 이러한 침해는 하나님이 보시기에 "옳지" 않을 것이다. 하나님의 완전한 도덕적 성품은 그로 하여금 잘못을 범하시지 않도록 제지하기 때문에 결국 하나님은 자신이 허용하지 않는 것을 "하실 수 없다." 달리 말해서 가이슬러의 "하실 수 없다"는 표현은 "하시지 않는다"와 같다. 하나님은 인간의 자유의지를 침해하는 방식으로 행하시지 않는다. 이 사실은 스스로 지옥을 택한 죄인에게 작게나마 위안이 될 것이다.

　그러나 개혁주의 신학의 단독 사역적 중생은 죄인의 의지를 침해하지 않는다. 사실 그것은 하나님의 주권적인 역사로 말미암아 죄인의 의지가 "변화되는" 것이다. 죄인을 노예 상태에서 해방시키는 것은 엄격히 말해서 하나님의 이 같은 사역과 같다. 예속된 의지가 해방되는 것을 자유가 침해당하는 것으로 보는 것은 이상한 생각이다. 여기서 초점은 하나님의 자유하게 하시는 사역이지 침해하시는 사역이 아니다.

　이 책 전반에 걸쳐 우리는 타락, 중생, 자유의지의 긴밀한 관계를 살펴봤다. 이 문제들은 구분될 수 있지만, 결코 서로 분리될 수는 없다. 타락이 인간을 도덕적으로 무능하게 하고, 죄 가운데서 죽게 만들며, 또한 죄에 속박되게 했다면 인간의 자유도 같은 방식으로 이해되어야 한다. 타락이 그토록 철저하지 않다면 인간의 의지도 다르게 생각될 것이다. 우리의 타락 상태를 어떻게 보느냐에 따라 믿음과 관련하여 중생의 성격과 필요성을 어떻게 이해해야 하는가가 완전히 달라진다.

아울러 이것은 성경적 선택 교리를 어떻게 이해할 것인지에 지대한 영향을 끼친다. 아우구스티누스부터 종교개혁자들과 조나단 에드워즈, 그리고 현재에 이르기까지 타락한 죄인은 자신이 바라는 바를 선택할 역량은 지니고 있지만 그 욕구들에 예속되어 있다고 믿는 사람들은, 구원은 주님께 속한 것이며 아들이 자유케 하시는 자들만이 진정 자유로울 수 있다는 사실을 확신한다.

솔리 데오 글로리아.

체이퍼 관련 문헌

Grace. 1922. Reprint. Grand Rapids: Kregel, 1995.

Salvation. 1917. Reprint. Grand Rapids: Kregel, 1991.

Systematic Theology. 8 vols. 1947–48. Reprint. Grand Rapids: Kregel, 1993.

Blaising, Craig A. "Lewis Sperry Chafer." In Walter A. Elwell, ed. *Handbook of Evangelical Theologians.* Grand Rapids: Baker, 1993. pp. 83–96.

Gerstner, John H. *Wrongly Dividing the Word of Truth.* Brentwood, Tenn.: Wolgemuth & Hyatt, 1991.

Hannah, John D. "The Early Years of Lewis Sperry Chafer." *Bibliotheca Sacra* 144(Jan. 1987):3–23.

주

서론

1. J. I. Packer and O. R. Johnston, "Historical and Theological Introduction," in Martin Luther, *The Bondage of the Will*, trans. J. I. Packer and O. R. Johnston(Cambridge: James Clarke/Westwood, N.J.:Revell. 1957), pp. 57-58. "정통 루터파"의 당시 지위와 관련하여 패커와 존스턴은 루터의 『노예의지론』 독일판(Munich, 1954)에 있는 H. J. 이반트의 분석을 인용하였다.

2. 위의 책, p. 58.

3. 위의 책, pp. 58-59.

4. 위의 책, p. 59.

5. 위의 책, pp. 59-60.

1장

1. Adolph Harnack, *History of Dogma*, Part 2, book2, trans. James Millar(1898; New York: Dover, 1961), p. 174.

2. 위의 책, p. 169.

3. Philip Schaff, *History of the Christian Church*, 8 vols.(1907-10; Grand Rapids: Eerdmans, 1952-53), 3:802-3. 『교회사 전집』, 크리스챤다이제스트. 샤프의 자료는 펠라기우스의 *Defense of the Freedom of the Will*에 대해 아우구스티누스가 쓴 *On the Grace of Christ and on Original Sin*(418)에서 참고하였다.

4. Pelagius, Harnack, *History of Dogma*, p. 193에 인용됨.

5. Schaff, *History of the Christian Church*, 3:803-4.

6. 위의 책, 3:805-6.

7. Pelagius, *Marius Com.*, 2.10. Reinhold Seeberg, *Text-Book of the History of Doctrines*, vol.1, *History of Doctrines in the Ancient Church*, trans. Charles E. Hay(1905; Grand Rapids: Baker, 1977), p. 334에 인용됨.

8. Pelagius, Letter to Demetrius, 8. Seeberg, *History of Doctrines*, 1:335에 인용됨.

9. Jaroslav Pelikan, *The Christian Tradition: A History of the Development of Doctrine*, vol.1, *The Emergence of the Catholic Tradition, 100-600*(Chicago and London: University of Chicago, 1971), p. 314. 이 인용문은 아우구스티누스가 쓴 *On the Proceedings of Pelagius*(417), 22.46, *On the Grace of Christ and on Original Sin*(418), 35.38, *Retractations*(426), 2.68에서 참고하였다.

10. Seeberg, *History of Doctrines*, 1:336. 첫 번째 인용문은 데메트리우스에게 쓴 편지(8)를, 두 번째 인용문은 *On the Grace of Christ*, 7.8를 참고하였다.

11. Harnack, *History of Dogma*, p. 175.

12. Seeberg, *History of Doctrines*, 1:354. Both quotes in this paragraph are from Augustine, *On the Proceedings of Pelagius*(417), 19.43, 6.16.

13. Seeberg, *History of Doctrines*, 1:354.

14. Jerome, Letter to Augustine(419). Schaff, *History of the Christian Church*, 3:796에 인용됨.

15. Augustine, *On the Proceedings of Pelagius*. Schaff, *History of the Christian Church*, 3:796에 인용됨.

16. Pope Innocent, Epistle 31.6. Harnack, *History of Dogma*, p. 182에 인용됨.

17. Peter Brown, *Augustine of Hippo: A Biography*(London: Faber and Faber, 1967/Los Angeles: University of California, 1969), pp. 359-60. 『어거스틴 생애와 사상』, 한국장로교출판사.

18. Schaff, *History of the Christian Church*, 3:799. 각주에서 샤프는 세 번째 공박 내용은 권위가 없는 사항임을 지적한다.

19. Seeberg, *History of Doctrines*, 1:356.

20. Schaff, *History of the Christian Church*, 3:815.

2장

1. Benjamin Breckinridge Warfield, "Augustine," in Warfield, *Studies in Tertullian and Augustine*, ed. Ethelbert D. Warfield et al.(1930; Grand Rapids: Baker,1981), p. 128. 이 글은 Warfield, *Calvin and Augustine*, ed. Samuel G. Craig(Philadelphia: Presbyterian and Reformed, 1956), pp. 305-26(인용문은 320쪽을 참고하라)로 재출간되었다. 이 글은 James Hastings, ed., *Encyclopedia of Religion and Ethics*(NewYork: Scribner, 1909), 2:219-24에서 처음 언급되었다.

2. Warfield, *Studies in Tertullian and Augustine*, p. 130; Warfield, *Calvin and Augustine*, p. 322.

3. Augustine, *The Enchiridion: On Faith, Hope and Love*, trans. J. F. Shaw, in Augustine, *Basic Writings of Saint Augustine*, ed. Whitney J. Oates, 2 vols.(1948; Grand Rapids: Baker, 1980), 1:673(chaps. 26-27).

4. Augustine, *The City of God*, trans. Marcus Dods et al., in Augustine, *Basic Writings*, 2:255-56(14.11). 『하나님의 도성』, 크리스챤다이제스트.

5. 위의 책, 2:257-58(14.13). 마커스 도즈는 "악한 행동도 결코 나타나지 않았을 것이다" 라는 부분을 "악한 행동도 결코 일어나지 않았다" 라고 번역하였다.

6. 위의 책, 2:221(13.14).

7. Philip Schaff, *History of the Christian Church*, 8 vols. (1907-10; Grand Rapids: Eerdmans, 1952-53), 3:825.

8. 위의 책, 3:826-27.

9. Augustine, *The City of God*, in Augustine, *Basic Writings*, 2:260(14.15). 나는 읽기 편하게 하려고 지나치게 긴 문장을 다섯 문장으로 나누었다.("Therefore, because the sin was a despising of the authority of God ⋯⋯ he had forsaken eternal life.")

10. Schaff, *History of the Christian Church*, 3:839.

11. Augustine, *On Grace and Free Will*, trans. Peter Holmes, in Augustine, *Basic Writings*, 1:758(chap. 31).

12. Schaff, *History of the Christian Church*, 3:820-21.

13. Augustine, *The Enchiridion*, in Augustine, *Basic Writings*, 1:675(chap. 30).

14. 노먼 가이슬러는 공개 강의에서 이를 고찰했다.

15. Augustine, *The Enchiridion*, in Augustine, *Basic Writings*, 1:675(chap. 30).

16. Reinhold Seeberg, *Text-Book of the History of Doctrines*, vol.1, *History of Doctrines in*

the Ancient Church, trans. Charles E. Hay(1905; Grand Rapids: Baker, 1977), p. 344. 둘
째 문장부터는 Augustine, On the Grace of Christ and on Original Sin, chaps. 18-19에서
인용하였다.

17. Augustine, The Enchiridion, in Augustine, Basic Writings, 1:677(chap. 32).

18. Augustine, On Grace and Free Will, in Augustine, Basic Writings, 1:756(chap. 29).

19. 위의 책, 1:767(chap. 41).

20. Augustine, On the Predestination of the Saints, trans. R. E. Wallis, in Augustine, Basic
    Writings, 1:809(chap. 34).

21. Pelagius, quoted in Augustine, Predestination of the Saints, 1:810-11 (chap. 36).

22. Augustine, Predestination of the Saints, 1:812-13(chap. 38).

3장

1. Reinhold Seeberg, Text-Book of the History of Doctrines, vol.1, History of Doctrines in
   the Ancient Church, trans. Charles E. Hay(1905; Grand Rapids: Baker, 1977), p. 369.

2. 위의 책.

3. 위의 책.

4. Philip Schaff, History of the Christian Church, 8 vols.(1907-10; Grand Rapids: Eerdmans,
   1952-53), 3:861.

5. Seeberg, History of Doctrines, 1:370. John Cassian, Collationum, 3.12에서 인용함.

6. Adolph Harnack, History of Dogma, part 2, book2, trans. James Millar(1898; New York:
   Dover, 1961), p. 247.

7. Seeberg, History of Doctrines, 1:371-72.

8. Schaff, History of the Christian Church, 3:861.

9. John Cassian, Collationum, 13.8, 7. Seeberg, History of Doctrines, 1:371에 인용됨.

10. Schaff, History of the Christian Church, 3:867, 869.

11. Canons and Decrees of the Council of Trent: Original Text with English Translation,
    trans. H. J. Schroeder(London: Herder, 1941), pp. 42-43.

12. Martin Chemnitz, Examination of the Council of Trent, trans. Fred Kramer, 4 vols.(St.
    Louis and London: Concordia, 1971-86), 1:428(7.2.1). Jacob Payva Andrada, Orthodox
    Explanations of the Controverted Points of Religion(1564)에서 인용함.

13. Chemnitz, Examination of the Council of Trent, 1:428-29(7.2.1).

14. *Canons and Decrees of the Council of Trent*, p. 43.

15. John Calvin, *Acts of the Council of Trent: With the Antidote*, ed. and trans. Henry Beveridge(1851), in John Calvin, *Selected Works of John Calvin: Tracts and Letters*, ed. Henry Beveridge and Jules Bonnet. 7 vols. (Grand Rapids: Baker, 1983), 3:147-48. Augustine, *On Rebuke and Grace*, 100.14에서 인용함.

16. Calvin, *Acts of the Council of Trent*, 3:148. 아우구스티누스의 말을 인용한 첫 번째 내용의 출처는 아나스타스에게 보낸 서신이고, 두 번째는 요한에 관한 설교이며, 세 번째는 불명확하다.

17. Seeberg, *History of Doctrines*, 2:450에 인용됨.

18. 위의 책, 2:451-52.

19. 위의 책, 2:452.

20. Harold J. Grimm, *The Reformation Era:1500-1650*(New York: Macmillan/London: Collier-Macmillan, 1954), p. 533.

21. Seeberg, *History of Doctrines*, 2:455.

22. *Catechism of the Catholic Church*(New York: Pauline, 1994), p. 430(pars. 1731-32).

23. 위의 책, p. 430(par. 1730). Vatican II, *Gaudium et spes*(1965), 17. *Gaudium et spes* quotes Ecclesiasticus 15:14에서 인용함.

24. *Catechism of the Catholic Church*, p. 103.(par. 406).

25. 위의 책, p. 103.

26. Vatican II, *Gaudium et spes*, 37.2. *Catechism of the Catholic Church*, p. 103(par. 409)에 인용됨.

4장

1. Martin Luther, Letter to W. F. Capito, 9 July 1537. J. I. Packer and O. R. Johnston, "Historical and Theological Introduction," in Martin Luther, *The Bondage of the Will*, trans. J. I. Packer and O. R. Johnston(Cambridge: James Clarke/Westwood, N.J.: Revell, 1957), p. 40에 인용됨.

2. Benjamin Breckinridge Warfield, "The Theology of the Reformation," in Warfield, *Studies in Theology*, ed. Ethelbert D. Warfield et al.(1932; Grand Rapids: Baker, 1981), p. 471. 이 글은 *Biblical Review* 2(1917): 490-512에서 처음 언급되었다.

3. *Luthers Schrift* De servo arbitrio *ist das schönste und traftigste Soli Deo gloria, das von*

der ganzen Reformation gesungen worden ist," Sigurd Normann, "De servo arbitrio *als Ausdruct lutherischen Christentums*," *Zeitschrift für systematische Theologie* 14(1937): 338. Translated by Gordon Rupp and quoted in his *The Righteousness of God: Luther Studies: The Birkbeck Lectures in Ecclesiastical History Delivered in the University of Cambridge, 1947*(New York: Philosophical Library, 1953), p. 283. 루프는 이렇게 적고 있다. "하지만 나는 루터의 '노예의지론'이 아직 건재한 이유가, 그리고 노먼 주교의 표현처럼 '가장 훌륭하고 강력한 솔리 데오 글로리아가 종교개혁 전 기간 동안 불려진' 이유가 알려지기를 희망한다." Rupp's translation of Normann is quoted in Packer and Johnston, "Historical and Theological Introduction," p. 41.

4. Erasmus, *Diatribe Concerning Free Will*. Martin Luther, *The Bondage of the Will*, p. 74.(2.3)에 인용됨.

5. 위의 책, p. 76(2.3).

6. 위의 책, p. 78(2.3).

7. 위의 책, pp. 80-81(2.4).

8. 위의 책, p. 81(2.4).

9. 위의 책, pp. 83-84(2.5).

10. 위의 책, p. 97(2.7).

11. Luther, *The Bondage of the Will*, p. 99(2.7).

12. 위의 책, pp. 102-3(2.8).

13. 위의 책, p. 104(2.9).

14. 위의 책, p. 105(2.9).

15. 위의 책, p. 106(2.9).

16. Erasmus, *Diatribe Concerning Free Will*. Luther, *The Bondage of the Will*, p. 137(4.1)에 인용됨.

17. Luther, *The Bondage of the Will*, pp. 138-39(4.1).

18. 위의 책, pp. 144-45(4.3).

19. 위의 책, p. 145(4.3).

20. 위의 책.

21. Erasmus, *Diatribe Concerning Free Will*. Quoted in Luther, *The Bondage of the Will*, p. 145(4.3).

22. Luther, *The Bondage of the Will*, p. 146(4.3).

23. 위의 책, p. 148(4.3).

24. Erasmus, *Diatribe Concerning Free Will*. Luther, *The Bondage of the Will*, p. 151-52(4.5)에 인용됨.

25. Luther, *The Bondage of the Will*, p. 153(4.5).

26. Erasmus, *Diatribe Concerning Free Will*. Luther, *The Bondage of the Will*, p. 171(4.11)에 인용됨.

27. Luther, *The Bondage of the Will*, pp. 171-72(4.11).

28. 위의 책, p. 174(4.11).

29. Erasmus, *Diatribe Concerning Free Will*. Luther, *The Bondage of the Will*, p. 187(4.16)에 인용됨.

30. Luther, *The Bondage of the Will*, p. 187(4.16).

31. 위의 책, p. 207(5.6).

32. Erasmus, *Diatribe Concerning Free Will*. Luther, *The Bondage of the Will*, p. 220(5.10)에 인용됨.

33. Luther, *The Bondage of the Will*, p. 220(5.10).

34. 위의 책, p. 260(5.7).

35. 위의 책, p. 261(5.7).

36. 위의 책, p. 262(5.7).

5장

1. John Calvin, *Institutes of the Christian Religion*. 2 vols., trans. Henry Beveridge(1845; Grand Rapids: Eerdmans, 1964), 1:223(2.2.1). 『기독교강요』, 생명의말씀사.

2. 위의 책.

3. 위의 책, 1:225(2.2.3). Cicero, *Nature of the Gods*, 3.36.86-87.

4. 위의 책, 1:225(2.2.4).

5. 위의 책, 1:225-26(2.2.4). Chrysostom, *De proditione Judaeorum*, 1; and *Homilies on Genesis*, 19.1. Jerome, *Dialogus contra Pelagianos*, 3.1.

6. Calvin, *Institutes of the Christian Religion*, 1:226(2.2.4).

7. 위의 책, 1:227-28(2.2.5). Peter Lombard, *Sentences*, 2.25.9를 참고하라.

8. Calvin, *Institutes of the Christian Religion*, 1:229-30(2.2.7-8).

9. 위의 책, 1:232(2.2.11). Augustine, *Letters*, 113.3.22.

10. Calvin, *Institutes of the Christian Religion*, 1:236(2.2.15).

11. 위의 책, 1:238(2.2.18).

12. 위의 책, 1:249(2.3.1).

13. 위의 책, 1:253(2.3.5).

14. 위의 책, 1:254(2.3.5).

15. 위의 책, 1:255(2.3.6).

16. Chrysostom, *De ferendis reprehensionibus, 6: Homilies on the Gospel of John*, 10.1. Calvin, *Institutes of the Christian Religion*, 1:260(2.3.10)에 인용됨.

17. Calvin, *Institutes of the Christian Religion*, 1:260(2.3.10).

18. 위의 책, 1:263-64(2.3.13). Augustine, *On Rebuke and Grace to Valentinus*, 14.45를 참고하라.

19. John Calvin, *Articles Agreed upon by the Faculty of Sacred Theology of Paris, in Reference to Matters of Faith at Present Controverted; with the Antidote*, ed. and trans. Henry Beveridge(1844), in John Calvin, *Selected Works of John Calvin: Tracts and Letters*, ed. Henry Beveridge and Jules Bonnet, 7 vols.(Grand Rapids: Baker, 1983), 1:75.

20. 위의 책, 1:76. The first reference to Augustine is to his *Letter to Boniface*, 3; the second, to his *Homil. in Joan.*, 53.

21. 위의 책, 1:76-77.

22. John Calvin, *Commentary on the Gospel According to John*, trans. William Pringle, 2 vols.(1847-48; Grand Rapids: Baker, 1979), 1:257(on John 6:44).

23. 위의 책.

24. 위의 책, 1:276(on John 6:65).

25. John Calvin, *The Epistles of Paul the Apostle to the Galatians, Ephesians, Philippians and Colossians*, trans. T. H. L. Parker, Calvin's Commentaries, ed. David W. Torrance and Thomas F. Torrance(Edinburgh: Oliver and Boyd/Grand Rapids: Eerdmans, 1965), p. 139(on Eph 2:1).

26. 위의 책, p. 141(on Eph 2:3).

27. 위의 책, p. 142(on Eph 2:4).

28. 위의 책, p. 144. 번역자 T. H. L. 파커는 *opus*를 "work"(일, 행위, 사역)로 번역하였다. "*Opus*는 'workmanship'(솜씨, 기술)을 뜻하기도 한다. 이것은 이 본문에서 의미를 좀

더 부드럽게 표현해 줄 것이다. 그러나 나는 칼빈이 사용한 특징적 개념인 *opus dei*(하나님의 사역)를 따라 'work'로 번역하였다."

29. 위의 책, p. 145(엡 2:10).

30. 위의 책, pp. 145-46(엡 2:10).

31. John Calvin, *The Epistles of Paul the Apostle to the Romans and to the Thessalonians*, trans. Ross MacKenzie, Calvin's Commentaries, ed. David W. Torrance and Thomas F. Torrance(Edinburgh: Oliver and Boyd/Grand Rapids: Eerdmans, 1960), p. 205(on Rom 9:16).

32. 위의 책, pp. 205-6(on Rom 9:16).

33. Francis Turretin, *Institutes of Elenctic Theology*, 3 vols., trans. George Musgrave Giger, ed. James T. Dennison Jr.(Phillipsburg, N. J.: P & R, 1992-97), 2:542(15.5.1).

34. 위의 책, 2:543(15.5.4).

35. Turretin, *Institutes of Elenctic Theology*, 2:543(15.5.6). *Canons and Decrees of the Council of Trent: Original Text with English Translation*, trans. H. J. Schroeder(London and St. Louis: Herder, 1941), pp. 42-43을 참고하라. 여기서 이 기사는 다음과 같이 번역되어 있다. "만일 누군가가 이르기를, 하나님의 부르심과 역사하심에 응합으로써 인간의 자유의지가 하나님에 의해 움직이고 일깨움을 받을 때, 인간의 자유의지는 칭의의 은혜를 얻기 위해 스스로 준비하거나 그런 마음을 갖는 등의 협력을 전혀 하지 않는다고 말한다면, 또한 그것이 거부하기를 원해도 그렇게 할 수 없다고 말한다면, 그리고 그 자유의지는 아무것도 하지 않으며 단지 수동적일 뿐이라고 말한다면 그는 저주를 받을지어다."

36. Turretin, *Institutes of Elenctic Theology*, 2:543(15.5.7).

37. 위의 책, 2:544(15.5.7).

38. 위의 책, 2:546(15.6).

39. 위의 책, 2:546(15.6.1).

40. 위의 책, 2:547(15.6.2).

41. 위의 책, 2:552(15.6.16).

6장

1. James Arminius, *The Public Disputations of James Arminius*, D. D., in James Arminius, *The Works of James Arminius: The London Edition*, trans. James and William Nichols, 3

vols.(1825-75; Grand Rapids: Baker, 1986), 2:192(11.7). 논쟁 11은 "인간의 자유의지와 그 능력에 관하여"라는 제목이 붙어 있다.

2. 위의 책.

3. 위의 책, 2:192-93(11.8).

4. 위의 책, 2:193(11.9).

5. 위의 책, 2:193-94(11.10-11).

6. 위의 책, 2:194-95(11.12).

7. 위의 책, 2:195(11.13).

8. 위의 책, 2:196(11). 첫 문단은 Augustine, *Against Two Letters of the Pelagians*에서, 둘째 문단은 Bernardus, *On Free Will and Grace*에서 인용하였다.

9. James Arminius, *Certain Articles to Be Diligently Examined and Weighed: Because Some Controversy Has Arisen Concerning Them among Even Those Who Profess the Reformed Religion*, in Arminius, *The Works of James Arminius: The London Edition*, 2:721(17.4). Article 17 is titled "On the Vocation of Sinners to Communion with Christ, and to a Participation of His Benefits."

10. 위의 책, 2:721(17.5).

11. 위의 책, 2:721-22(17.12).

12. 위의 책, 2:722(17.13).

13. 위의 책, 2:722(17.16).

14. 위의 책, 2:722(17.17).

15. Frances Turretin, *Institutes of Elenctic Theology*, 3 vols., trans. George Musgrave Giger, ed. James T. Dennison Jr.(Phillipsburg, N. J.: P & R, 1992-97), 2:547-48(15.6.6-7).

16. James Arminius, *The Apology or Defence of James Arminius, D. D., against Thirtyone Theological Articles*, in Arminius, *The works of James Arminius. The London Edition*, 2:52(against article 27).

17. Philip Schaff, *History of the Christian Church*, 8 vols.(1907-10: Grand Rapids: Eerdmans, 1952-53), 8:280.

18. Williston Walker, *A History of the Christian Church*, rev. Cyril C. Richardson, Wilhelm Pauck, and Robert T. Handy(New York: Scribner's 1959), p. 399.

19. 위의 책, p. 400.

20. Roger Nicole, "Arminianism," in Everett F. Harrison, ed., *Baker's Dictionary of*

Theology(Grand Rapids: Baker, 1960), p. 64.

21. *The Remonstrance of 1610,* appendix C in Peter Y. De Jong, ed., *Crisis in the Reformed Churches: Essays in Commemoration of the Great Synod of Dort, 1618-1619*(Grand Rapids: Reformed Fellowship, 1968), pp. 208-9. 드 종은 성경 관주를 요한복음 13장 5절 이라고 잘못 옮겼다. Philip Schaff, ed., *The Creeds of Christendom: With a History and Critical Notes,* rev. David S. Schaff, 3 vols., 6th ed.(1931; Grand Rapids: Baker, 1990), 3:546-47을 참고하라.

22. *The Counter Remonstrance of 1611,* appendix D in De Jong, ed. *Crisis in the reformed Churches,* pp. 211-12.

23. *The Opinions of the Remonstrants,* trans. Anthony A. Hoekema, appendix H in De Jong, ed., *Crisis in the Reformed Churches,* p. 226.

24. *The Canons of Dort,* appendix I in De Jong, ed., *Crisis in the Reformed Churches,* pp. 246-47. Article 10 of the third and fourth heads of doctrine("The Corruption of Man, His Conversion to God, and the Manner Thereof"). Schaff, ed., *The Creeds of Christendom* 3:589-90을 참고하라.

25. *The Canons of Dort,* in De Jong, ed., *Crisis in the Reformed Churches,* p. 247. Articles 11 and 12 of the third and fourth heads of doctrine. Schaff, ed., *The Creeds of Christendom,* 3:590을 참고하라.

26. *The Canons of Dort,* in De Jong, ed., *Crisis in the Reformed Churches,* pp. 249, 251-52. Paragraphs 6-8 of "Rejection of Errors," the third and fourth heads of doctrine.

27. Clark H. Pinnock, "From Augustine to Arminius: A Pilgrimage in Theology," in Clark H. Pinnock, ed., *The Grace of God, the Will of Man: A Case for Arminianism*(Grand Rapids: Academie/Zondervan, 1988), p. 15.

28. 위의 책.

29. 위의 책, p. 27.

30. 위의 책.

31. 위의 책, p. 26.

32. 위의 책, p. 25.

33. William Lane Craig, "Middle Knowledge: A Calvinist-Arminian Rapprochement?" in Pinnock, ed., *The Grace of God,* pp. 141-64.

34. Pinnock, ed., *The Grace of God,* pp. 25-26.

35. Clark H. Pinnock, Richard Rice, John Sanders, William Hasker, and David Basinger, *The Openness of God: A Biblical Challenge to the Traditional Understanding of God*(Downers Grove, Ill.: InterVarsity/Carlisle, Cumb.: Paternoster, 1994), p. 9.

7장

1. Jonathan Edwards, *The Great Christian Doctrine of Original Sin Defended: Evidences of Its Truth Produced, and Arguments to the Contrary Answered*, in Johnthan Edwards, *The Works of Jonathan Edwards*, A. M., 10th ed., 2 vols.(1865; Edinburgh/Carlisle, Penn.: Banner of Truth, 1979), 1:145. The author's preface is dated 1757.

2. 위의 책, 1:151, col. a.

3. 위의 책.

4. 위의 책.

5. 위의 책, 1:152, col. a.

6. 위의 책, 1:152, col. b.

7. 위의 책, 1:156, col. b.

8. 위의 책, 1:173, col. a.

9. 위의 책, 1:197, col. b.

10. 위의 책, 1:210, col. b.

11. 위의 책, 1:214, col. a.

12. Paul Ramsey, "Editor's Introduction," in Jonathan Edwards, *Freedom of the Will*, ed. Paul Ramsey, The Works of Jonathan Edwards, ed. Perry Miller, vol. 1(New Haven and London: Yale University, 1957), pp. 1-2. The full title of Edwards's work was originally *A Careful and Strict Enquiry into the Modern Prevailing Notions of That Freedom of Will, Which Is Supposed to Be Essential to Moral Agency, Virtue and Vice, Reward and Punishment, Praise and Blame.* Ramsey alludes to David F. Swenson, translator of Søren Kierkegaard's *Philosophical Fragments*(1936), *Concluding Unscientific Postscript*(1941), *Three Discourses on Imagined Occasions*(1941), volume 1 of *Either/Or*(1941), and *Works of Love*(1946); and author of *Something about Kierkegaard*(Minneapolis: Augsburg, 1941).

13. Edwards, *Freedom of the Will*, p. 133.

14. 위의 책, p. 137.

15. 위의 책.

16. 위의 책, p. 139 John Locke, *An Essay Concerning Human Understanding*, 17th ed.(1716), 2.21.30에서 인용함.

17. Edwards, *Freedom of the Will*, p. 141.

18. 위의 책.

19. John H. Gerstner, "Augustine, Luther, Calvin, and Edwards on the Bondage of the Will," in Thomas R. Schreiner and Bruce A. Ware, eds., *The Grace of God, the Bondage of the Will*, 2 vols.(Grand Rapids: Baker, 1995), 2:291. John Preston, "Sermon on Hebrews 5:12," in John Preston, Works, 2:158에서 인용함.

20. Edwards, *Freedom of the Will*, p. 142.

21. 위의 책.

22. 위의 책, p. 149.

23. 위의 책, p. 152.

24. 위의 책, p. 153.

25. 위의 책, p. 155.

26. See R. C. Sproul, *Not a Chance: The Myth of Chance in Modern Science and Cosmology*(Grand Rapids: Baker, 1994). 『창조인가 우연인가』, 생명의말씀사.

27. Edwards, *Freedom of the Will*, p. 159.

28. 위의 책, p. 164.

29. 위의 책, pp. 164-65.

30. 위의 책, pp. 172-73.

31. 위의 책, p. 184.

32. 위의 책, p. 197.

8장

1. Charles G. Finney, *Finney's Systematic Theology*, 3d ed., ed. Dennis Carroll, Bill Nicely, and L. G. Parkhurst Jr.(1878; Minneapolis: Bethany, 1994).

2. Charles White, "Review of Keith J. Hardman, *Charles Grandison Finney 1792-1875*," *Fides et Historia* 21(January 1989): 89.

3. Keith J. Hardman, *Charles Grandison Finney, 1792—1875: Revivalist and Reformer*(Syracuse: Syracuse University, 1987; Grand Rapids: Baker, 1990), p. ?.

4. Robert Godfrey, "Cambridge Highlights," *Modern Reformation* 5(July 1996), p. 7.

5. Ibid. See Robert Godfrey, "The Reformation of Worship," in James Montgomery Boice and Benjamin E. Sasse, eds., *Here We Stand! A Call from Confessing Evangelicals*(Grand Rapids: Baker, 1996, 『복음주의의 회복과 고백』, 생명의말씀사, 1998), pp. 157-72. Godfrey quotes Benjamin Breckinridge Warfield, "The Theology of Charles G. Finney," in Warfield, *Perfectionism*, ed. Ethelbert D. Warfield et al., 2 vols. (1931-32; Grand Rapids: Baker, 1981), 2:193. 워필드의 글은Warfield, *Perfectionism*, ed. Samuel G. Craig(Philadelphia: Presbyterian and Reformed, 1958), pp. 166-215(이 인용문은 193쪽을 참고하라)으로 재출간되었다. 워필드의 글은 *The Princeton Theological Review* 19 (1921):568-619에서 처음 언급되었다.

6. L. G. Parkhurst Jr., "Finney's Theology," in Finney, *Finney's Systematic Theology*, p. xxii.

7. Parkhurst, "Finney's Theology," p. xviii. In a note Parkhurst singles out as an example Keith J. Hardman. Ibid., p. xxv(n. 17).

8. Finney, *Systematic Theology*, pp. 360-61(lecture 25, "Justification").

9. 위의 책, p. 361(lect. 25).

10. 위의 책, p. 362(lect. 25).

11. 위의 책, p. 219(lecture 13, "Atonement").

12. 위의 책.

13. 위의 책, p. 212(lect. 13).

14. 위의 책, p. 214(lect. 13).

15. 위의 책, p. 213(lect. 13).

16. 위의 책, p. 223(lecture 14, "Extent of Atonement").

17. 위의 책, p. 366(lecture 25, "Justification").

18. 위의 책, pp. 368-69(lect. 25).

19. 위의 책, p. 369(lect. 25).

20. 위의 책, pp. 370-72(lect. 25).

21. 위의 책, p. 377(lect. 25).

22. 위의 책, p. 243(lecture 16, "Moral Depravity").

23. 위의 책, p. 245(lect. 16).

24. 위의 책, p. 250(lect. 16).

25. 위의 책.

26. 위의 책, p. 262(lect. 16).

27. 위의 책, p. 267(lect. 16).

28. 위의 책, p. 307(lecture 20, "Natural Ability").

29. 위의 책, p. 305(lect. 20).

30. 위의 책, p. 307(lect. 20).

31. 위의 책, p. 269(lecture 17, "Regeneration").

32. 위의 책, p. 276(lect. 17).

33. 위의 책, p. 274(lect. 17).

9장

1. John H. Gerstner, *Wrongly Dividing the Word of Truth: A Critique of Dispensationalism* (Brentwood, Tenn.: Wolgemuth & Hyatt, 1991). Chapter 7(pp. 105-46) is titled "Spurious Calvinism."

2. Lewis Sperry Chafer, *Systematic Theology*, 8 vols.(1947-48: Grand Rapids: Kregel, 1993), 2:285.

3. 위의 책, 2:283.

4. 위의 책.

5. 위의 책, 2:286-87. W. G. T. Shedd, *Dogmatic Theology*, 3 vols.(1888-94; Nashville: Nelson, 1980), 2:196-200을 참고하라.

6. Chafer, *Systematic Theology*, 1:238-39.

7. 위의 책, 1:240.

8. 위의 책, 1:241.

9. 위의 책, 1:243. John Dick, *Lectures on Theology*, 2 vols.(Philadelphia: Greenough, 1839), 1:357-58에서 인용함.

10. 위의 책, 6:113.

11. 위의 책, 7:265.

12. 위의 책, 6:117-18. John F. Walvoord, *The Doctrine of the Holy Spirit: A Study in Pneumatology*(Dallas: Dallas Theological Seminary, 1943), pp. 145ff에서 인용함.

13. 위의 책, 3:335.

14. Gerstner, *Wrongly Dividing the Word of Truth*, p. 109.

15. Chafer, *Systematic Theology*, 6:106-7.

16. 위의 책, 6:109.

17. 위의 책, 6:117. Walvoord, *The Doctrine of the Holy Spirit*, pp. 144-45에서 인용함.

18. R. C. Sproul, "A Serious Charge," in Michael Horton, ed., *The Agony of Deceit* (Chicago: Moody, 1990), pp. 44-45.

19. Gerstner, *Wrongly Dividing the Word of Truth*, p. 147.

20. 위의 책, p. 145. J. F. Strombeck, *Disciplined by Grace*(Chicago: Moody, 1946), p. 137 을 참고하라.

21. Chafer, *Systematic Theology*, 7:136.

22. Gerstner, *Wrongly Dividing the Word of Truth*, p. 137. Billy Graham, *How to Be Born Again*(Waco, Tex.: Word, 1977), pp. 150, 152, 157에서 인용함. 강조는 가드너가 편집 하였다.

23. Gerstner, *Wrongly Dividing the Word of Truth*, p. 138. Billy Graham, *How to Be Born Again*, p. 168; and Lewis Sperry Chafer and John Walvoord, *Major Bible Themes*, 2d ed. (Grand Rapids: Zondervan, 1974), p. 99에서 인용함. 강조는 가드너가 편집하였다.

24. Chafer, *Systematic Theology*, 1:229-30.

25. 위의 책, 1:230.

26. 위의 책, 1:231.

27. Gerstner, *Wrongly Dividing the Word of Truth*, p. 111. C. I. Scofield, ed., *Scofield Reference Bible*(New York: Oxford University, 1909), p. 1311에서 인용함.

28. Gerstner, *Wrongly Dividing the Word of Truth*, pp. 111-12.

29. 위의 책, p. 115. Norman L. Geisler, "God, Evil and Dispensations," in Donald K. Campbell, ed., *Walvoord: A Tribute*(Chicago: Moody, 1982), p. 102에서 인용함.

사명선언문

너희가 흠이 없고 순전하여……세상에서 그들 가운데 빛들로
나타내며 생명의 말씀을 밝혀 _ 빌 2:15~16

1. 생명을 담겠습니다
만드는 책에 주님 주신 생명을 담겠습니다.
그 책으로 복음을 선포하겠습니다.

2. 말씀을 밝히겠습니다
생명의 근본은 말씀입니다.
말씀을 밝혀 성도와 교회의 성장을 돕겠습니다.

3. 빛이 되겠습니다
시대와 영혼의 어두움을 밝혀 주님 앞으로 이끄는
빛이 되는 책을 만들겠습니다.

4. 순전히 행하겠습니다
책을 만들고 전하는 일과 경영하는 일에 부끄러움이 없는
정직함으로 행하겠습니다.

5. 끝까지 전파하겠습니다
모든 사람에게, 땅 끝까지, 주님 오시는 그날까지
복음을 전하는 사명을 다하겠습니다.

서점 안내

광화문점	서울시 종로구 새문안로 69 구세군회관 1층 02)737-2288 / 02)737-4623(F)
강남점	서울시 서초구 신반포로 177 반포쇼핑타운 3동 2층 02)595-1211 / 02)595-3549(F)
구로점	서울시 동작구 시흥대로 602, 3층 302호 02)858-8744 / 02)838-0653(F)
노원점	서울시 노원구 동일로 1366 삼봉빌딩 지하 1층 02)938-7979 / 02)3391-6169(F)
일산점	경기도 고양시 일산서구 중앙로 1391 레이크타운 지하 1층 031)916-8787 / 031)916-8788(F)
의정부점	경기도 의정부시 청사로47번길 12 성산타워 3층 031)845-0600 / 031)852-6930(F)
인터넷서점	www.lifebook.co.kr